Uwe Jochum

Bücher

Uwe Jochum

Bücher

Vom Papyrus
zum E-Book

Philipp von Zabern

Die Deutsche Nationalbibliothek verzeichnet diese
Publikation in der Deutschen Nationalbibliografie;
detaillierte bibliografische Daten sind im Internet
über http://dnb.d-nb.de abrufbar.

Der Zabern Verlag ist ein Imprint der WBG.

© 2015 by WBG (Wissenschaftliche Buchgesellschaft),
Darmstadt
Redaktion: Kristine Althöhn, Mainz
Layout, Satz und Prepress: schreiberVIS, Bickenbach
Umschlaggestaltung: Jutta Schneider,
Frankfurt am Main
Umschlagbild: Bücher aus der Staatsbibliothek
zu Berlin. Foto: bpk | Jörg F. Müller
Die Herausgabe des Werkes wurde durch
die Vereinsmitglieder der WBG ermöglicht.
Gedruckt auf säurefreiem
und alterungsbeständigem Papier
Printed in Germany

Besuchen Sie uns im Internet:
www.wbg-wissenverbindet.de

ISBN 978-3-8053-4877-5

angelicae coronae

Vorwort

Der Buchhandel in Deutschland, so sagen uns die Statistiken, erzielt einen Umsatz, der seit Jahren über der Marke von 9,5 Milliarden Euro liegt. Das ist mehr als das Fünffache dessen, was an den Konzert- und Theaterkassen umgesetzt wird (1,7 Milliarden Euro), und es ist mehr als das Sechsfache des Umsatzes der Kinos (1,5 Milliarden Euro). Mit anderen Worten: Das Buch ist nicht nur ein kulturelles, sondern auch ein ökonomisches Spitzenprodukt, hergestellt und verbreitet von rund 22 800 Betrieben, darunter etwa 4100 Buchhandlungen und 2200 Verlagen, die jährlich etwas über 90 000 Bücher als Erst- und Neuauflage auf den Markt bringen. Es ist ein Markt, auf dem niemand die Käufer zum Kauf zwingen muss, denn etwa ein Fünftel der Bevölkerung gibt an, Bücher „sehr gern" zu lesen, und über ein Drittel liest sie „gern". Das alles deutet auf saturierte Verhältnisse, kulturell und ökonomisch, und man würde solchen Zahlen keine weitere Beachtung schenken, wären da nicht die Anhänger der digitalen Medien, die Jahr um Jahr ankündigen, das gedruckte Buch werde alsbald durch das E-Book abgelöst. So weit ist es freilich noch lange nicht, denn der Marktanteil der E-Books liegt in Deutschland derzeit bei bescheidenen vier Prozent. Allerdings wächst dieser Anteil kontinuierlich, so dass die Auguren darüber debattieren, wann der E-Book-Markt gesättigt sein werde: bei einem Umsatzanteil von zehn Prozent, von 25 Prozent oder von 30 Prozent?[1]

Niemand weiß es, aber die einfache Tatsache, dass es sich beim E-Book um ein neues Medium handelt, sorgt dafür, dass es in seiner Neuheit als ein Versprechen auf Zukunft wahrgenommen wird: Wie, wenn es die Probleme, die manche mit den Büchern haben, auf einen Schlag lösen würde? Wenn es allgemeiner verfügbar wäre als das gedruckte Buch, billiger, einfacher zu benutzen, leichter zu lesen, sich im Internet mit anderen Medien verbindend und uns ganz neue Leseerlebnisse bescherend? An dieser Stelle geht das ökonomische Kalkül (man will mit dem E-Book Geld verdienen) in eine visionär-utopische Schau über (man will mit dem E-Book die Welt verbessern). Das ist so verlockend, dass die kulturpolitischen Akteure die antizipierte Zukunft jetzt schon vorwegzunehmen versuchen, indem sie vieles mit Fördergeldern bedenken, was mit digitalen Medien zu tun hat; und zugleich sorgen sie dafür, dass die Einrichtungen, die sich bisher stolz als Träger eines buchzentrierten kulturellen Gedächtnisses verstanden, nicht nur terminologisch auf Zukunft getrimmt werden: Landauf, landab werden Bibliotheken zu Medien-, Kommunikations- und Informationszentren umgetauft, in denen man die Buchbestände reduziert, und die Ausbildungseinrichtungen für Bibliothekare nehmen die Buch- und Bibliotheksgeschichte aus ihrem Programm.

Wie aber, wenn der geplante Fortschritt ein Rückschritt wäre? Das ist für all jene, die sich die digitale Transformation unserer Kultur vorgenommen haben, ein nicht einmal denkbarer Fall, denn für sie liegt der Fortschritt auf der Linie dessen, was jetzt schon gut ist, bald aber besser werden soll, und zwar am besten mittels der jeweils allerneuesten Digitaltechnik. Dabei legen sie den Entwicklungspfad der Geschichte auf einen unter vielen möglichen Entwicklungspfaden fest, auf dem sie ganz offensichtlich darauf setzen, mit immer mehr Technik immer mehr Welt verbessern zu können. Diese Festlegung bleibt indessen blind für die Frage, ob mehr Technik auch wirklich zur Weltverbesserung führt, und sie verschließt sich obendrein vor dem, was die Vergangenheit an Bewahrenswert-Gutem erreicht hat oder was als unabgegoltene Möglichkeit darauf wartet, in Zukunft Wirklichkeit zu werden. Zukunft, um es kurz zu machen, kann immer auch Renaissance sein – oder etwas ganz Anderes.

Davon aber lesen wir in Büchern, die mehr sind als verstaubte Antiquaria eines längst Vergangenen und merkwürdig Anderen. Sie erzählen uns vielmehr von der Vergangenheit und ihren Möglichkeiten, und sie erzählen uns nicht nur davon, sie sind als materiell greifbare Gegenstände Teil der Vergangenheit und Teil der vergangen-zukünftigen Möglichkeiten. Das gilt auch für dieses Buch, das vom Buch erzählt, seinen Anfängen

in den ersten in Stein und Knochen geritzten Mustern, seiner langen Dauer als eines tragbaren Zeichenträgers und seiner offenen Zukunft, die nur offen bleiben kann, wenn wir die vergangenen Möglichkeiten zur Kenntnis nehmen und uns nicht vom gerade Allerneuesten blenden und auf Abwege führen lassen. Es ist ein Buch für Leser von Büchern, die wissen möchten, was sie eigentlich lesen, wenn sie ein Buch lesen.

Damit ein solches Buch gelingt, braucht der Autor helfende Erstleser, die wie Angelika Jochum und Daniel Zimmermann (Wissenschaftliche Buchgesellschaft) viel Geduld für den Autor aufbrachten. Zu ihnen gesellten sich als Erstleser einzelner Kapitel Armin Schlechter (Heidelberg), Roland Reuß (Heidelberg), Joachim Fugmann (Konstanz) und Kristian Wachinger (München), die mit Hinweisen und Kritik manchen Fehler vermeiden halfen. Möge es nun in den Händen von Luis (Potsdam), Pia und Mio (Weinheim), Nina (Koblenz), Jan (Andernach), Arwin (München) und vielen mir unbekannten Liebhabern von Büchern eine Zukunft haben.

Die Kultbuchhandlung „Shakespeare & Co" in Paris dient seit 1919 Schriftstellern der „Lost Generation" und Literaturbegeisterten als Treffpunkt. Hier: James Joyce, die Inhaberin und Verlegerin Sylvia Beach und die Buchhändlerin Adrienne Monnier.

Das Buch an der Wand 1.

Die Frage, wo eine Geschichte des Buches beginnen sollte, ist nicht leicht zu beantworten. Meint man, ein Buch sei jenes uns vertraute Objekt aus bedruckten und zusammengebundenen Blättern aus Papier, beginnt seine Geschichte um das Jahr 1450 n. Chr. Ist man hingegen der Meinung, der wie ein Buch aussehende, aber aus von Hand beschriebenen Pergamentblättern bestehende Kodex sei ebenfalls ein Buch, muss man die Anfänge des Buches ins dritte Jahrhundert n. Chr. zurückverlegen. Und davor? Davor schrieben Römer, Griechen und Ägypter auf Papyrusrollen, die nun zwar anders aussahen als unser Buch, aber offensichtlich dieselbe Funktion hatten. Sieht man auf diese Funktion der Papyrusrolle, würden sich die Spuren des Buches bis ungefähr 2800 v. Chr. zurückverfolgen lassen. Aber hatten die Keilschrifttafeln, die man im Zweistromland benutzte, nicht ebenfalls die Funktion eines Buches? Dann müsste man für die Anfänge des Buches bis etwa 3300 v. Chr. zurückgehen. Und davor wiederum? Davor, rund 35000 Jahre vor heute, begannen die Menschen mit dem, was wir heute „Höhlen-

malerei" nennen, während sie zur selben Zeit auf Höhlenwänden, Geweihstangen und Knochen Zeichen und Muster einritzten. Die ältesten Spuren solcher Ritzungen reichen bis etwa 400000 Jahre zurück, wie einige im thüringischen Bilzingsleben gefundene Knochen zeigen. Sollte man daher sagen, die gravierten Knochen aus Bilzingsleben seien so etwas wie das erste uns bekannte Buch?

Um diese Frage zu beantworten, muss man zunächst festhalten, dass Bilzingsleben noch nicht vom anatomisch modernen Menschen (*Homo sapiens*) besiedelt wurde, sondern von dem ihm in der Evolution vorausgehenden, vor rund zwei Millionen Jahren entstandenen *Homo erectus*.[2] Dass dieser frühe Mensch, dessen Anatomie in Vielem schon mit der unsrigen übereinstimmt, nicht nur in der Lage war, wie seine evolutionären Vorgänger, Steinabschläge als Messer und Faustkeile als Werkzeuge zu gebrauchen, sondern dazu überging, das Feuer zu beherrschen, Jagdwaffen herzustellen und Knochen zu gravieren, ist allerdings bedeutsam. Denn mit den absichtlich in die Knochen geritzten Linien trat der

Gravierter Knochen aus Bilzingsleben.

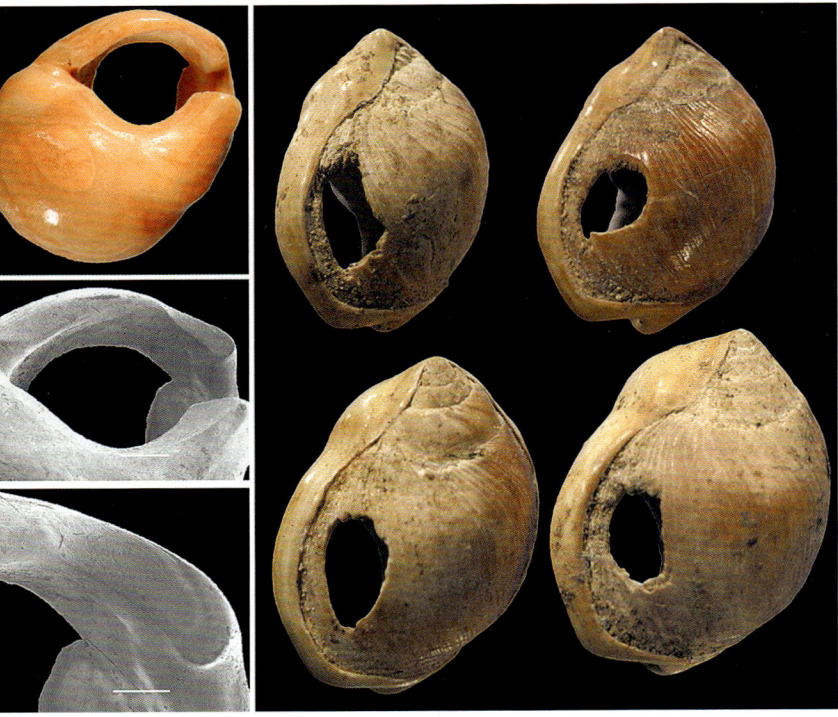

Durchbohrte und gefärbte Schneckenhäuser aus der Blombos-Höhle (Südafrika).

Homo erectus aus einem instrumentellen und also bearbeitend-verändernden Verhältnis zu seiner Umwelt und ihren Gegenständen heraus und ergänzte den instrumentellen Bezug zu den Dingen um eine Dimension, die man entweder als ästhetische oder als zeichenhafte betrachten kann. „Ästhetisch" hätte man diese Dimension zu nennen, wenn man sicher sein könnte, dass die in die Knochen geritzten Linien ein „schönes Muster" darstellen sollten; und „zeichenhaft" wäre sie zu nennen, wenn man die Bedeutung der eingravierten Linien angeben könnte. Aber an dieser Stelle müssen wir uns eingestehen, dass die Anzahl der Ritz-„Zeichen" viel zu gering ist, um aus ihnen abzuleiten, ob und in welcher Weise sie sich auf Gegenstände oder Sachverhalte bezogen haben könnten, die der frühe Mensch notierenswert fand. Wir müssen daher im Konjunktivischen bleiben und feststellen: Die in die Knochen geritzten Linien

Rötelstück mit rautenförmigen Einkerbungen aus der Blombos-Höhle, Südafrika.

könnten sowohl schöne Muster als auch bedeutsame Zeichen sein, und vielleicht waren sie beides zusammen.

Damit ist die Frage, ob die gravierten Knochen aus Bilzingsleben das erste Buch der Menschheit darstellen, mit einem „Wohl kaum" zu beantworten. Aber diese negative Antwort darf nicht verdecken, dass vor rund 400000 Jahren etwas entscheidend Neues geschah, das nun zwar noch nicht das Buch hervorbrachte, aber doch die evolutionären Voraussetzungen für das spätere Hervorbringen von Büchern erkennen lässt. Dieses entscheidend Neue lag darin, dass in den gravierten Knochen zum ersten Mal eine symbolische Welt aufblitzte, in der der Mensch auf das, was ihn lebensweltlich umfing und vielleicht auch bedrängte, eine Antwort gab, die ihn als ein auf Kultur angelegtes Lebewesen zeigt, das der Welt eine Bedeutung zu verleihen und diese Bedeutung mit anderen zu teilen vermag. Dieses Teilen braucht neben den kulturellen Artefakten, die Bedeutung materiell festzuhalten versuchen, auch Sprache, die es erlaubt, die notierten Zeichen mit Bedeutung aufzuladen und zu interpretieren. Natürlich können wir nicht mit Sicherheit sagen, ob der *Homo erectus* wirklich schon über Sprache verfügte, aber die von ihm überlieferten Artefakte sind ein Indiz dafür, dass es so war. Neben den Artefakten gibt es ein weiteres Indiz, das diese Vermutung stützt: Da der *Homo erectus* Großwild mit Speeren jagte, musste er in der Lage sein, das gemeinsame Vorgehen der jagenden Gruppen zu koordinieren; und das ist ein Vorgang, den man sich ohne Sprache – in welcher ungelenken Form auch immer – schwerlich vorstellen kann.

Freilich sind die Knochenritzungen nicht mehr als das erste Aufblitzen einer sehr rudimentären symbolischen Welt. Aus diesem Blitz wurde ein kontinuierliches und rasch zunehmendes Leuchten erst, als der *Homo erectus* vor rund 200000 Jahren durch den *Homo sapiens* abgelöst wurde.[3] So fand man in der 1991 in Südafrika entdeckten Blombos-Höhle rund 75000 Jahre alte durchbohrte und mit Rötel eingefärbte Schneckenhäuser sowie Ockerstücke, die rautenförmige Einkerbungen aufweisen. Das aber heißt, dass wir das, was beim *Homo erectus* noch im versuchsweisen Konjunktiv gesagt werden musste, nun, beim *Homo sapiens*, in den sicheren Indikativ setzen können: Durch das Tragen von Schmuck (die gefärbten Schneckenhäuser) und den Gebrauch abstrakter Symbole (die rautenförmigen Einkerbungen) umgibt sich der zum *Homo sapiens* entwickelte Mensch mit einer kulturellen Membran, die einen Abstand zu den unmittelbaren Zumutungen seiner Umwelt herstellt und den instrumentell-gebrauchenden Bezug zu den Dingen und Menschen um eine dauerhaft-symbolische Dimension erweitert. In dieser dauerhaft-symbolischen Dimension umgreift der Mensch sich und seine Umwelt und baut in diesem Umgreifen Gemeinschaften auf, die im Gebrauch der gemeinsamen Symbole auf einen gemeinsamen Sinnbezug orientiert werden. Und zugleich gibt er, indem er sich schmückt, zum ersten Mal zu erkennen, dass er sich selbst als eine Person wahrnimmt, die in ihrem Schmuck sich auf andere bezieht (sie tragen ähnlichen Schmuck) und sich zugleich von ihnen unterscheidet (mein Schmuck ist nicht dein Schmuck).

Diese symbolische Dimension prägt sich umso deutlicher aus, je weiter wir der Spur des Menschen folgen. Diese Spur führt uns mit dem aus Afrika nach Europa wandernden *Homo sapiens* in die Zeit vor etwa 35000 Jahren, als sich neben Muscheln und Tierzähnen als Schmuckgegenständen nun auch die ersten figürlich-gegenständlichen und aus Mammutelfenbein geschnitzten Objekte der Kleinkunst und Knochenflöten als Musikinstrumente finden lassen. Und etwa um dieselbe Zeit sind die ersten Höhlenmalereien zu datieren, die man in der Chauvet-Höhle im französischen Departement Ardèche gefunden hat. Auf dieses Vorspiel folgte in

„Löwenmensch" aus dem Höhlenstein-Stadel im Lonetal (Schwäbische Alb). Alter: ca. 35 000 v. Chr., Höhe des Objekts: 30 cm.

dem Zeitraum von ca. 18000 bis 11000 v.Chr. das, was man gerne als „kreative Explosion" und „Höhepunkt" der Höhlenmalerei beschreibt, die von einem umfangreichen Inventar an Schmuckobjekten, Kleinplastiken und geschnitzten und gravierten Knochen und Geweihstangen begleitet wird.[4]

Um zu verstehen, was hier geschah, darf man sich nicht vom oft beeindruckenden Realismus der gegenständlichen Darstellungen blenden lassen, der immer wieder dazu geführt hat, die Höhlenmalerei insgesamt als den Beginn von Malerei und also von Kunst zu betrachten. Vielmehr muss man zunächst festhalten, dass in den rund dreihundert hauptsächlich in Frankreich

Ritzzeichen, die drei Bedingungen erfüllen, die für alle Zeichensysteme bis hin zu unseren heutigen Schriftsystemen gelten: Erstens unterscheiden sich die einzelnen Zeichen so voneinander, dass man unterschiedliche und identische Zeichen auch als solche erkennen kann; zweitens gehorcht die räumliche Distribution der Zeichen auf dem Zeichenträger einer Ordnung, die die Zeichen auf einer weiteren Ebene differenziert (bestimmte Zeichentypen bilden Gruppen, bestimmte Gruppen folgen aufeinander); und drittens ist die Anzahl der Zeichen begrenzt.

Es ist daher sehr naheliegend, die Höhlenmalerei und die sie begleitenden Gravierungen unterschiedlicher Materialien nicht als eine frühe Form von Kunst zu betrachten, sondern als ein Notationssystem. An dieser Stelle befinden wir uns freilich in einiger Verlegenheit, denn wir können nicht angeben, was genau hier notiert und also mittels Zeichen kodiert wurde. Die Vorschläge, die von der schriftlichen Fixierung von Mondzyklen oder Sternkonstellationen über Zählsysteme und mu-

Bild von Löwen aus der Chauvet-Höhle (Frankreich, Dep. Ardèche). Alter ca. 35 000 v. Chr., Höhe des Objekts: 30 cm.

und Spanien liegenden Höhlen, in denen man bislang auf Bemalungen stieß, mehr als die Hälfte der gefundenen Bilder keine Abbildungen von erkennbaren Gegenständen oder Lebewesen sind, sondern abstrakte Zeichen, die man nicht nur zu Zeichengruppen zusammenfassen kann, sondern deren Abfolge auch eine Struktur erkennen lässt. So klassifiziert man die gefundenen Zeichen seit langem u.a. als Punkt-, Knüppel-, Gitter- oder Wappenzeichen, und man weiß, dass diese Zeichenklassen höhlenübergreifend in Gebrauch waren und zugleich regionale Ausprägungen erfuhren. Und was die strukturierte Abfolge der Zeichen anbelangt, hat man festgestellt, dass selbst die bildhaften Zeichen einer „strahlenförmigen Organisation" folgen, bei der Ochse, Bison und Pferd stets in den Zentren der Höhlen und dort wiederum im Zentrum der bildhaften Tableaus zu finden sind. Noch deutlicher wird dieses Ordnungselement bei den auf Knochen und Geweihen gefundenen

Wappenzeichen aus der Lascaux-Höhle (Frankreich, Dep. Dordogne). Alter: ca. 18 000 v. Chr.

sikalische Notationen bis hin zur Annahme einer graphischen Unterstützung schamanistischer Rezitationspraktiken reichen,[6] kranken alle daran, dass sie von den bloßen Ordnungsstrukturen der Zeichen (ihrer Syntax) auf ihre Bedeutung (Semantik) zu schließen versuchen. Das aber ist unmöglich, denn die Bedeutung von Zeichen hängt an ihrer Beziehung zu den mit den Zeichen gemeinten Gegenständen – seien diese nun konkret (Baum) oder abstrakt (Freiheit); sie muss also immer schon bekannt sein, wenn man Zeichen als sinn- und bedeutungsvoll gebrauchen und verstehen will. Wenn aber der Sinnbezug von Zeichen nicht rekonstruiert werden kann, dann ist der Weg zu ihrem Verständnis verbaut, und keine noch so feine Einsicht in die formalen Ordnungsstrukturen der Zeichen fördert deren Bedeutung jemals zutage.

Dieses negative Ergebnis im Hinblick auf die konkrete Bedeutung der Höhlenzeichen muss uns indessen nicht entmutigen. Denn auch wenn wir niemals wissen werden, was genau hier notiert wurde, hilft uns die Beschreibung der Ordnungsstrukturen und Kontexte der Zeichen, einen Einblick in den kulturellen Rahmen dessen zu gewinnen, was wir jetzt nur noch mit äußerstem Zögern „Höhlenmalerei" nennen wollen.

Beginnen wir zunächst noch einmal mit den an den Höhlenwänden zu findenden Zeichen selbst. Dass sie einer „strahlenförmigen Organisation" folgen, wissen wir bereits; und ebenso, dass diese Organisation bildhaft-konkrete und abstrakte Zeichen umfasst. In der Terminologie der Wissenschaft von den Zeichen und Zeichensystemen, der Semiotik, können wir die bildhaft-konkreten Zeichen, die die Merkmale der wiedergegebenen Objekte so ähnlich wie möglich darstellen (die zahllosen Bisons, Pferde, Stiere), „Ikone" nennen, und die abstrakt-willkürlichen Zeichen, zu denen das berühmte „XIII" aus der Höhle von Lascaux gehört, heißen „Symbole". Interpretiert man nun die vielen in den Höhlen zu findenden Punktlinien als Zeichen für die Fährten von Tieren bzw. als deren Kotmarkierungen, also als Zeichen, die auf einen Gegenstand (das jeweilige Tier) hindeuten, ohne ihm ähnlich zu sein, würde ein Semiotiker diese Zeichen „Indexe" nennen.[7] Mit Ikonen, Indexen und Symbolen sind aber in den Höhlen

„XIII", Lascaux-Höhle (Frankreich, Dep. Dordogne). Alter: ca. 18 000 Jahre v. Chr.

Hirsch und Punktlinie, Lascaux-Höhle (Frankreich, Dep. Dordogne). Alter: ca. 18 000 Jahre v. Chr.

Relief eines Pferdekopfs, Commarque-Grotte (Frankreich, Dep. Dordogne). Alter: ca. 17 000 Jahre.

unter der Hand des *Homo sapiens* zu einem Strauß von ikonischen, indexikalischen und symbolischen Zeichen entfalten und mit der „Höhlenmalerei" das semiotische Niveau erreichen, auf dem auch wir als moderne Menschen uns noch bewegen. Das aber heißt, dass sich der Mensch als ein zeichengebrauchendes Lebewesen bemerkbar macht und dass wir spätestens vom Jungpaläolithikum aus einen kulturellen Bogen bis zu uns spannen können, einen Bogen, unter dem Menschen wie wir stehen.

Weil es uns nun trotz dieses semiotischen Befundes nicht gelingt, die „wörtliche" Bedeutung der Höhlenzeichen zu verstehen, hat der französische Paläontologe André Leroi-Gourhan vorgeschlagen, sie als „Mythogramme" zu betrachten, die mittels eines festen und durchaus abstrakten Zeicheninventars und seiner räumlich-flächigen Distribution Strukturen, Abfolgen und Intervalle erzeugten, dank deren die festzuhaltenden und zu tradierenden Mythen sich dem Gedächtnis der in den Höhlen Versammelten einprägen konnten. Wir haben in den Höhlenzeichen folglich einen „Graphismus" vor uns, der komplexe Geschichten in flächigen Zeichen-Bildern festhält: ein Schreiben, das nicht Laute und Worte notiert, wohl aber Bedeutungen – etwa so, wie es die chinesische Schrift heute noch tut.[8]

Will man wissen, welcher Art diese Bedeutungen möglicherweise waren, muss man auf den Kontext zu sprechen kommen, in dem die Höhlenzeichen stehen. Dieser Kontext ist dadurch ausgezeichnet, dass die an den Wänden zu findenden Zeichen zu einem Ausdrucksensemble gehören, bei dem die auf die Wand aufgetragene Farbe ergänzt wird durch Gravierungen, die sich zu Flach- und Hochreliefs ausgestalten können. Damit treten die Zeichen aus der Fläche heraus und werden dreidimensional, bis hin zu Modellierungen aus Lehm. Das aber heißt, dass die zweidimensional-flächigen Höhlenzeichen Elemente einer dreidimensionalen Raumgestaltung sind, so dass folglich die Höhlenzeichen in ihrem Bezug zu den Höhlenräumen betrachtet werden müssen. Über die Bedeutung der Höhlenräume besteht nun aber im Wesentlichen Einigkeit. Es waren Orte, an denen jenseits des Alltags, unter Zuhilfenahme der Zeichen-Bilder, Reliefs und Skulpturen, Rituale

alle Zeichentypen vorhanden, die die Semiotik kennt und die auch wir Heutigen noch benutzen.

Wirft man nun einen Blick zurück auf die ersten Zeichen, die wir auf dem Weg des Menschen finden konnten – die Gravierungen auf den Knochen von Bilzingsleben –, muss man feststellen, dass die Geschichte der Zeichen kein Prozess ist, der von naiv-konkreten Abbildungen des sinnlich Fassbaren zu ungegenständlich-abstrakten Zeichen führt. Vielmehr müssen wir davon ausgehen, dass am Uranfang des Schreibens die abstrakten Zeichen der Gravierungen stehen, die sich

vollzogen wurden, zu denen Tanz, Gesang (gesungene Erzählungen) und Musik gehörten. Das lässt sich daran erkennen, dass die Höhlen in der Regel schwer zugänglich waren und dadurch einen Abstand zum Alltag markierten; es lässt sich daraus ablesen, dass es in den Höhlen Fußspuren gibt, aus denen man auf den zahlreichen Besuch der Höhlen durch Erwachsene und Jugendliche schließen kann; und schließlich bezeugen die in den Höhlen gefundenen Knochenflöten und nicht zuletzt die akustischen Eigenschaften ebenjener Höhlenräume, in denen die Zeichen-Bilder zu finden sind, dass in den Höhlen Musik und Gesang eine Rolle gespielt haben müssen.[9]

Welcher Art die in den Höhlen vollzogenen Rituale waren, wissen wir nicht. Einiges, wie die an Höhleneingängen zu findenden Ockerspuren, die zahlreichen an Höhlenwände gemalten Vulven und die gefundenen weiblichen Figurinen, deren berühmteste die „Venus von Willendorf" ist, deutet auf Fruchtbarkeitsriten. Anderes, wie die Fußspuren von Kindern und Jugendlichen, deutet auf Initiationsriten. Wieder anderes, wie etwa die Tatsache, dass wir auf manchen Bildern Tiere sehen, die durch Pfeile und Speere verwundet wurden, und man den Bildern selbst gelegentlich „Wunden" in Form von Ritzungen zugefügt hat, deutet auf Jagdrituale. Und schließlich könnte man aus der Interpretation von Ritzungen und Gravierungen und bestimmter Bild-Zeichen auf kosmische Riten schließen. Das alles ist möglich, aber nichts davon ist definitiv beweisbar, denn auch hier gilt: Da wir weder den Sinnbezug der Zeichen-Bilder noch den Sinnbezug der dreidimensionalen Raumgestaltung kennen, bleibt uns die Bedeutung der in den Höhlen vollzogenen Rituale auf immer verborgen. Wir müssen uns mit der formalen Auskunft bescheiden, dass es sich mit einiger Sicherheit um Ritualräume handelte.

Diese formale Auskunft trägt freilich weiter, als es scheint. Wenn die Höhlen Ritualorte waren, in denen ein Medienverbund aus Zeichen-Bildern, dreidimensionaler Raumgestaltung, Gesang, Tanz und Musik zum Einsatz kam, dann macht all der betriebene Aufwand, der ja nicht nur die Schaffung dieser Räume anbelangt, sondern auch den jedesmaligen Vollzug der Rituale betrifft, nur Sinn, wenn das, was sich in den Höhlen

Bison-Skulptur aus Lehm, Tuc d'Audobert (Frankreich, Dep. Arriège). Alter: ca. 14 000 v. Chr.

abspielte, für die in den Höhlen Anwesenden von eminenter Wichtigkeit war. Daraus darf man aber schließen, dass die an den Wänden zu findenden Mythogramme nicht beliebige Geschichten über beliebige Gegenstände und Vorfälle wiedergaben. Vielmehr dienten sie als bedeutungstragende Elemente eines periodisch aufgesuchten Ritualraums, in dem man sich seiner selbst, der Zugehörigkeit zu seiner Gruppe und der umgebenden Welt dadurch versicherte, dass man im Ritual stets aufs Neue die Bedeutung des Höhlenraumes und seiner Zeichen-Bilder reaktivierte, um von diesem Innen-Raum der Höhle aus ein Verständnis der Welt draußen vor der Höhle zu gewinnen und zu bewahren. Kurz: In den Höhlen wurde das kulturelle Gedächtnis der eiszeitlichen Jäger- und Sammlergruppen bewahrt und im gemeinsamen Ritual vergegenwärtigt und tradiert.

Hier liegt in der Tat ein anthropologisch bedeutsamer Einschnitt: Der Mensch als *Homo sapiens* zeigt sich spätestens in der „Höhlenmalerei" als ein Lebewesen, das die Bedeutung von Zeichen, die in materiellen Gegenständen objektiviert sind, durch soziale Akte (Rituale) generiert. Das geschieht in der Weise, dass man sich

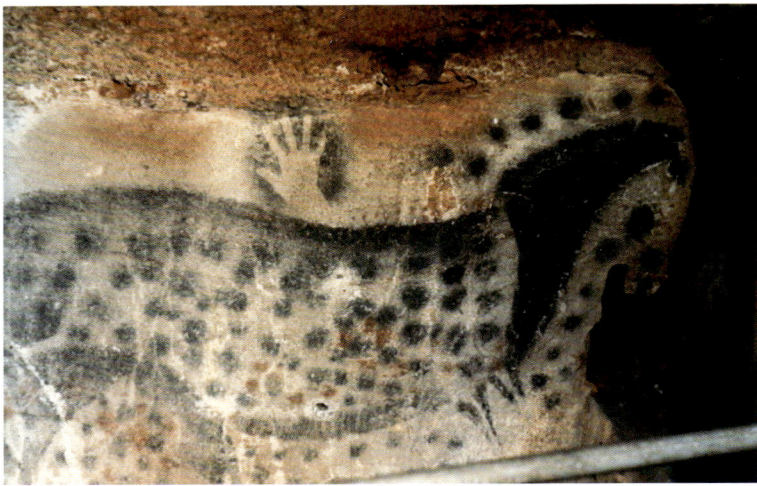

Negativ einer menschlichen Hand über der Darstellung eines Pferdes aus der Höhle von Pech-Merle bei Cabrerets (ca. 25. Jahrtausend v. Chr.).

in den sozialen Akten gemeinsam auf zeichentragende Gegenstände bezieht und in der gemeinsamen Aufmerksamkeit die Bedeutung der Zeichen festlegt und weitergibt. Kein Tier lernt so, nur der Mensch, und er lernt es als Kind in jeder Generation aufs Neue. Was er damit lernt, liegt nicht einfach auf der Ebene eines sprachlichen Um-zu (Ich sage dir etwas, damit du etwas tust), sondern hat diese Ebene immer schon überstiegen, denn die Zeichen, die der Mensch gebraucht, verweisen ihn auf die kommunikativen Situationen, in denen die Bedeutung der Zeichen verankert ist. In diesen kommunikativen Situationen erfährt er nicht allein, was die Dinge bedeuten, sondern er erfährt zugleich, dass er über die Fähigkeit verfügt, Dinge bedeutsam sein zu lassen. Er weiß also, dass er etwas über die Welt weiß, weil er darüber sprechen kann, dass er über die Welt sprechen kann, und weil er dieses sein Sprechen und Wissen in Zeichen festhalten kann, mit denen er zugleich festhält, dass er Zeichen festhält. In diesem Dass liegt der Unterschied, der den Menschen vom Tier trennt, denn es markiert die Ebene einer bewussten Reflexion, in der der Mensch

sich selbst als eines bedeutsamen Lebewesens inne wird, das wie alle Lebewesen und Dinge in der Welt steht, aber im Bedeuten über sie hinausreicht.[10]

Nichts verdeutlicht das eindrucksvoller als die in vielen Höhlen zu findenden und mittels einer Sprühtechnik an die Wand geworfenen Negative von Händen. In diesen Negativen haben sich Menschen verewigt, die *sich* verewigen wollten und zugleich verstanden hatten, dass sie dazu Zeichen benötigten und Hände, mit denen sie die Zeichen schufen. Sie geben sich damit als Personen zu erkennen, die sich durch Zeichen in Zeit und Raum bemerkbar machen und, indem sie das tun, einen Platz in der Welt einnehmen, der ihr Platz ist und nicht der eines anderen. Was wir in den Handnegativen vor uns sehen, sind daher nicht nur Personen, die sich im Gebrauch von Zeichen zu sich und anderen verhalten und darin anerkannt werden wollen, sondern auch Personen, die als Lebewesen in Zeit und Raum über Dinge verfügen können und sich in dem, worin sie sich verfügend veräußerlichen, als sterbliche Lebewesen erkennen müssen.[11]

Wollte man die Lektion, die uns die Höhlenbilder erteilen, in einem Satz zusammenfassen, müsste man sagen: Sie zeigen uns, dass der Mensch sich spätestens seit dem Jungpaläolithikum bewusst ist, dass er in der Welt als ein geselliges, mitteilsames und sterbliches Wesen zu leben hat. Woher dieses Bewusstsein stammt, vermag niemand zu sagen. Aber dass es sich seiner selbst im Ritual versichert und damit auf eine Transzendenz reflektiert, gehört zu dem, was den Menschen menschlich macht.

Das Buch in der Hand 2.

er monumentale Graphismus der Höhlenzeichen, wie wir ihn im vorigen Kapitel beschrieben haben, hörte vor etwa 10000 Jahren auf. Das fällt in das Ende der Würmeiszeit, so dass es naheliegt, das Aufhören des jungpaläolithischen Graphismus mit den auf die Eiszeit folgenden klimatischen Veränderungen in Zusammenhang zu bringen, die zu einer Verschiebung der kulturellen Geographie führten: Durch den Rückgang der Inlandsvereisung und dem damit verbundenen Anstieg der Meeresspiegel, der zu einer größeren maritimen Verdunstungsfläche führte, wurde das Klima insgesamt wärmer und feuchter, so dass sich vor etwa 12000 Jahren im Fruchtbaren Halbmond natürliche Getreidewiesen bilden konnten, die der Mensch für seine Ernährung zu nutzen begann. Das in den Tälern in Auwäldern stehende zahlreiche Wild (Auerochse, Hirsch, Wildschwein) konnte bequem bejagt werden, und in den Randzonen des Fruchtbaren Halbmondes boten die in einer savannenartigen Parklandschaft umherziehenden Herden von Gazellen und Wildeseln reichhaltige Nahrung. Dieser Nahrungsüberfluss, von dem sich in der biblischen Paradieserzählung ein Echo erhalten haben mag, machte es möglich, dass die Jäger und Sammler in der Levante und im nördlichen Zweistromland ihre umherstreifende Lebensweise aufgeben und sesshaft werden konnten, eine Tendenz, die dadurch verstärkt wurde, dass es schnell gelang, Nutzpflanzen (Einkorn und Gerste) zu kultivieren und Tiere (Schaf und Ziege) zu domestizieren. Damit begann der Prozess der „Neolithisierung", also die vom Fruchtba-ren Halbmond aus sich verbreitende neue Lebensweise, bei der sesshaft werdende Menschen zu einer produzierenden Wirtschaftsform mit Ackerbau und Viehzucht übergingen. Dieser Prozess führte mit der Zeit nicht nur zu einer Vergrößerung und Verdichtung der Siedlungen, aus denen im 4. Jahrtausend v. Chr. die ersten Städte (Eridu, Uruk u. a.) hervorgingen, sondern auch zu einer neuen Gliederung des geographischen Raumes. Wo dieser bis zur Neolithisierung offenes Streifgebiet für nomadische Jäger- und Sammlergruppen gewesen war, wird er nun zu Landschaften geformt, die ihren Mittelpunkt in einer Stadt haben, die sich selbst wiederum in verschiedene Areale gliedert: in Tempel- und Palastbezirk, in Wohn- und Handwerkerviertel. Aus dem in Stadt und Land gegliederten Raum, in dem eine Vielzahl von Städten miteinander sei es konkurrierten, sei es kooperierten, gingen im Mesopotamien des 3. Jahrtausends schließlich Territorialstaaten hervor, die in der ersten Hälfte des 1. Jahrtausends v. Chr. in das Imperium der Assyrer eingegliedert wurden.[12]

Bei dieser Umstellung der Lebensweise verloren die Höhlen rasch ihre Funktion. Sie waren im wärmeren Klima als Schutz- und Rückzugsorte nicht mehr interessant, so dass die Menschen nun auch ihre Heiligtümer nicht mehr an verborgenen Orten errichten mussten, sondern sichtbar mitten in die Landschaft stellen konnten, wie sie es in Göbekli Tepe (10. Jahrtausend v. Chr.) taten, bevor die Heiligtümer in den dörflichen Siedlungen von Kulträumen oder -gebäuden und dann in den Städten von zentral gelegenen Tempeln abgelöst wurden.

Mit dem Funktionsverlust der Höhlen war nun aber keineswegs auch ein Funktionsverlust des Graphismus verbunden. Wir sehen vielmehr, wie er im Norden des Fruchtbaren Halbmonds in Siedlungs- und Kultplätzen wiederkehrt, die bis an den Beginn der Neolithisierung zurückreichen. Allerdings war es eine Wiederkehr in veränderter Gestalt. Anstelle flächiger Zeichenensembles, die mit Farbe auf Höhlenwände aufgetragen wurden, fand man in Göbekli Tepe und andernorts im Kreis aufgestellte monumentale T-förmige Steinpfeiler, die Reliefs mit gegenständlich-figürlichen und ungegenständlich-abstrakten Zeichen tragen. Figürliche und abstrakte Zeichen fanden sich aber auch auf steinernen Zeichentäfelchen, die rechteckige oder ovale Formen von Münz- bis Handtellergröße haben. Hinzu kommen schließlich steinerne Stäbe mit Kerben, die an die vielen eiszeitlichen Knochen, Geweihe und Plastiken erinnern, in die man Zeichen und Kerben graviert hatte, deren Gestalt und Anzahl möglicherweise der Notation von Zählbarem diente.[13]

Man sieht leicht, dass hier bei prinzipieller Übernahme der Zeichentechniken der Eiszeit das als Zeichenträger dienende Material auf den Stein reduziert wird und die Zeichenträger sich in zwei Kategorien zu trennen beginnen: auf der einen Seite in die Monumente, die

im Raum einer Landschaft oder Siedlung ein Zeichen setzen wollen, und auf der anderen Seite in die mobil-transportablen Medien, die einer gewissen Normierung ihres Formats unterliegen. Und man sieht ebenso leicht, dass wir die auf Monumenten und transportablen Medien zu findenden Zeichen aus demselben Grund nicht lesen können, aus dem wir auch die Höhlenzeichen nicht lesen konnten: Wir kennen ihren Sinnbezug nicht und wissen also nicht, was sie kodieren. Wenn wir uns daher wie bei den Höhlenzeichen darauf beschränken müssen, die neolithischen Zeichen als Dokumente des kulturellen Gedächtnisses der Epoche zu betrachten, dann zeigt sich gerade von dieser Beschränkung aus die Differenz, auf die es ankommt: Das kulturelle Gedächtnis des Neolithikums ist auf rituelle Zentren orientiert, die in den einzelnen Siedlungen als Gemeinschaftsbauten und regional als Kultplätze wie Göbekli Tepe architektonische Gestalt gewinnen. Auch wenn wir über die in den Gemeinschaftsbauten und an den Kultplätzen gefeierten Rituale und Feste nichts Genaues sagen können, so macht die Architektur der Bauten im Verein mit den Pfeilerarrangements der Kultplätze doch deutlich, dass es um die Bildung und Bindung von Gemeinschaften ging, die durch ihre Kultplätze und Siedlungen Landschaftsräume zu formen begannen. Mit anderen Worten: Der soziale Zusammenhalt der neolithischen Gemeinschaften wird durch Architektur und Monumente sichtbar gemacht und zugleich lokalisiert; und die neuen mobilen Medien vom Typus der gekerbten Steine und der Zeichentäfelchen ermöglichen eine gewisse Streuung der Identitätssymbole des kulturellen Gedächtnisses über die jeweilige Siedlung oder die Kultplätze hinaus.

Als nun der Nahrungsüberschuss, der aufgrund der neuen Wirtschaftsweise in klimatisch günstigem Umfeld erzielt wurde, den allmählich immer größer werdenden und immer dichter besiedelten Dörfern und Städten zugutekam und diese zu Zentren einer sie umgebenden Kulturlandschaft und zugleich zu Zentren regionaler Wirtschaftsräume wurden, die mit anderen Wirtschaftsräumen in Austausch standen, führte das zwangsläufig

Zählsteine aus Susa, ca. 3500 v. Chr.

zu der Frage, wie Aneignung, Speicherung und Distribution der in diesen Wirtschaftsräumen produzierten Güter geregelt werden sollten. Zu diesem Zweck benötigte man eine Form administrativer Kontrolle, und man benötigte ein Medium, mit dessen Hilfe sich administrative Vorgänge festhalten ließen.

Die ersten Spuren eines solchen administrativen Mediums sind die etwa münzgroßen Zählsteine aus Ton, die um 8000 v.Chr. an Siedlungsplätzen im Fruchtbaren Halbmond auftauchten. Sie repräsentierten durch ihre einfachen Formen und Gestalten (Scheibe, Raute, Kegel, Kugel u.v.a.m.) verschiedene landwirtschaftliche Güter und wurden zum Zwecke der Differenzierung in einigen Fällen mit punkt- oder linienförmigen Markierungen versehen. Aus diesen einfachen Formen entwickelte sich ab etwa 3500 v.Chr. in relativ kurzer Zeit nicht nur ein reichhaltiges Inventar neuer Formen, die nun offenbar auch städtisch-handwerkliche Güter repräsentierten, vielmehr nahm auch die Komplexität der Markierungen sprunghaft zu: Linien und Punkte wurden in unterschiedlicher Anzahl, Gestalt und Anordnung in den Ton der Zählsteine geritzt, und gelegentlich finden sich auch durchbohrte Zählsteine, die man zum Zwecke der dauerhaften Dokumentation des Gezählten zusammenbinden konnte. Um ungefähr dieselbe Zeit, zwischen 3700 und 3500 v.Chr., fand man eine alternative Dokumentation für das zu Zählende: Man begann, die Zählsteine in versiegelten Tonkugeln von drei bis neun Zentimeter Durchmesser aufzubewahren und die Korrektheit des Inhalts auf der Hohlkugel durch Rollsiegel von Verwaltungsbeamten zu verbürgen. Damit war nun zwar die Korrektheit der Sache festgestellt, aber nach einiger Zeit war nicht mehr nachzuvollziehen, was sich in der jeweiligen Hohlkugel befand; daher behalf man sich alsbald dadurch, dass man auf die Hohlkugel die Gestalt und Anzahl der in der Kugel befindlichen Zählsteine eindrückte. Auf diese Weise hatte man allerdings ein und denselben Vorgang zweimal durch dasselbe Medium dokumentiert und zugleich eine doppelte Abstraktionsleistung vollbracht: Die auf der Hohlkugel eingepressten Umrisse der Zählsteine verwiesen auf die Menge und Gestalt der Zählsteine, die sich in der Hohlkugel befanden, und die Gestalt und Menge der in der Hohlkugel

Tontafel mit Auflistung verschiedener Getreideprodukte aus Susa, Uruk-Zeit.

befindlichen Zählsteine verwiesen auf die Menge und Art der realen Objekte, die durch die Zählsteine erfasst werden sollten. Sobald man daher erkannt hatte, dass der mittlere Schritt bei diesem Verweisungsvorgang redundant war und es vollauf genügte, durch die in den Ton eingepressten Umrisse der Zählsteine direkt auf die Gegenstände zu verweisen, konnte man die Tonkugeln als Zeichenbehälter und -träger aufgeben und durch plane Tontafeln ersetzen, auf die man die Umrisse der Zählsteine zeilenweise presste.

Allerdings nahm insbesondere bei den komplexen Zählsteinen der Ton nicht alle Linien- und Punktmarkierungen in eindeutiger Weise auf. Daher begann man zwischen 3300 und 3100 v.Chr., die schwierigeren Umrisse und Formen dieser Steine mit einem Stift in den Ton zu ritzen, also indexikalische Zeichen zu notieren, die dem, was sie darstellten, nicht ähnlich waren und wohl als Logogramme (ein Zeichen stellte ein Wort dar) dienten. Etwa zur selben Zeit tauchten auf den Tontafeln aber auch abbildend-realistische (ikonische oder piktographische) Zeichen und Zahlzeichen auf. Dieses Inventar von Zeichen, die Zahlen, Worte und Begriffe repräsentierten, benutzten schließlich die im 4. Jahrtausend

Tontafel des Tempels von Ba'u in Lagaš, der die Gehälter verschiedener Kategorien von Angestellten festhält (2900 – 2340 v. Chr.).

in den Süden Mesopotamiens eingewanderten Sumerer, um mittels des Rebusprinzips – man übernimmt die Lautung vorhandener Zeichen, nicht aber ihre Bedeutung – die Aussprache von Personen- und Ortsnamen der sie umgebenden semitischen Stämme und Völker festzuhalten. All das setzte einen Prozess ins Werk, an dessen Ende um 2700 v. Chr. die Keilschrift stand, die ihre Herkunft aus ikonisch-piktographischen und indexikalischen Zeichen nicht mehr erkennen ließ und sich als eine Schrift abstrakter Symbole gab, die als ein Code für Gegenstände und Sprachlaute fungierten. Damit war es zum ersten Mal in der Geschichte der Menschheit prinzipiell möglich, alles sprachlich Formulierbare zu notieren und das Notierte im Akt des Lesens wieder in Sprache zu übersetzen. Mit Fug und Recht darf man daher die Keilschrift wirklich als Schrift bezeichnen.[14]

Offenbar liegt der maßgebliche Einschnitt in der Entwicklung administrativer Kontrollsysteme um 3500 v. Chr. Zu dieser Zeit hatten die Städte in Mesopotamien

Größen erreicht, die es nicht mehr erlaubten, die Aneignung und Verteilung der in Stadt und Umland erzeugten Wirtschaftsgüter dem Gedächtnis des Verwaltungspersonals und der administrativen Minimaltechnik der Zählsteine zu überlassen. Vielmehr benötigte man jetzt ein formal-bürokratisches Kontrollverfahren, das sich medial fixieren und damit jederzeit nachvollziehen ließ. Und genau das ist Schrift zunächst: ein auf Sprache basierendes, formalisiertes und medial fixiertes Kontrollverfahren der staatlichen Wirtschaftsverwaltung.[15] Mit diesen Eigenschaften markiert sie eine Zäsur, die die schriftlose Vorgeschichte der Menschheit von ihrer schriftlich fixierten Geschichte trennt und in dem historischen Raum diesseits der Trennung zwar nicht das Wesen des Menschen verändert, wohl aber seinem Zusammenleben neue Gestalt gibt.

Diese neue Gestalt liegt in der über die bürokratischen Kontrollverfahren hergestellten Hierarchisierung der mesopotamischen Gesellschaften, an deren Spitze die Könige und die von ihnen abhängigen Eliten damit beginnen, ihre Herrschaft und Macht auf Monumenten zur Schau zu stellen. Diese Monumente zeigten nun nicht nur das Bildnis ihres Stifters, das im Verständnis der mesopotamischen Kultur als künstliche und dank des Steins als auf Dauer gestellte Repräsentationsform der Person fungierte. Vielmehr waren auf den Monumenten auch die Namen ihrer Stifter notiert, denn der Name, so dachte man, sei die Essenz der Person, und diese Essenz könne durch den in Stein geschriebenen Namen auch nach dem Tod des natürlichen Leibes erhalten werden. Dabei spielte es keine Rolle, ob der Name auch an einer gut sichtbaren Stelle auf dem Monument angebracht war. Ganz im Gegenteil sorgte die unterstellte Wesenseinheit von geschriebenem Namen und Person dafür, dass man Vorkehrungen traf, den geschriebenen Namen vor Beschädigung oder Ausmeißelung zu schützen, sei es durch Fluchformeln, sei es durch Notation des Namens an einer schwer zugänglichen Stelle. Der Erhaltung des geschriebenen Namens und also der Verewigung der Person diente nicht zuletzt die Aufstellung der Monumente an geweihten Orten wie Stadttoren oder Tempeln, denn die rituellen Kontexte, welche diese Orte umspielten, sorgten für zusätzlichen Status und Schutz der Monumente und erhöhten damit für die monumentstiftenden Personen die Chance auf Ewigkeit.[16]

Halten wir also fest, dass mit der Schrift als Kontrollverfahren der staatlichen Wirtschaftsverwaltung sogleich auch die Person mit ihrem Namen in die Geschichte eintritt. Denn über den Namen lassen sich Besitz und Wirtschaftsgüter bestimmten Personen zuschreiben oder Tauschvorgänge dokumentieren, und aus diesen Zuschreibungen und Dokumentationen lassen sich nicht nur Verantwortlichkeiten und Rechte ableiten, sondern auch übertragen (A schuldet dem B ein X). Diese Zuschreibungen bestehen medientechnisch in der Notation einer Transaktion oder eines Besitztitels auf einer Tontafel, wobei die Validität dieser Notation dadurch gesichert wird, dass ein Beamter seinen Namen über oder unter die Namen derjenigen setzt, die einen Besitztitel reklamieren oder eine Transaktion dokumentieren möchten. „Bürokratie" ist also ein Verfahren, bei

dem Namen über oder unter Namen gesetzt werden und in dieser Namenssetzung Verantwortung verteilt und in der Verteilung von Verantwortung die Gesellschaft hierarchisch strukturiert wird. Das ist schrift- und medientechnisch daran ablesbar, dass die auf den Monumenten zu findenden Namen, Texte und Bilder – auch dann, wenn sie wie im Falle des ältesten bekannten mesopotamischen Monuments, der Ušumgal-Stele, Transaktionen festhalten – der öffentlichen Zurschaustellung und also Repräsentation von Macht und Herrschaft dienten und daher eine Sache der Könige und ihrer administrativen Eliten war. Wohingegen die Namen, die sich auf den Verwaltungs- und Rechtsdokumenten finden, Individuen bezeichnen, die als Verwaltungsbeamte Macht und

Ušumgal-Stele. Ältestes mesopotamisches Monument, auf dem Bildnis und Name einer Person zusammen angebracht wurden: Ušumgal, Priester des Gottes Šara, lässt den Kauf von Feldern, Häusern und Vieh festhalten, sich abbilden und mit Namen nennen. Alter: ca. 2900 – 2600 v. Chr.

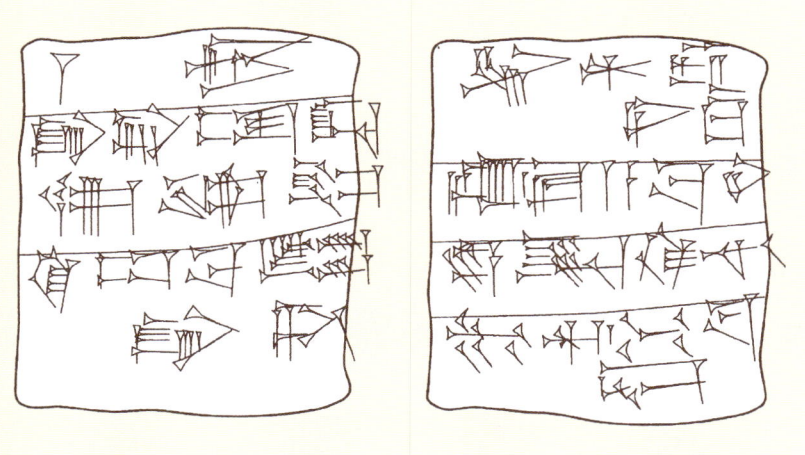

Tontafel mit dem Protokoll über die Zuweisung einer Ziege zum Zwecke der Ferkelmast. Alter: ca. 2100 – 2000 v. Chr.

Herrschaft alltagspraktisch umzusetzen und dabei direkt über andere Individuen zu bestimmen haben. Damit stabilisiert sich die zuerst in Göbekli Tepe festgestellte Differenzierung der Zeichenträger in zwei Kategorien: Die monumentalen Zeichenträger repräsentieren die Identität und den Zusammenhalt der Gesellschaft, die uns jetzt als hierarchisch gegliedert entgegentritt und also Identität von oben her organisiert; und die mobil-transportablen Medien dienen der gesellschaftlichen Kontrolle und der Ausübung einer Macht, die auf der Basis der mobilen Medien jederzeit geographisch erweitert und nach außen und innen strukturell intensiviert werden kann.

Wie in jeder Bürokratie seither drängten auch an ihrem mesopotamischen Anfang die Kontrollmechanismen zu standardisierten Verfahren, die sich in einer Art Formular niederschlugen, das die Abfolge der für die bürokratische Registrierung notwendigen Einträge festlegte: Auf die Menge und Art des transferierten Wirtschaftsgutes (und evtl. der Angabe des Transferzwecks, also Kauf, Schenkung, Steuerabgabe u. Ä.) erfolgte die Angabe des Gebers, dann die des Empfängers, darauf die des protokollierenden Beamten (der sich gegebenenfalls durch den Abdruck seines Rollsiegels auswies), und am Ende stand das Transaktionsdatum. Eine Tafel, die im Umfeld der Stadt Nippur gefunden wurde und aus der Zeit zwischen

2100 und 2000 v. Chr. stammt (Ur-III-Periode), illustriert das aufs Beste. Auf ihr steht geschrieben:

Eine Ziege,
deren Milch einem Ferkel verfüttert wird,
von Aba-saga
hat Lu-dingira übernommen.
Siegel: Ea-bani
im Monat Akiti,
Jahr: „(Amar-Suen) baute den Thron (für Enlil)".[17]

Der Umfang, den die Bürokratie schon im 3. Jahrtausend v. Chr. annahm, ist erstaunlich. Aus der Ur-III-Periode sind gegenwärtig rund 40000 Verwaltungs- und Rechtsdokumente publiziert, die in einem Zeitraum von etwa 50 Jahren entstanden sind, und Zehntausende von Dokumenten warten noch auf ihre Veröffentlichung und Übersetzung. Dieser Umfang der bürokratischen Aktivitäten verdankt sich dem Umstand, dass sich aus den zahllosen Transaktionen, bei denen Güter ihren Ort und Besitzer wechselten, ein dezentrales Netz von Bezügen und Übergängen bildete, dessen man nur noch mit dem mobilen Medium der Tontafel Herr werden konnte: Die Tontafeln verzeichneten vor Ort an den zahllosen Knotenpunkten des Netzes, was dort geschah.[18] Aber darin erschöpfte sich ihre Funktion keineswegs. Vielmehr erlaubten sie, zwei Mechanismen zur Anwendung zu bringen, die eine zentrale Kontrolle des dezentralen Netzes von Waren- und Menschenströmen ermöglichten. Der erste Mechanismus bestand darin, das vor Ort laufend Verzeichnete auf anderen Tontafeln zu Tages-, Wochen-, Monats- und Jahreslisten zusammenzufassen und also die dynamischen Austauschprozesse in eine Statik zu überführen, die den Überblick über die Dynamik ermöglichte. Der zweite Mechanismus lag darin, die statischen Listen, in welche die dezentral-dynamischen Austauschprozesse überführt wurden, in zentral gelegenen Archiven – man fand sie u. a. in Ebla (2600 – 2240 v. Chr.), in Hattuša (vor 1700 v. Chr.), in Ugarit (ca. 1400 – 1200 v. Chr.) – nicht einfach nur zu deponieren, sondern sie in den Archiven nach verschiedenen Gegenstandsbereichen und Themen zu ordnen. Dadurch konnte der einfache, der Zeit unterliegende Fluss der Waren und Menschen im Raum des Archivs zu einer sichtbaren Ordnung gestaut werden.[19]

Diese sichtbare Ordnung zeigte mehr als das bloß Vorhandene. Sie erlaubte, indem sie Vergleichbares in Listen erfasste und über die Listen Ereignisabfolgen transparent machte, ein zukünftiges Soll aus einem gegenwärtigen Ist zu extrapolieren und also Zukunft planbar zu machen. Das war wichtig, weil das Überleben der Stadtstaaten des Zweistromlandes in der Tat von einer Fülle von Vorhersagen abhing. So zeigte die prognostizierte Ertragskraft der Felder und die prognostizierte Vermehrung der Viehherden an, wie viele Menschen man wahrscheinlich würde ernähren können; davon hing wiederum die Planung der Arbeiten an der Großraumbewässerung ab, ohne die in einem langsam trockener werdenden Klima der Feldbau nicht möglich gewesen wäre; das aber waren Planungen, die ohne einen Blick auf den Lauf der Gestirne mit seinen jahreszeitlich-klimatischen Folgen nicht sinnvoll waren; und es waren Planungen, die die Existenz einer planungskompetenten Elite voraussetzten, die von unmittelbarer Arbeit auf den Feldern oder in den Handwerksbetrieben befreit war.

Kurzum: In den mesopotamischen Stadtstaaten verband sich zum ersten Mal in der Geschichte die Verfügungsgewalt über Mein und Dein mit der akribischen Berechnung von Soll und Haben. Beides fügte sich in das System einer „Monopolbürokratie", an deren Spitze ein Herrscher stand, der die Ordnungsrhythmen des Kosmos mit der Ordnung des ihm unterstellten Stadtstaats und also das Sollen mit dem Sein zu verbinden suchte, um seiner Herrschaft Dauer zu verleihen und diese Dauer medial durch Monumente mit Bild und Schrift zu repräsentieren. Das Medium, das Mein und Dein, Soll und Haben und endlich Sein und Sollen zueinander in Bezug setzte, das Medium, das den Strom der Waren und Menschen mit dem Lauf der Zeit verband und beidem Dauer und Ordnung zu geben vermochte, war die Keilschrift auf Tontafeln, die man in die Hand und mitnehmen, aber auch ablegen und archivieren konnte. Man versteht daher, dass die staatstragende Elite ihre Funktion durchaus von diesem Medium her verstand

und sich als „Schreiber" bezeichnete – es gab „Schreiber des Palastes", „Schreiber der Weberei" u. v. a. m. –, ohne dass wir sagen können, ob sie in jedem Fall auch wirklich über Lese- und Schreibkenntnisse verfügte.[20]

Die Situation, wie sie gegen Ende des 4. Jahrtausends v. Chr. im Zweistromland bestand, war keineswegs singulär. Auch in Ägypten hatte sich eine sesshafte, auf Ackerbau und Viehzucht beruhende Kultur etabliert, die aber, im Gegensatz zum Zweistromland, nicht in Stadtstaaten zerfiel, sondern unter der Regentschaft pharaonischer Dynastien seit der sogenannten „Reichseinigungszeit" (ca. 3200 – 3000 v. Chr.) eine Einheit bildete. Deren ökonomische Basis war wie in Mesopotamien eine redistributive Staatswirtschaft, und so war es auch in Ägypten notwendig, die in dieser Wirtschaftsform anfallenden Transaktionen staatlich zu überwachen und in Schriftform zu protokollieren. Wir wundern uns daher nicht, wenn das Resultat dieser Entwicklung dem gleicht, was wir vom Zweistromland her kennen: Im 3. Jahrtausend v. Chr. wurde Ägypten zu einem auf den König/Pharao als Zentrum orientierten Beamtenstaat, der hierarchische Funktionen mit Lese- und Schreibkenntnissen verband und das in Titulaturen wie „Vorsteher des Schreibwesens des Königs" oder „Vorsteher der Ackerschreiber in den beiden Häusern der Großen der Zehn von Oberägypten" zum Ausdruck brachte.[21]

Die in Mesopotamien und Ägypten parallel verlaufende Entwicklung bürokratischer, auf Schriftform beruhender Kontrollsysteme für eine redistributive Staatswirtschaft ist bis hin zu den chronologischen Übereinstimmungen so frappant, dass man bis heute kontrovers diskutiert, ob die Schrift tatsächlich zuerst im Zweistromland oder vielleicht doch in Ägypten entstand und ob die Erfindung der einen Schrift die der anderen anregte. In der Tat mag man kaum für einen Zufall halten, dass in beiden Kulturen am Ende des 4. Jahrtausends – irgendwann zwischen 3300 und 3100 v. Chr. – die ersten Zahlzeichen und Logogramme auftauchten, und ebenso wenig mag man von Zufall sprechen, wenn in beiden Kulturen um 2700 v. Chr. die Schriftsysteme so weit ausgebaut waren, dass sie zunächst zur Wiedergabe ganzer Sätze und dann auch sehr rasch zur Notation komplexer Texte taugten. So frappant das alles ist, so

Schminkpalette des Narmer, ca. 3000 v. Chr. Höhe: 64 cm, Breite: 42 cm.

wenig ist auf der Basis des derzeitigen Wissensstandes die Frage der Priorität der Schrifterfindung und der Erfindungsweitergabe im Rahmen von Kulturkontakten entscheidbar. Vielleicht ist das Ursprungsproblem letztlich aber auch weniger interessant als die Frage, wie in der jeweiligen Kultur sich die Schriftsysteme entwickelten. Und hier muss man für Ägypten feststellen, dass die beiden Funktionen von Schrift – einerseits den wirtschaftsbürokratischen Kontrollprozessen eine Basis zu bieten, andererseits der in kultische Bezüge eingebetteten Repräsentation von Macht zu dienen – zur Ausbildung von zwei unterschiedlichen Schriftsystemen auf zwei unterschiedlichen Medien geführt haben. Für die Zwecke der pharaonischen Repräsentation und ihrer Einbindung in kultische Kontexte entstand die Monumentalschrift der Hieroglyphen, und für die profanen Zwecke der Ordnung und Inventarisierung der unter pharaonischer Herrschaft stehenden Welt entstand zu-

nächst die Verwaltungsschrift des Hieratischen, ab dem 7. Jahrhundert v. Chr. die des Demotischen. Für beide benutzte man als Schriftträger den Papyrus.[22]

Betrachten wir zunächst die Entwicklung der repräsentativ-kultischen Monumentalschrift der Hieroglyphen. Beginnen wir mit der Narmer-Palette, einer auf die Zeit um 3000 v. Chr. datierten Schminkpalette, die im Horustempel von Hierakonpolis als eine Weihegabe deponiert worden war und dort wohl in zeremonialem Kontext zur Herstellung von Schminke diente. Der Palette geht es nicht einfach darum, den Pharao Narmer, mit dem die 1. Pharaonendynastie beginnt, als einen Herrscher zu zeigen, der durch sein Handeln Ordnung herstellt – so etwa, wenn er auf der einen Seite der Palette einen Feind eigenhändig mit einer Keule erschlägt und auf der anderen Seite der Palette in einer Prozession vom Palast zu den geköpften Leichen von Feinden zieht oder im Bildfeld darunter in den beiden Schlangenhalspanthern mit den sich verschlingenden Hälsen als Vereiniger der beiden Reichsteile Ägyptens dargestellt ist. Vielmehr zielt die Palette auf etwas, was wir von den mesopotamischen Monumenten her bereits kennen: Durch Abbildung und durch Nennung des Namens soll die Person über ihren physischen Tod hinaus auf immer und ewig lebendig bleiben. Nun handelt es sich hier freilich nicht um eine beliebige Person, sondern um den Pharao, so dass seine intendierte Verewigung zuletzt darauf zielt, ihn als eine Macht auszuweisen, die die ewige Ordnung von Welt und Kosmos genau deshalb erhalten kann, weil sie selbst ewig ist. Und wie für die mesopotamischen Monumente gilt auch für die Narmer-Palette und andere ägyptische Monumente, dass die Funktion der lebendigen Verewigung der abgebildeten und genannten Person nicht daran gebunden war, dass das jeweilige Monument von jedermann betrachtet und gelesen werden konnte. Denn durch die Deponierung der Palette in einem Tempel wurde diese einem kultischen Kontext eingefügt, dessen Sinn von vornherein nicht in der lesend-betrachtenden Teilhabe der Bevölkerung lag, sondern darin, den Pharao den Göttern gegenüber als kosmisch-politische Ordnungsgröße darzustellen und diese seine Aufgabe in Bild und Hieroglyphe auf der steinernen Palette darzustellen und dadurch auf ewig am Leben zu halten. Wobei im Falle der Narmer-Palette hinzukommt, dass hier von einem „Lesen" schon deshalb keine Rede sein kann, weil die auf ihr stehenden Hieroglyphen noch keinen Text bilden, sondern als einzelne Wörter mit den szenischen Darstellungen in einem gegenseitigen Illustrationsverhältnis stehen, das nicht gelesen, sondern interpretiert werden will.[23]

Diese Verschränkung von Hieroglyphen, herrschaftlicher Repräsentation und Kult zeigt sich sodann in wirklich monumentaler Weise in der allerersten jemals gebauten (Stufen-)Pyramide, der Grabanlage von Pharao Djoser (ca. 2650 – 2630 v. Chr.) in Saqqara. Dort befinden sich in zwei unterirdischen Korridoren jeweils drei zusammengehörige Wandnischen mit Paneelen, die Djoser in einem rituellen Lauf zeigen, der während des Sed-Festes die rechtmäßige, von den Göttern und seinen Vorfahren anerkannte Regentschaft des Pharaos und seine kosmisch-politische Ordnungsmacht bestätigen soll.

Wandrelief in der Djoser-Pyramide: Djoser in kultischem Lauf. Ca. 2650 – 2630 v. Chr.

Die Einheit von Bild und Text ist dabei so evident wie bei der Narmer-Palette, aber es ist eine Einheit, in der die Hieroglyphen ein neues Gewicht erhalten, denn zum ersten Mal bilden sie Sätze und damit eine eigenständige Sinnebene zusätzlich zur szenischen Darstellung. Auch hier gilt jedoch: Wenn Djosers Grabanlage in Bildern und Hieroglyphen davon erzählt, wie der Pharao die Ordnung des Kosmos aufrechterhält und wie er das auf immer und ewig auch im Jenseits tun wird, weil sein Leben im Diesseits ein musterhaftes, der Ordnung entsprechendes Leben war, das ihm den Übergang ins Jenseits ermöglichte, dann ist das nicht als eine öffentlichkeitsrelevante Mitteilung zu verstehen. Es ist vielmehr eine in der Nennung des Namens, in der Ausführung der Sätze und in der Darstellung der Bilder liegende Verlebendigung des Pharaos, deren Adressat die Götter sind.[24]

Was mit der Narmer-Palette vergleichsweise bescheiden mit einzelnen Hieroglyphen begann und in Djosers monumentaler Grabanlage zum ersten Mal bis zum Satz vorangetrieben wurde, setzte sich in den „Pyramidentexten" fort, Sammlungen magischer Sprüche, die nun tatsächlich Textlänge erreichten und mit denen seit Pharao Unas (ca. 2380 – 2350 v. Chr.) die königlichen Grabkammern beschriftet wurden, um durch eine (imaginierte) Rezitation der Texte den Pharao zu seinem Platz im Jenseits zu geleiten und ihn dort zu beschützen. Die hohen ägyptischen Beamten haben diesen Brauch alsbald kopiert, und etwa seit Pharao Pepi II. (ca. 2251 – 2157 v. Chr.) taten es ihnen die niederen und die Provinzbeamten nach, so dass die Hieroglyphenschrift auch sozial eine immer weitere Verbreitung fand, um schließlich das Medium zu wechseln: Im Mittleren Reich (ca. 2055 – 1773 v. Chr.) sprangen die rituell-magischen Hieroglyphentexte von den Wänden der Grabkammern auch auf die Särge über und bildeten das Korpus dessen, was wir heute „Sargtexte" nennen. Und im Neuen Reich (1550 – 1069 v. Chr.) ging man schließlich dazu über, diese Texte auch auf Papyrusrollen festzuhalten, die als Grabbeigaben dienten und deren moderne Sammlung unter dem Titel des „Ägyptischen Totenbuches" bekannt ist.[25]

Pyramidentexte aus der Pyramide von Pharao Unas (ca. 2380 – 2350 v. Chr.).

Sargtexte auf dem Sarkophag des Nespawerschepi (ca. 984 v. Chr.).

Nun kam der Papyrus als Beschreibstoff allerdings nicht erst im Neuen Reich im Kontext der Sammlung von Totenbuchtexten auf, vielmehr hängt sein Gebrauch aufs Engste mit der Entwicklung des Hieratischen als einer Verwaltungsschrift zusammen, deren älteste Zeugnisse – Besitzvermerke auf Vorratsgefäßen – ungefähr so alt sind wie die Narmer-Palette. Nur wenig jünger als die Narmer-Palette und noch auf die Zeit der 1. Dynastie datiert die älteste Papyrusrolle, die man bislang gefunden hat; sie stammt aus dem Grab des für Pharao Den (ca. 2870 – 2820 v. Chr.) tätigen hohen ägyptischen Beamten Hemaka, ist allerdings unbeschriftet und diente

offenbar – wie eineinhalb Jahrtausende später die Papyri mit den Texten des Totenbuches – als Grabbeigabe. Die ersten mit hieratischen Zeichen beschrifteten Papyrusrollen fand man schließlich in Abusir in den Ruinen der für Pharao Neferirkare (ca. 2477 – 2455 v. Chr.) errichteten Grabanlage. Es handelt sich um Inventarlisten und Buchungsbelege, die im Rahmen des zur Grabanlage gehörenden Tempels und seiner Buchhaltung angefertigt wurden und all das festhalten, was eine Buchhaltung immer schon für Festhaltenswert hielt: die Menge der abgelieferten Nahrungsmittel, ihren Herkunftsort, ihren Überbringer; die Erträge der Tempeldomänen;

Ausschnitt aus dem Papyrus des Ani mit den Sprüchen 145 bis 147 des Ägyptischen Totenbuches (ca. 1250 v. Chr.).

die Terminkalender für den Priesterdienst. Es wundert uns nicht, dass sich, nicht anders als in Mesopotamien, auch in Ägypten für diese buchhalterischen Zwecke eine Art Standardformular herausbildete, das die einzelnen Buchungsposten in eine mehr oder weniger normierte Ordnung brachte.[26]

Der Aufwand, den man für die Herstellung von Papyrusblättern und -rollen treiben musste, war vergleichsweise gering. Denn zum einen wuchs die Papyruspflanze in Ägypten vor allem im Nildelta in so großen Mengen, dass sie, ähnlich wie der im mesopotamischen Schwemmland überall zu findende Ton, einen leicht verfügbaren Rohstoff darstellte. Und zum anderen waren die Bearbeitungsschritte, um aus der Papyrusstaude beschreibbare Papyrusblätter herzustellen und diese zu Papyrusrollen aneinanderzukleben, über-

schaubar: Das Mark der frisch geernteten Papyrusstaude – die im Altertum in Ägypten wachsende Papyrusart konnte bis zu fünf Metern hoch werden und stand in regelrechten „Wäldern" – wurde in etwa 40 cm lange Abschnitte geteilt, die Abschnitte in dünne Streifen von etwa 4 cm Breite geschnitten und die Streifen auf einer planen Unterlage leicht überlappend senkrecht nebeneinandergelegt; darüber kam waagrecht eine zweite Lage dünner Papyrusstreifen; die beiden aufeinanderliegenden und überlappenden Lagen wurden sodann mit einem Schlegel geklopft, so dass der stärkehaltige Saft aus den Streifen austrat und die Lagen verklebte; das dabei entstandene Papyrusblatt wurde anschließend getrocknet und nach dem Trocknen mit einem Stein geglättet, so dass ein in seinen Eigenschaften, seiner Farbe und seiner Haltbarkeit unserem modernen Papier durchaus

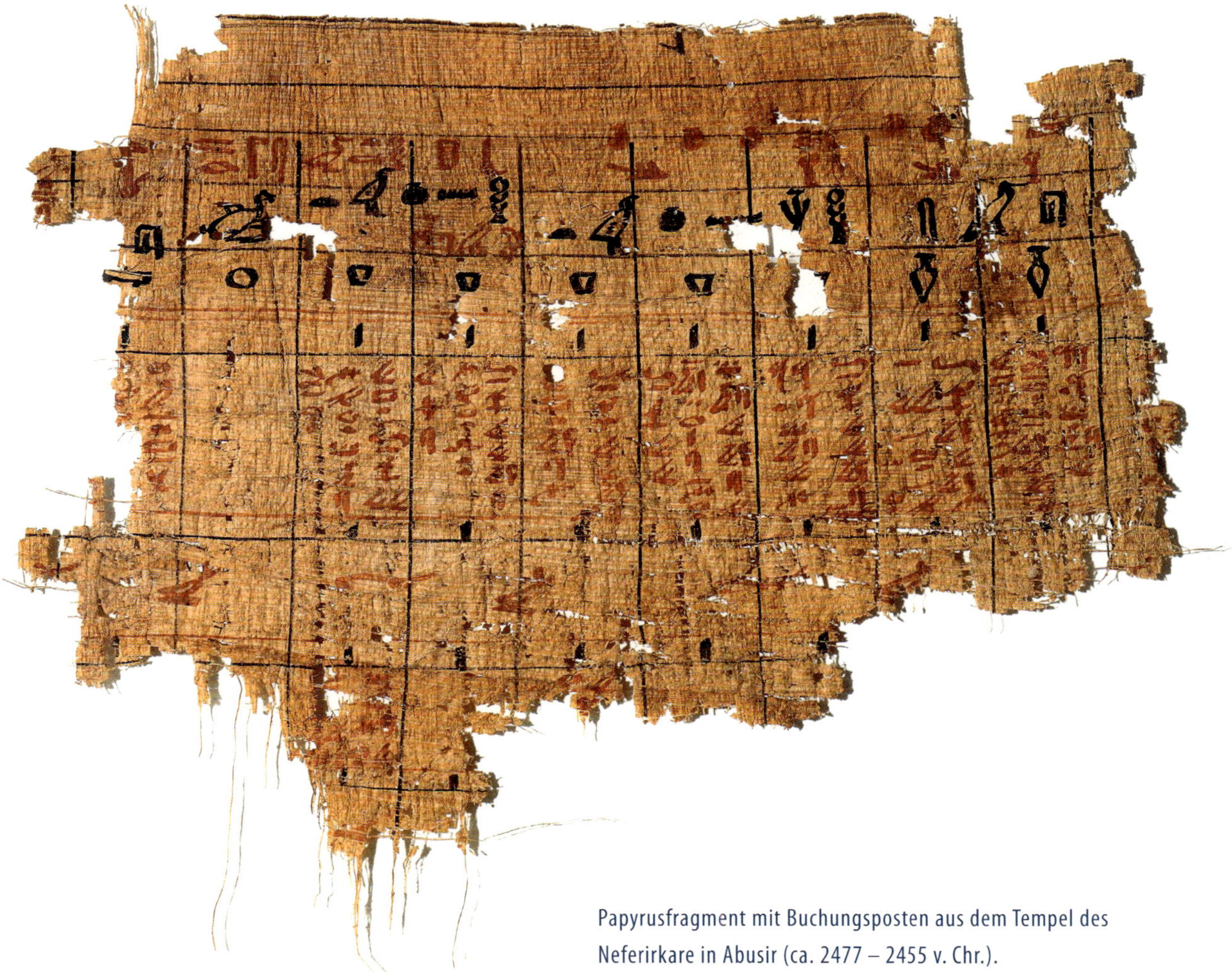

Papyrusfragment mit Buchungsposten aus dem Tempel des Neferirkare in Abusir (ca. 2477 – 2455 v. Chr.).

vergleichbarer Beschreibstoff zur Verfügung stand. Die einzelnen Blätter konnten sodann bei Bedarf in kleinere Blätter zerschnitten oder durch Befeuchten der Ränder der einzelnen Blätter zu Rollen zusammengeklebt werden.[27]

Schaut man von hier aus auf die Entwicklung der beiden ägyptischen Schriftsysteme zurück, sieht man,

Papyrusherstellung in Ägypten nach einer modernen Darstellung auf einem Werbeplakat: Zwei Arbeiter (links hinten) schneiden Papyrusstauden ab, ein Arbeiter schält den Stängel (links vorne), zwei Arbeiter am Tisch sind mit der Herstellung eines Papyrusblattes beschäftigt, hinter ihnen trocknen zwei Papyrusrollen an einem Holzgestell in der Sonne, ein Kunde oder Aufseher scheint die Qualität eines länglichen Blattes zu prüfen.

dass die repräsentativ-kultische Monumentalschrift der Hieroglyphen zu einer organischen Verbindung mit den bildhaften Darstellungen der Monumente tendierte – dabei in allen Phasen ihrer Entwicklung selbst bildhaft bleibend –, um als Element einer visuellen Kommunikation zu dienen. Diese visuelle Kommunikation war in einen Bedeutungsraum integriert, der wie der eiszeitliche Graphismus sich zu farbig-flächigen Zeichenensembles entfaltete, aber nicht in Kulthöhlen, sondern Grabanlagen und Tempeln, die dem Kult dienten. Es waren Zeichenensembles, deren farbige Flächen durch von links nach rechts oder von rechts nach links zu lesende Kolumnen mit einer von oben nach unten laufenden Schrift eine klare Struktur und Grenze fanden. Diese Strukturierung und Begrenzung der Fläche galt erst recht für das Hieratische, das ab dem Mittleren Reich ausschließlich in Zeilen von rechts nach links notiert wurde und wie später das Demotische abstrakt-kursive Zeichenformen ausbildete. Sie waren mit einem als Pinsel dienenden zerkauten Binsenstängel schnell auf Papyrus zu schreiben, der wie die mesopotamischen Tontafeln als hochgradig mobiles Schriftmedium eingesetzt wurde. Anders aber als in Mesopotamien war es den auf Papyrus schreibenden Beamten in Ägypten von Anfang an möglich, Texte durch die Verwendung farbiger Tinten auf eine optisch sinnenfällige Art zu gliedern und Bedeutungsakzente etwa dadurch zu setzen, dass man besonders wichtige Überschriften, Listeneinträge, Zahlen (z. B. Summen) und Datumsangaben in roter Schrift hervorhob. Auf diese Weise erreichte auch die hieratische Schrift eine Verbindung von Text und Bild.

Tatsächlich ist die Symbiose von Text und Bild ein Kennzeichen des Schreibens in Ägypten, das durch die funktionale Trennung der Schriftsysteme nicht in Frage gestellt wurde: Weder dienten die monumentalen Hieroglyphen jemals einer ausschließlich visuellen Kommunikation, noch waren das Hieratische und Demotische jemals auf eine ausschließlich textuelle Mitteilung beschränkt. Vielmehr reproduzierte sich die Polarität von visueller Kommunikation und textorientierter Mitteilung in jedem der beiden sich kontinuierlich beeinflussenden Schriftsysteme auf eigene Art und Weise. So kam es dazu, dass die Papyri eben keine

karg-verwaltungstechnischen Medien blieben, sondern sich zu etwas entwickeln konnten, was man versuchsweise und viel zu modern „illustrierte Bücher" nennen könnte. Und so kam es ebenfalls dazu, dass die monumentalen Darstellungen mit ihren Hieroglyphentexten in einer Vielzahl von Fällen nicht nur vorab auf Papyri und in hieratischer Schrift entworfen worden waren, sondern auch oftmals die bildlich-textuelle Umsetzung von Verwaltungsakten zu sein scheinen. So etwa, wenn für die Versorgung eines Toten im Jenseits an der Wand der Grabkammer festgehalten wird, welche Güter dafür benötigt werden, wer sie zu liefern und wer die vorgeschriebenen Rituale zu vollziehen hat.

Auch wenn daher die Schriftsysteme, die sich am Ende des 4. Jahrtausends v. Chr. zu entwickeln beginnen, immer noch der vom eiszeitlichen Graphismus her bekannten Polarität von „Bild" und „Text" folgen, ist die Abkehr von der Fläche und die Ausbildung einer linearen Schrift – in Zeilen oder Kolumnen – das Moment, das in die Zukunft weist. Denn im linearen Nacheinander der Schriftzeichen können die Schriftmedien nunmehr nicht nur den zeitlichen Fluss der gesprochenen Sprache nachmodellieren, sondern auch den zeitlichen Fluss der Güter und Waren als durchlaufende Posten notieren. Am Ende des Durchlaufs steht freilich wieder der Raum, der als Archiv den aufgezeichneten Güter- und Warenstrom aufstaut und in dieser Stauung die kontrollierende Übersicht über das Vorhandene ermöglicht.

Das alles ist mehr als ein ökonomiebedingter Bürokratismus auf Schriftbasis. Es ist der Anfang der medialen Selbstvergewisserung einer Schriftkultur, die nur sein kann, solange die notierten bedeutsamen Ereignisse als greifbares Inventar der Kultur an einem Ort auch in Erscheinung treten können. Für die Bedeutsamkeit aber sorgen Personen, die mit ihrem Namen die Verantwortung dafür übernehmen, dass es mit den bedeutsamen Buchungsposten seine Richtigkeit hat. Daher ist der Name, mit dem die Person nun in die Geschichte eintritt, nicht einfach ein individuelles Etikett der betreffenden Person, vielmehr erfasst er die Person in einem Rechtsverhältnis, das den personalen Verantwortungsraum darstellt. So gesehen ist das Archiv der kulturelle Raum, der die einzelnen personalen Verantwortungs-

Grabmal des Sennefer, Bürgermeister von Theben unter Thutmosis III. (ca. 1483 – 1425 v. Chr.): Sennefer und seine Familie beim Vollzug von Ritualen, u.a. der Reinigung des Verstorbenen mit Wasser.

räume umspannt; es ist ein Raum, in dem sich die Person in ihrem Besitz, ihren Ansprüchen, ihren Rechten und Pflichten wiederfindet.

Natürlich hatte nicht sofort jede Person solche Rechte, und die sie hatten, hatten sie nicht im selben Umfang. Die Geschichte des Schreibens, der Buchhaltung und des Buches zeigt vielmehr, wie die Inanspruchnahme und Verteilung der Rechte einer Bewegung folgt, die vom gesellschaftlichen Oben allmählich zum Unten

führt und zunächst festhält, was dem König gehört, dann das, worüber die an der Macht partizipierenden Beamten verfügen können, um in diese Bewegung alsdann auch all jene einzubeziehen, über die als abhängige Personen bestimmt wird und die in dem sich öffnenden juristischen Raum dann endlich auch eigene Verfügungen treffen können. Bringt man diese abstrakte Kaskade von Rechtsansprüchen in eine konkrete historische Abfolge, lässt sich das für Ägypten leicht rekonstruieren und wäre für Mesopotamien mit anderen Namen und nur wenig abweichenden Zeitangaben problemlos zu ergänzen: In vordynastischer Zeit, also vor und um 3300 v. Chr., stehen die ersten Schriftzeichen für Zahlen, Gegenstände und die Namen von Königen/Pharaonen, denen die zählbaren Gegenstände als Besitz zugeordnet werden, beginnend mit König „Skorpion"; im Übergang zu den pharaonischen Dynastien um 3000 v. Chr. begegnet dann der uns bereits bekannte König Narmer; in Djosers Grabanlage (ca. 2650 v. Chr.) wird mit Imhotep der Name des Baumeisters der Anlage und damit zum ersten Mal der Name eines leitenden Beamten genannt;[28] ab etwa der 5. Dynastie (ca. 2500 – 2350 v. Chr.) finden sich in ägyptischen Akten dann regelmäßig die Namen von Beamten, die mit bestimmten Aufgaben betraut sind; und vom Ende des 3. Jahrtausends ist eine Fülle von Urkunden über ökonomische Transaktionen und rechtliche Verfügungen überliefert, in denen von den Schreiberbeamten die Namen sämtlicher beteiligten Personen aufgezeichnet werden.

Sucht man nach einem Symbol, in dem die beschriebenen Schriftverhältnisse sich verdichten und in der Verdichtung die Zeiten überdauert haben, würde man den bereits erwähnten Imhotep nennen müssen. Er markiert die Ausweitung des Namen-Nennens auf eine Ebene unterhalb der Könige/Pharaonen und zugleich die der Schrift innewohnende organisatorische Kraft, indem er den Bau der Djoser-Pyramide und -Grabanlage leitete; eine Aufgabe, die ohne den Einsatz von Schrift wohl kaum zu meistern gewesen wäre. Das mag der historische Grund gewesen sein, auf dem Imhotep legendarisch zum Erfinder der Hieroglyphenschrift, bald auch zum Autor von Weisheitssprüchen und in der Spätzeit Ägyptens (ab dem 7. Jahrhundert v. Chr.) endlich auch zum Gott werden konnte, dem die Schreiber vor dem Beginn des Schreibens einen Tropfen Tinte opferten.

Figurine des Imhotep aus der Zeit der 26. Dynastie (ca. 644 – 525 v. Chr.).

Das Buch in der Bibliothek

Das Buch, wie wir es bisher kennengelernt haben – in seiner mesopotamischen Form als Tontafel, in seiner ägyptischen Form als Papyrusrolle –, war eines ganz gewiss nicht: ein genuines Medium der Literatur. Das lag nicht nur daran, dass es als ein Instrument der administrativen Kontrolle erfunden worden war, sondern auch daran, dass es das, was wir heutzutage mit „Literatur" meinen – nämlich im Wesentlichen die „schöne Literatur" –, anfangs weder im Zweistromland noch in Ägypten gab. Tatsächlich besteht die überwiegende Masse der schriftlichen Hinterlassenschaften Mesopotamiens in Verwaltungsdokumenten aller Art, weshalb die Assyriologen nur die erheblich kleinere Gruppe von Texten, die nicht dem Verwaltungshandeln zuzurechnen ist, als „Literatur" bezeichnen: Omina, Götter- und Königshymnen, Beschwörungstexte und Gebete. Nicht anders verhält es sich mit der „Literatur" des alten Ägypten; auch sie tritt uns in Gattungen entgegen – den Pyramidentexten, dem Totenbuch, den zahlreichen Lebenslehren u. a. m. –, die sich unserem modernen Literaturbegriff entziehen. Und dennoch verbergen sich hinter all diesen Gattungsnamen Texte, die man über Tausende von Jahren immer wieder abschrieb und also der Mühe des Bewahrens und Weitergebens für wert hielt, ganz so, wie es bei unserer modernen Literatur der Fall ist.[29]

Will man besser verstehen, warum im Zweistromland und in Ägypten eine Art von „Literatur" für bewahrenswert galt, die in unserem Verständnis keine Literatur ist, muss man einen Blick auf den Berufsstand der mesopotamischen und ägyptischen Schreiber werfen.

Beginnen wir mit der Feststellung, dass der Beruf des Schreibers so alt ist wie die Schrift, die sich am Ende des 4. Jahrtausends v. Chr. im Zweistromland und in Ägypten aus administrativen Zählverfahren zu entwickeln begann. So sprechen in Uruk gefundene Texte, die auf die Zeit um 3000 v. Chr. datieren, zwar noch von „Rechnern" (sumerisch: *umbisag*), aber wenig später, um 2800 v. Chr., sind aus den „Rechnern" bereits „Schreiber" (sumerisch: *dub-sar*) geworden, die nicht mehr nur Buchungsposten auf Tontafeln notieren, sondern auch Gesetze, die Taten der Götter und wichtige Ereignisse auf der Erde und am Firmament. Diese Veränderung hängt zweifellos damit zusammen, dass die Schreiber als königliche Beamte tätig waren, die in den rasch wachsenden Städten mit ihren in die Fläche ausgreifenden Herrschaftsgebieten eine immer wichtigere Rolle spielten. Sie garantierten durch die Schriftform der Verwaltungsabläufe, dass die Städte und Territorien regierbar und in eine hierarchisch gegliederte Herrschaftsstruktur integriert blieben, an deren Spitze der in seinem städtischen Palast residierende König stand. Er bildete das Zentrum der Macht; aber es war ein Zentrum, in dem weltliche Politik und religiöse Riten ineinanderflossen, denn Könige galten als Repräsentanten der Götter, die den Königen vorgaben, was sie zu tun und zu lassen hatten. Das erklärt, warum die Schreiber, die am königlichen Hof tätig oder als Verwaltungsbeamte auf ihn orientiert waren, nicht nur mit dem Abfassen von Gesetzen, der Ausfertigung königlicher Erlasse oder dem Schreiben königlicher Briefe beschäftigt waren, sondern eben auch die Geschichten und Taten der Götter festhielten und all die zeremoniellen Texte verfassten, mit denen die Könige auf den Monumenten ihr gutes Verhältnis zu den Göttern zur Schau stellen und dokumentieren ließen. Und es erklärt, warum man die bedeutsamen Ereignisse auf der Erde (Kriege) und am Himmel (Mondfinsternisse, Planetenkonstellationen) notierte: Sie waren bedeutsam, weil sich in ihnen ein göttlicher Wille manifestierte, der für die Zukunft beachtet sein wollte und in den Omina mitgeteilt wurde.[30]

Um das alles aufschreiben zu können, musste der zukünftige Verwaltungsbeamte eine Ausbildung absolvieren, die ihm Lese- und Schreibkenntnisse auf verschiedenen Stufen der Komplexität vermittelte. Wenn Ägyptologen und Assyriologen diese Ausbildung gerne „Schule" nennen, dann sollte man von diesem Begriff alle modernen Assoziationen fernhalten. Am besten stellt man sich die „Schule" so vor, dass der Junge, der Schreiber werden sollte, im Alter von fünf oder sechs oder sieben Jahren zu einem erfahrenen Schreiber in die Lehre kam und dort mit zwei oder drei anderen Jungen – die Kinder des Schreibers gewesen sein mögen oder auch aus anderen Familien stammten – zunächst die grundlegenden Schreibtechniken lernte, zu denen auch das Herstellen der Schreibutensilien gehörte (Schreibpinsel, Tinte und Papyrusblatt in Ägypten, keilförmiger Schreibgriffel und Tontafel in Mesopotamien); danach kam das Schreiben einzelner Zeichen und Zahlzeichen, auf die das Schreiben von Wörtern folgte, die man im Zweistromland durch Abschreiben von thematisch geordneten Wortlisten übte (es gab Listen mit Personen- und Götternamen, Berufsbezeichnungen, Tier- und Pflanzenarten, Metallen, Flüssigkeiten, Gefäßen u. a. m.); einen Abschluss fand die Ausbildung mit dem Erlernen der für die Verwaltung wichtigen Buchhaltungs-, Rechnungs- und Briefformulare samt den grundlegenden Rechenarten. Wahrscheinlich wechselte die Mehrheit der ausgebildeten Schreiber danach direkt in eine Verwaltungseinrichtung; eine kleinere Zahl von ihnen – vielleicht nur die Kinder der Elite – blieb etwas länger in der „Schule", um sich mit dem Abschreiben ebenjener Texte zu beschäftigen, die als Götter- und Königshymnen, als Mythen und Epen, Inschriften und Gebete, Ritualtexte und Omina zum Bereich des religiösen Kultus und der Repräsentation von Macht gehörten.[31]

Die Ausbildung für Schreiber war also anfangs eine recht familiäre Angelegenheit und folgte handwerklichen Traditionen, bei der der Vater seine Kenntnisse an seine Söhne und die ins Haus genommenen Söhne aus anderen Familien weitergab. Frauen spielten in diesem Zusammenhang keine nennenswerte Rolle, auch wenn in Mesopotamien einige wenige Schreiberinnen belegt sind und man von lese- und schreibkundigen Priesterinnen, Prinzessinnen und Königinnen weiß. Der „Traditionsstrom" – so nannte der große Assyriologe A. Leo Oppenheim das Korpus aus Texten, das von den Schreibern tradiert wurde – blieb vielmehr fest in männlicher Hand, in Mesopotamien nicht anders als in Ägypten.[32]

Mit der Zeit führte ebendiese Lernpraxis, die eine Abschreibepraxis war, dazu, dass die am häufigsten abgeschriebenen Texte kanonischen Status erhielten und also mit einem kulturellen Mehrwert aufgeladen wurden, der ein eigenständiges Traditionskriterium zu bilden begann. Bei diesem Vorgang der Kanonisierung hat sicherlich eine Rolle gespielt, dass die den Schreiberstand kennzeichnende Nähe zu Macht und Kult dafür sorgte, dass bestimmte Texte, die in diesem Bereich zirkulierten, ein ganz besonderes Gewicht hatten; und das galt gerade auch für die Inschriften, die als repräsentative Zurschaustellung von Macht in ihrer Verbindung mit dem Kult als Textvorlagen für die Schreiberausbildung dienten. Ebendieses kanonische Korpus von Texten nun, das sich aus dem für die Schreiberausbildung konstitutiven Prozess des Abschreibens von Textvorlagen entwickelt hatte und von Generation zu Generation weitergegeben wurde, bildete schließlich das, was wir mangels eines besseren Begriffs als mesopotamische oder ägyptische „Literatur" bezeichnen müssen.[33]

Um 2000 v. Chr. – in Ägypten hatte nach einer Zeit des Reichszerfalls die sich glanzvoll entwickelnde Epoche des Mittleren Reiches (2137–1781 v. Chr.) begonnen, in Mesopotamien hatte sich nach einigen Machtkämpfen die 3. Dynastie von Ur (Ur III) durchgesetzt (2112–2004 v. Chr.) – veränderten sich Ausbildungsprozess und Selbstverständnis der Schreiber merklich. Aus einer handwerklich-familiären Tradition und „Schule" in Anführungszeichen wurde eine ›Schule‹ mit etwas weniger Anführungszeichen. Gemeint ist damit nun eine Einrichtung, die auf staatliche Intervention zurückgeht – in Ur bringt man den Herrscher Šulgi mit der Einrichtung von Schulen in Verbindung – und in der Hauptsache natürlich immer noch auf die sehr konkreten (Verwaltungs-)Bedürfnisse des Palastes ausgerichtet war, nun aber die für das Fließen des Traditionsstroms notwendigen Prozesse eigens zu reflektieren begann. Dadurch wurde sie zu einer Schule der literarischen Tradition, die sich zunehmend der Tatsache bewusst wurde, dass sie eine Schule der Tradition war. Dem entspricht, dass die Schreiber nun deutlich zu erkennen gaben, dass der von ihnen getragene Prozess des Abschreibens nicht einfach ein beliebiges Konvolut von Texten durch die Zeiten reichte, sondern eine bewusst geschaffene und zu bewahrende literarische Tradition darstellte.

Man wird nicht fehlgehen, wenn man dieses seiner selbst bewusste Wissen um die Notwendigkeit der in den Schulen beheimateten Traditionspflege mit den kriegerisch-unruhigen Zeiten in Zusammenhang bringt, die Ägypten und Mesopotamien gerade hinter sich gebracht hatten und in deren Folge bislang geltende kulturelle Selbstverständlichkeiten in Frage gestellt worden waren. Jedenfalls ist das sich meldende Wissen um die Notwendigkeit der Traditionspflege zunächst daran zu erkennen, dass in den Traditionsstrom jetzt Texte Eingang fanden, welche die Schulsituation explizit zum Thema hatten oder den in der Schule zu erlernenden Beruf des Schreibers von anderen Ausbildungen und Berufen positiv abhoben. So entstand in Ägypten etwa das Buch *Kemit* („das Vollendete", „das Vollständige"), das für den Schreibschüler nicht nur ein Kompendium – so ist der Titel *Kemit* wohl zu verstehen – von Wörtern und Sätzen war, sondern auch moralische und Verhaltensmaximen bot, die am Ende des Buches in ein werbendes Selbstlob des Schreibers übergingen: „Ein Schreiber auf irgendeinem Posten des Staates, der leidet dort keine Not." Wie traditionsbildend das war, lässt sich daraus ersehen, dass die *Kemit* auf zahllosen Ostraka – zweifellos Schülerübungen – überliefert ist und rasch zu einem als

Die erste Zeile des Buches Kemit, von einem ägyptischen Schüler auf einer Holztafel geübt. Mittleres Reich, ca. 2000 – 1700 v. Chr.

autoritativ geltenden Text wurde. So schildert die wohl kurz nach der *Kemit* entstandene und weit verbreitete *Lehre des Cheti* die Mühen der Handwerksberufe, um ihnen den Beruf des Schreibers entgegenzustellen, der besser sei „als alle die Berufe, die ich dir vorgestellt habe", weil einzig der Schreiber ohne Vorgesetzten arbeite: „Er *ist* der Vorgesetzte"; und zum Beweis wird die *Kemit* zitiert: „Lies doch am Ende der Kemit, du wirst folgenden Ausspruch finden: ein Schreiber auf irgendeinem Posten der Residenz, er kann dort nicht elend sein". Ganz ähnlich lockten die mesopotamischen Schultexte

Viehzählung: Der Besitzer der Herde und seine Schreiber sitzen im Schatten einer Arkade, während die Bauern an ihnen das Vieh vorübertreiben. Bemaltes Holzmodell (Länge 73 cm, Breite 72 cm, Höhe 55,5 cm) aus dem Grab des Meketre, ca. 1990 v. Chr.

mit dem Sozialprestige des Schreibers und den von ihm zu erreichenden Wohlstand.[34]

Hinzu kam, dass das vom Traditionsstrom getragene Wissen nun offenbar einen Umfang erreicht hatte, der es zweckmäßig erscheinen ließ, dieses Wissen kompendienartig zusammenzustellen. Die sich an Schreibschüler richtende *Kemit* gehört ebenso hierher wie der auf die Zeit um 1600 v. Chr. zu datierende Papyrus Rhind, der mathematische Musterprobleme und -lösungen aus den Gebieten des Bruchrechnens, der Arithmetik, Algebra und Geometrie vorstellt. War man sich der Bedeutung von Schule, Tradition und Wissenssicherung aber erst einmal bewusst geworden, lag es nahe, die tradierten Texte in ihren verschiedenen umlaufenden Versionen nicht länger mehr einfach nur abzuschreiben, sondern in ihrem Textbestand zu sichern oder zu einer Standardversion zusammenzuführen. Das geschah, soviel sich derzeit sagen lässt, zum ersten Mal in Mesopotamien im Verlauf der zweiten Hälfte des 2. Jahrtausends v. Chr. und war für die damalige Mit- und Nachwelt ein derart bedeutsamer Schritt, dass die Namen zweier Schreiber-Redaktoren, die sich an die Bearbeitung und

Sicherung der Texte machten, zusammen mit den von ihnen bearbeiteten Texten auf uns gekommen sind. Es sind dies Sîn-lēqi-unninni, der irgendwann in der zweiten Hälfte des 2. Jahrtausends v. Chr. die babylonische Standardversion des Gilgamesch-Epos herstellte, und Esagil-kīn-apli, der wahrscheinlich im 11. Jahrhundert v. Chr. bestimmte Omina, die man als eine frühe Form medizinischer Traktate betrachten kann, zu Handbüchern zusammenfasste, die jahrhundertelang in Gebrauch blieben.[35]

Seinen Abschluss fand diese Bewusstwerdung des schulisch-literarischen Tradierungsprozesses schließlich darin, dass der Kanon des Wissens, der sich nun in kanonischen Textausgaben niederschlug, auch einen kanonischen Ort erhielt. Dieser Ort war – und ist bis heute – die Bibliothek. Sie ist in ihren Anfängen vom Archiv nicht zu unterscheiden und war einfach ein Platz, an dem alles aufbewahrt wurde, was man sowohl an Verwaltungsdokumenten als auch an Texten aus dem Traditionsstrom für aufbewahrenswert hielt. Im 2. Jahrtausend v. Chr. begannen Archiv und Bibliothek sich jedoch inhaltlich auseinanderzuentwickeln und räumlich zu trennen: Das Archiv wurde zu einem Ort für Verwaltungsdokumente und Urkunden, die Bibliothek zu einem Ort für die Texte des Traditionsstroms.

Dieser Ausdifferenzierungsprozess wird greifbar in den Tontafelsammlungen, die man in der hethitischen Hauptstadt Hattuša gefunden hat und die auf das 14./13. Jahrhundert v. Chr. datiert werden. Dort ordnete man die vorhandenen Tontafeln nicht nur wie in einem Archiv nach Themengruppen, sondern hielt auf den Tafeln selbst oder in einem Kolophon – einer die jeweilige Tafel abschließenden Textpassage – und in Katalogen fest, ob die Texte, die aufgrund ihres Umfangs auf einer Serie von Tontafeln geschrieben waren, vollständig erhalten waren, ob Tafeln in einer Serie fehlten, ob Beschädigungen und Textverluste zu konstatieren waren – und welcher Schreiber die Tafeln geschrieben oder abgeschrieben, vervollständigt oder korrigiert und wer diese Arbeit überwacht hatte. Ein solcher in einem Kolophon stehender Kontrollvermerk liest sich beispielsweise so: „2. Tafel. Tudchalijasch, Großkönig. Über den Eid. Beendet. Diese Tafel war zerstoßen. Angesichts des Machchuzi und des Halva-lū habe ich, Dudasch, sie wieder erneuert."[36]

Das ist in der Tat ein Abschluss des schulisch-literarischen Tradierungs- und Kanonisierungsprozesses: An die Sicherung des Textbestandes fügt sich die Sicherung der materiellen Basis der textuellen Überlieferung, und beides geschieht in dem deutlichen Bewusstsein, dass diese doppelte Sicherung als dauerhafte Pflege des Traditionsbestandes betrieben werden muss. Diese Pflege benötigt nicht nur ein kompetentes und verantwortliches Personal, das durch Namensnennung Verantwortung für den Pflegeprozess übernimmt, sondern auch einen Ort, an dem die textuell-mediale Pflege auf Dauer gesichert ist. Die Bibliothek ist dieser Ort der dauerhaften Pflege, und sie ist es als Ort, an dem der Tradierungs- und Kanonisierungsvorgang nicht nur stattfinden kann, sondern auch sichtbar wird. Er wird dadurch sichtbar, dass man ihn in der Bibliothek gleichsam in geronnener Form als Sammlung von Tontafeln oder Papyri betrachten kann; und er wird auf ganz eigene Weise dadurch sichtbar, dass in der Bibliothek Kataloge erstellt werden, die die Kanonizität des in der Bibliothek aufgefangenen

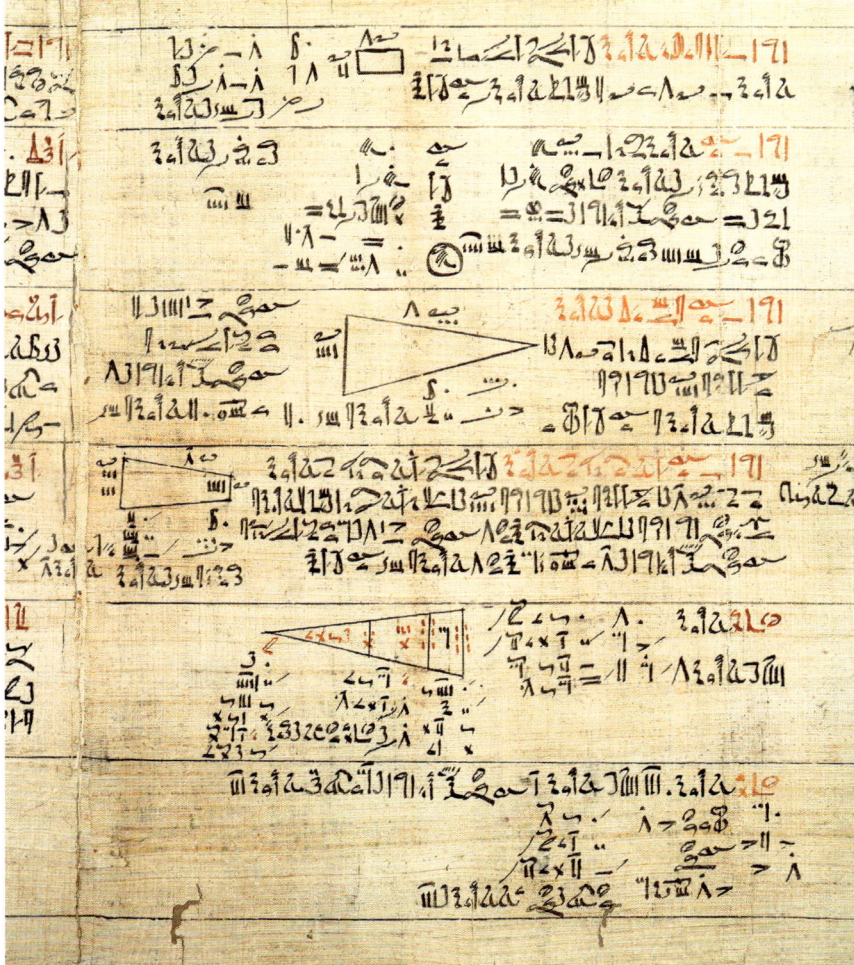

Papyrus Rhind, ca. 1600 v. Chr.

und bearbeiteten Traditionsstroms potenzieren. Denn die Bibliothekskataloge, die sich genau der textuellen Verzeichnungs- und Listentechnik bedienen, mit deren Hilfe die altorientalische Verwaltung ursprünglich die ökonomischen Prozesse zu regulieren unternahm, wenden diese Technik nun auf den textuellen Traditionsstrom an. Sie führen damit nicht nur vor Augen, dass man auch den Traditionsstrom durch Texte regulieren kann, sondern zeigen zugleich, dass die Texte in dieser Regulierung ihren kulturellen Wert erfahren.

Wie sehr man sich dieses Vorgangs bewusst war oder doch allmählich bewusst wurde, macht ein kleines Detail deutlich, das uns zum Buch in seiner historischen Gestalt als Tontafel zurückführt. Als nämlich der

Fragment des Gilgamesch-Epos. Aus der Bibliothek Assurbanipals in Ninive, ca. 650 v. Chr.

lität benutzte, in den die Schriftzeichen, wie Kenner der Materie festgestellt haben, zierlich, elegant und in „klassischem" Duktus eingeritzt wurden. Dass er den Aufbau seiner Tontafelsammlung dann auch planmäßig betrieb und auf einigen Kolophonen vermerken ließ, sie sei „zum Gedächtnis" angelegt, macht aus Assurbanipals Sammlung von Texten des Traditionsstroms tatsächlich eine Bibliothek, nämlich einen nun definitiv vom Archiv geschiedenen Ort für all das, was als textueller Traditionsbestand jenseits von direkter ökonomischer und politischer Praxis angesiedelt ist, philologisch-bibliothekarischer Pflege bedarf und ohne den kulturpolitischen Willen zur Sammlung und Pflege des Kanons nicht denkbar ist.[37]

Dieser Ausdifferenzierungsprozess von Archiv und Bibliothek lässt sich mit nur leichten zeitlichen Verschiebungen auch für Ägypten beobachten. So meint das seit dem Alten Reich (ca. 2707 – 2216 v. Chr.) belegte Wort „Bücherhaus" (wörtlich: „Haus der Buchrollen") bzw. sein Synonym „Gottesbücherhaus" (wörtlich: „Haus der Buchrollen des Gottes") ursprünglich das Archiv eines Tempels. Wie sich diese Institution über die Jahrhunderte hin entwickelte, liegt vollständig im Dunkeln. Erst für die Zeit nach dem Siegeszug Alexanders des Großen, als Ägypten unter griechisch-makedonische Herrschaft kam und im Jahre 323 v. Chr. als Satrapie an Ptolemaios I. fiel, einen ehemaligen General Alexanders, finden wir wieder archäologische Zeugnisse und Textquellen für „Bücherhäuser" und „Gottesbücherhäuser", die nun so etwas wie Handbibliotheken für den Tempelkult darstellen, aber immer noch Archivmaterialien beinhalten. Dieser eher im Raum des Archivs bleibenden Entwicklung des „Bücherhauses" tritt seit dem Mittleren Reich (ca. 2137 – 1781 v. Chr.) die Entwicklung einer Institution namens „Lebenshaus" an die Seite. Damit ist eine Einrichtung gemeint, der es – offenbar ohne direkte Anbindung an einen Tempel – um die Weitergabe der Rituale und Praktiken zu tun war, die nach Ansicht der Ägypter zur Aufrechterhaltung des Lebens und seiner Ordnung notwendig waren. Daher wurden in den Lebenshäusern all die kanonischen Texte kopiert und tradiert, die zum Vollzug der lebenswichtigen Rituale nötig waren und den ägyptischen Tradi-

assyrische Herrscher Tiglat-Pileser I. (Regierungszeit 1114 – 1076 v. Chr.) in Ninive eine Bibliothek einrichtete, da brachte er den kulturellen Wert seiner Sammlung dadurch zum Ausdruck, dass er für die Tontafeln feinen roten Ton verwenden ließ, den man mit einer elfenbeinfarbenen Schicht überzog, in die der Schriftkeil so tief eindrang, dass eine kontrastreiche rote Schrift auf elfenbeinfarbener Tafeloberfläche entstand. Und als der assyrische Herrscher Assurbanipal (Regierungszeit 668 – 627 v. Chr.) ebenfalls in Ninive eine Bibliothek zusammentragen ließ, die zum Teil die ältere Tontafelsammlung Tiglat-Pilesers I. aufnahm, da sorgte auch er dafür, dass man für die Tafeln Ton von feiner Qua-

tionsstrom bildeten. Es deutet einiges darauf hin, dass sich die Trennung von Archivmaterial und Literatur des Traditionsstroms in den Lebenshäusern dadurch abbildete, dass man zur Aufbewahrung der Texte des Traditionsstroms eigene Räumlichkeiten einrichtete, die wir „Bibliothek" nennen. Auch hier liegen die genauen historischen Entwicklungslinien im Dunkeln, aber die für die ägyptische Spätzeit (ca. 664–332 v. Chr.) und die sich daran anschließende ptolemäische Zeit festzustellende Zunahme von Belegen für „Lebenshäuser", die mit Bibliotheken ausgestattet waren, spricht trotz aller Unsicherheiten – der Zufälle archäologischer Funde, der Dekomposition der Baumaterialien, die manch alte Lokalität für uns Heutige unsichtbar macht – dafür, dass sich in Ägypten die „Bibliothek" als Aufbewahrungsort für die Literatur des Traditionsstroms tatsächlich im Rahmen des Lebenshauses und im selben Zeitraum wie in Mesopotamien entwickelte und etablierte.[38]

Als daher die ptolemäischen Herrscher ab ca. 300 v. Chr. in ihrer Hauptstadt Alexandria das „Museion" aufbauten, eine auf einen Musentempel orientierte naturwissenschaftliche und philologische Forschungseinrichtung, die mit einer Bibliothek ausgestattet wurde, da war das keine ganz neue Idee. Es war ein Rückgriff vor allem auf mesopotamische und vielleicht auch ägyptische Vorbilder, die nun freilich in bezeichnender Weise umgestaltet und für die im Entstehen begriffene hellenistische Kultur fruchtbar gemacht wurden. Diese Umgestaltung war durch den Rahmen motiviert, innerhalb dessen die griechischen Schreiber ihrer Arbeit nachgingen. Dazu gehörte erstens, dass die Griechen über keine mit der politischen Macht verschwisterte Priesterkaste und auch nicht über heilige Bücher verfügten, die von einer zur Priesterkaste gehörenden Schreiberzunft akribisch genau zu kopieren waren, um den göttlichen Wortlaut zu bewahren. Dazu gehörte zweitens, dass das Schreiben in Griechenland mit seiner um 800 v. Chr. auf der Basis einer westsemitischen Konsonantenschrift entwickelten Alphabetschrift nicht dem ökonomisch-bürokratischen Kontext staatlich-religiöser Kontrollbedürfnisse zuzurechnen ist. Vielmehr diente es von Beginn an dem Aufschreiben von Texten, die nicht wie die allermeisten Texte des Alten Orients anonym überliefert wur-

den, sondern als Werke bedeutender und namentlich bekannter Personen, allen voran Homers. Sie prägten mit ihrer Persönlichkeit und ihrem Werk die griechische Kultur als eine des Wettstreits der Besten, auch der besten Autoren, deren Werke und Gedächtnis man daher bewahrt wissen und weitergeben wollte. Hier aber hatten die Griechen dasselbe Problem wie ihre mesopotamischen und ägyptischen Vorläufer: Sie waren mit einer Fülle von Abschriften von Werken konfrontiert, die keineswegs einen identischen Text boten, sondern mitunter erheblich voneinander abwichen.[39]

Die Antwort auf dieses Problem war die Erfindung der Philologie, der „Liebe zum Wort", die durch Vergleichung der überlieferten Textversionen einen möglichst verfassernahen Originaltext rekonstruieren will. Das hatte Sîn-lēqi-unninni schon mit dem Gilgamesch-Epos unternommen, aber die im Museion tätigen alexandrinischen Philologen gingen bei der Textrekonstruktion und -sicherung neue Wege.

Zum einen versuchten sie – wahrscheinlich nicht anders als Sîn-lēqi-unninni – durch den Vergleich der überlieferten Handschriften die beste Lesart eines Textes festzustellen und durch eigene Korrekturen einen verbesserten Text herzustellen; Passagen jedoch, deren Echtheit sie bezweifelten, strichen sie nicht einfach, sondern kennzeichneten sie am Rand durch textkritische Zeichen. So waren die von den alexandrinischen Philologen erarbeiteten Textfassungen redigierte neue Texte, die aber dank der kritischen Zeichen zu erkennen gaben, dass es sich um überarbeitete Werkausgaben auf der Basis anderer und älterer Textüberlieferungen handelte und dass sie problematische Stellen enthielten, über die sich der Leser ein eigenes Urteil bilden können sollte.

Zum anderen verteilte man Werke größeren Umfangs jetzt so auf mehrere Papyrusrollen, dass die Einteilung der Rollen der inhaltlichen Gliederung des Werkes entsprach. Das war neu, denn bisher hatte man die Aufteilung längerer Texte auf Tontafeln oder Papyrusrollen eher nach rein pragmatischen Gesichtspunkten vorgenommen: War eine Tafel oder eine Papyrusrolle vollgeschrieben, schrieb man auf der Folgetafel oder -rolle weiter oder klebte einen weiteren Papyrusbogen an die vorhandene Rolle an, um den Text fortsetzen zu können. Nun aber stellten die alexandrinischen Philologen nicht nur eine Korrespondenz zwischen der inhaltlichen Gliederung eines Werkes und seiner materiellen Gestalt her, sondern machten die materielle Gestalt zu einer abhängigen Variablen der inhaltlichen Struktur eines Werkes. Ging man diesen Weg weiter, wurde durch die Einteilung eines Werkes in „Rollen" nicht nur das Kompositionsprinzip eines Textes materiell sichtbar gemacht, sondern dieses Kompositionsprinzip konnte sich gegenüber der Materialität des Mediums verselbständigen und schließlich zu dem werden, was auch wir in unseren modernen Büchern noch durch die Einteilung eines physischen Buches in inhaltliche „Bücher" oder Kapitel erreichen wollen: eine Textgliederung, die sich auf der physischen Ebene des Buches durch die Band- oder Rolleneinteilung niederschlagen kann, aber nicht muss. Wie sehr dieses neue Prinzip der Textorganisation durchschlug, mag man nicht nur daran ablesen, dass die Einteilung der *Ilias* und der *Odyssee* in je 24 „Bücher" auf die Arbeit der alexandrinischen Philologen zurückgeht, sondern noch die Übersetzung der hebräischen *Thora* ins Griechische und ihre Aufteilung auf fünf Bücher, den *Pentateuch* (wörtlich: „die fünf Behältnisse"), im unmittelbaren Umfeld Alexandrias und seines philologischen Einflusses stattfand.[40]

Und schließlich bot die Tatsache, dass das Gros der griechischen Literatur von namentlich bekannten Autoren stammte, die Möglichkeit, unter Anwendung der aus dem Alten Orient übernommenen Listentechnik den literarischen Tradierungsprozess über alphabetisch nach Verfassernamen sortierte Kataloge zu steuern. Der berühmteste dieser Kataloge, die *Pinakes* des alexandrinischen Philologen und Dichters Kallimachos († ca. 245 v. Chr.) – der vollständige Titel seines Katalogs lautet auf Deutsch *Verzeichnisse derer, die sich auf kulturellem Gebiet hervorgetan haben, und ihrer Schriften –*, teilte die gesamte griechische Literatur in Sachgebiete ein, listete innerhalb der Sachgebiete die Autoren und ihre Werke auf und bot mit einiger Wahrscheinlichkeit zu den Autoren biographische Angaben und ganz sicher zu jedem Werk bibliographische Informationen: Der Werktitel wurde ebenso festgehalten wie die Anfangszeilen des

Textes und sein Gesamtumfang in Zeilen. Dadurch war es möglich, gleichnamige Werke voneinander zu unterscheiden und dem richtigen Autor zuzuordnen.[41]

Nimmt man das alles zusammen, muss man feststellen, dass wir seit etwa der Mitte des 1. Jahrtausends v. Chr. eine Literatur vor uns haben, die dem, was wir heute noch „Literatur" nennen, im Wesentlichen entspricht: eine Literatur, die das menschliche Sprechen und Schreiben zur Kunst erhebt und in die persönliche Verantwortung von Autoren legt, die im Wettbewerb um die beste künstlerische Gestaltung ihres Redens und Schreibens stehen und darin Selbstbewusstsein und Anerkennung finden. Mit anderen Worten: Literatur hat sich von einem theologisch-bürokratischen zu einem eigenständigen kulturellen Phänomen gewandelt und zugleich den Schritt vom anonymen zum Verfasserwerk vollzogen. Daher wird nun in den Bibliotheken die Autorschaft der Werke dadurch fixiert, dass die für die Kataloge verantwortlichen Philologenbibliothekare die auktorielle Verantwortung für die Werke ermitteln und den Kanon der griechischen Literatur als Kanon der Autoren und ihrer Werke erarbeiten.

Wenn wir Literatur nun ohne Anführungszeichen schreiben und nicht mehr als bürokratisch-theologisches, sondern als kulturelles Phänomen betrachten, dann heißt das freilich nicht, dass die Literatur und mit ihr das Buch in seiner Form als Papyrusrolle zu einem allgemeinen Kulturgut geworden wären. Dagegen spricht schon allein die Tatsache, dass die Bibliotheken, die der Aufnahme des Traditionsstroms dienten, auch noch in der Zeit des Hellenismus dem Bereich von Macht und Repräsentation zugeordnet blieben. So waren die beiden damals wichtigsten Bibliotheken, die in Alexandria und die in Pergamon, Teil eines zum Palastviertel gehörenden oder ihm unmittelbar benachbarten und vom Herrscherhaus gestifteten Heiligtums (in Alexandria dem Heiligtum der Musen, in Pergamon dem Heiligtum der Athene); und für die in Alexandria am Museion tätigen Gelehrten steht obendrein fest, dass sie von den ptolemäischen Herrschern berufen und bezahlt und im Falle eines Konflikts mit den Herrschern gelegentlich auch des Landes verwiesen wurden. Man darf bezweifeln, dass Bibliotheken solchen herrschaftsnahen

Zuschnitts öffentlich waren und von jedermann, der Interesse an Literatur hatte, benutzt werden konnten. Eher wird man davon ausgehen müssen, dass sie aufgrund ihrer Koppelung an Macht und Repräsentation auf die Kreise des höfischen und Verwaltungspersonals beschränkt waren und auf ebenjene Gelehrte, mit denen sich der jeweilige Herrscher umgab. Gegen den Status des Buches als eines allgemeinen Kulturguts spricht aber auch, dass der Anteil der Bevölkerung, der in der Epoche des Hellenismus lesen und schreiben konnte, wahrscheinlich niemals über zehn Prozent lag und im Wesentlichen mit der männlichen Führungsschicht der Städte identisch war. Und schließlich darf man nicht vergessen, dass es so etwas wie einen „Buchhandel", der Texte in großer thematischer Breite und in nennenswerter Exemplarzahl als kommerzielles Gut bereitstellte, nicht gab, auch wenn gelegentlich davon berichtet wird, dass Abschriften von Texten auf dem Markt gehandelt wurden. Wer Bücher haben wollte, musste sich in aller Regel vielmehr entweder selbst ans Abschreiben machen (und sich zuvor das abzuschreibende Werk bei jemandem, der es besaß, ausleihen), einen Schreiber einstellen, einen Haussklaven als Schreiber ausbilden lassen oder Lohnschreiber mit dem Abschreiben beauftragen. Mit anderen Worten: Bibliotheken und Bücher blieben ein Elitenphänomen, das in eine immer noch und überwiegend orale Kultur eingebettet war, die die maßgeblichen Texte nicht durch eigene Lektüre kennenlernte, sondern durch mündlichen Vortrag.[42]

Diese kulturell-mediale Situation veränderte sich nicht grundlegend, als die Römer im 3. und 2. Jahrhundert v. Chr. ihr Imperium um das Mittelmeer herum ausdehnten und im Jahre 30 v. Chr. Ägypten zu einer römischen Provinz machten. Denn obzwar sich nun das Zentrum der Macht nach Rom verschob, blieben die Römer kulturell Schuldner der Griechen und betrachteten es seit der späten Republik als eine Selbstverständlichkeit, sich die griechische Sprache und Kultur anzueignen und zu diesem Zweck auch Bibliotheken einzurichten. Die Methoden, die man dabei anwandte, waren anfangs rüde, indem siegreiche römische Feldherren wie Aemilius Paullus (229 – 160 v. Chr.) oder Sulla (138 – 78 v. Chr.) im Osten erbeutete Bibliotheken nach Rom mit-

Moderne und sehr freie Phantasie über die Bibliothek des Museions im antiken Alexandria. Handkolorierte Illustration aus dem 19. Jahrhundert.

nahmen und in ihren Häusern aufstellten; später war man feinsinniger und machte es wie Cicero (106 – 43 v. Chr.), der über seinen graecophilen Freund Atticus eine ganze griechische Bibliothek käuflich erwarb. Das zunehmende kulturelle Selbstbewusstsein der Römer sorgte dann freilich dafür, dass auch die lateinische Literatur ihren Platz in den Bibliotheken fand, die dadurch zu griechisch-römischen Doppelbibliotheken wurden.

Junger Mann mit Dichterkranz und Papyrusrolle. Fresko aus Pompeii, 32 × 32 cm. 1. Jahrhundert n. Chr.

Und mit der von C. Asinius Pollio (76 – 5 v. Chr.) in Rom gestifteten Bibliothek beginnt im Westen des Imperiums die Geschichte der öffentlichen Bibliotheken. Die Kaiser haben das weitergeführt, indem sie vor allem in Rom, aber auch andernorts öffentliche Bibliotheken gründeten, die – entgegen dem Vorbild Caesars, der in Rom nach alexandrinischem Muster eine zentrale Reichsbibliothek einrichten wollte – das Phänomen der Bibliothek und der Bücher geographisch gleichsam multiplizierten; und das wiederum gab für die provinziale Oberschicht das Muster ab, nach dem auch sie Bibliotheken einrichtete, private und öffentliche. Das mag dazu beigetragen haben, dass sich die Quote der Lese- und Schreibfähigen gegenüber der Zeit des Hellenismus erhöhte – in einigen großen Städten Italiens könnte sie 20 Prozent oder etwas mehr der (männlichen) Bevölkerung betragen haben –, und Bücher und Bibliotheken waren nun auch nicht mehr in wenigen Metropolen

konzentriert, sondern überall in den Städten des Reiches zu finden. Aber dennoch blieben Bücher und Bibliotheken Sache einer Elite, die in den privaten und öffentlichen Bibliotheken Orte fand, an denen sich das intellektuelle Gespräch unter Gleichgesinnten mit dem Bedürfnis nach Repräsentation und der Zurschaustellung von Macht verband.[43]

Es wird Zeit, dass wir uns das Buch, das in dieses Umfeld eingebettet ist, etwas näher ansehen. Zunächst fällt auf, dass Griechen und Römer – wie die Ägypter – eine Papyrusrolle in der Regel nur auf einer Seite beschrieben, und zwar auf der Innenseite, auf der die Papyrusfasern horizontal liefen und der Schreibfeder – diese bestand aus Schilfrohr und hatte den aus einem Binsenstängel hergestellten Schreibpinsel der Ägypter verdrängt – weniger Widerstand entgegensetzten. Den Text schrieb man in Kolumnen, deren Breite offenbar von der Textgattung abhängig war. Normierend wirkten hier die in Hexametern verfassten Werke Homers, so dass die Kolumnenbreite für gewöhnlich der Zeilenlänge eines Hexameters entsprach, die Werke der Rhetoriker allerdings oft kürzere und wissenschaftlich-philosophische Texte oft längere Zeilen aufweisen. Schaut man sich den in Kolumnen angeordneten Text genauer an, fällt außerdem auf, dass er ohne Punkt und Komma, ohne Worttrennung (*scriptio continua*) und alleine in Großbuchstaben (Majuskeln) geschrieben wurde, deren Gestalt im Laufe der Zeit den Wandlungen der Schreibmoden unterlag. Dadurch ist es einem Experten heute möglich, einen Text aufgrund seiner Schrift einer bestimmten Epoche zuzuordnen.

Das Format der Papyrusrollen war wesentlich durch das Format der verwendeten Papyrusblätter bestimmt. Diese wurden, wie Plinius der Ältere (23 – 79 n. Chr.) in seiner *Naturkunde* festhielt, in verschiedener Größe und Güte hergestellt, vom Kleinformat der *charta emporetica* mit etwa 11 cm Blatthöhe bis zum Großformat der nach dem Kaiser Augustus so genannten und qualitativ hochwertigen *charta Augusta* mit 24 cm Blatthöhe, wobei das Gros der Papyrusrollen eine Blatthöhe von um die 20 cm aufweist. Das mit 34 cm höchste Blatt mit bester Qualität lieferte die nach dem Kaiser Claudius benannte *charta Claudia*, deren Beschreibeigenschaften legendär

Papyrus Oxyrhynchus XXIV, 2399: Geschichte Siziliens (Autor unbekannt), ca. 150 v. Chr. Zwischen der ersten und zweiten Spalte macht eine Diple (>) als textkritisches Zeichen den Leser auf eine bemerkenswerte Passage aufmerksam.

waren. Die Papyrusrollen wurden wie seit ägyptischer Zeit durch das Aneinanderkleben der einzelnen Blätter hergestellt, wobei die Griechen und Römer Rollen bevorzugten, die im Durchschnitt nicht länger als etwa zehn Meter waren. Eine solche Rolle von zehn Metern Länge bot bei einer Blatthöhe von 20 cm genug Platz für einen der Gesänge der *Odyssee* oder Platons *Symposion*, wies aber zusammengerollt lediglich einen Durchmesser von 6 cm auf und war damit bequem in der Hand zu halten und zu transportieren.[44]

Zum Lesen wurde die Rolle, die man in der rechten Hand hielt, nach links so abgerollt, dass jeweils eine zu lesende Kolumne – manchmal auch etwas mehr – sicht-

bar war. Im Fortschreiten der Lektüre rollte die linke Hand auf, was die rechte Hand abrollte, so dass am Ende der Lektüre die Rolle vollständig zurückgerollt werden musste. Um die Rolleigenschaften der aneinandergeklebten Papyrusblätter zu verbessern und der Rolle insgesamt eine größere Steifigkeit zu geben, wurde oftmals an den rechten Rand des letzten Blattes, das in der zusammengerollten Rolle das innerste Blatt war, ein Holzstab geklebt – ein *umbilicus* (lat.) oder *omphalós* (gr.), zu Deutsch ein „Nabel" –, der oben und unten ein wenig über die Rolle hinausragte. Nicht der Erleichterung bei der Handhabung der Rollen, wohl aber der leichteren Auffindbarkeit eines gesuchten Textes inmitten einer

Junger Mann beim Lesen einer Papyrusrolle. Fresko aus Herculaneum, 41 × 42 cm. 1. Jahrhundert n. Chr.

größeren Sammlung von Papyrusrollen diente das oben
an die Rolle angeklebte Pergamentschildchen – der *ti-
tulus* (lat.) oder *síllybos* (gr.) –, das Titel und Inhalt des
Buches kurz angab. Dieses Hilfsmittel war deshalb so
notwendig wie praktisch, weil die Griechen und Römer
nach alter orientalisch-ägyptischer Tradition damit fortfuhren, den vollständigen Titel eines Buches innen auf
dem letzten Blatt der Papyrusrolle in einem Kolophon
unterzubringen, wo er aber erst nach dem Abrollen der
Rolle sichtbar wird.[45]

Das alles, man muss es an dieser Stelle betonen, ist
wesentlich das Resultat eines Kulturtransfers zwischen
Ägypten und der griechisch-römischen Welt; eines
Transfers, dessen Zentrum im 3. und 2. Jahrhundert
v. Chr. in Alexandria lag, von wo aus sich das neue
„literarische" Medium der Papyrusrolle – und die Bibliothek als eine für das neue Medium und die neuen
Medienzwecke angemessene Institution – rasch in den

hellenistischen Reichen und dann im römischen Imperi-
um verbreitete. Dieser Kulturtransfer hatte nun aber zur
Folge, dass die Papyrusrolle, wie sie von den Griechen
und Römern benutzt und geschätzt wurde, ein wichtiges
Merkmal des ägyptischen Schreibens weiterführte: die
Synthese von Text und Illustration.[46]

Das früheste erhaltene Beispiel einer illustrierten
griechischen Papyrusrolle – eine astronomische Ab-
handlung, die zumeist auf die Mitte des 1. Jahrhunderts
v. Chr. datiert wird – zeigt jedenfalls, dass der Schreiber
des Textes sich in der Manuskriptgestaltung an einem
ägyptischen Vorbild orientierte. Er zeichnete ganz
selbstverständlich in eine der Figuren, die das Sternzeichen des Orion darstellt, eine Miniatur des ägyptischen
Gottes Osiris, und ebenso selbstverständlich benutzte er
wie die Ägypter den Skarabäus als Symbol für die Sonne.
Dass Abbildungen in wissenschaftlichen Werken keine
Seltenheit gewesen sein können, ergibt sich aus Bemerkungen in der *Naturkunde* von Plinius dem Älteren, wo-
nach der Historiker Marcus Terentius Varro (116 – 27
v. Chr.) seinen Schriften insgesamt rund siebenhundert
gemalte Porträts berühmter Männer beigegeben hatte
und u. a. die Pflanzenbücher des griechischen Pharma-
kologen Krateuas (um 100 v. Chr.) reich bebildert waren.[47] Davon hat sich freilich nichts erhalten. Aber die
Tatsache, dass Abbildungen in antiken Texten häufig
kopiert wurden und sich bisweilen auf „Archetypen" zu-
rückführen lassen, die als Bebilderungsmuster dienten,
macht es wahrscheinlich, dass auch die aus der Spätantike überlieferten Illustrationen auf solche älteren Muster
zurückgriffen und uns daher einen Eindruck von der
Qualität der Abbildungen aus früherer Zeit vermitteln.

Was für die wissenschaftlichen Werke galt, galt auch
für die literarischen: Autorenporträts am Anfang von
Papyrusrollen waren nicht unüblich, und an die Stelle
der in wissenschaftlichen Werken zu findenden Abbildung von Realia trat im Falle literarischer Werke die
Bebilderung der Handlung, die man gerne als Bildfolge
gestaltete. Aber auch hier ist man zumeist darauf an-
gewiesen, von den spätantiken illustrierten Texten auf
ältere „Archetypen" zu schließen, wie etwa im Falle des
Vergilius Vaticanus, einer in der Biblioteca Vaticana
aufbewahrten und auf 400 n. Chr. datierten illustrierten

Griechischer astronomischer Text, Mitte 1. Jahrhundert v. Chr.: In der Mitte das Sternzeichen des Orion, in das eine Miniatur des Gottes Osiris eingefügt wurde; rechts unten sind die Antennen eines Skarabäus zu sehen. Louvre, Paris, Pap. Letronne 1. Länge des Papyrus: etwa 2 m.

Handschrift mit dem Text von Vergils *Aeneis*, von der man vermutet, sie greife auf Abbildungen älterer, thematisch verwandter Prachtpapyri zurück.[48]

Mit diesem Beispiel sind wir freilich schon am Ende der Medienepoche der Papyrusrolle angelangt. Es war eine Medienepoche, die das für einen Text verantwortliche Individuum dadurch sichtbar machte, dass es zunächst als (Ab-)Schreiber und dann als Autor mit seinem Namen für den Text garantierte. Zugleich brachte die Epoche der Papyrusrolle mit der Bibliothek die Institution hervor, an der das (Ab-)Schreiben hinfort einen festen Ort hatte und seit den Griechen in methodisch reflektierter und dokumentierter Weise als Philologie – und damit als Wissenschaft – betrieben werden konnte. Das schloss, wie wir gesehen haben, letztlich an orientalisch-ägyptische Traditionen an, deren deut-

lichster Nachklang die fortwährende mediale Synthese von Text und Bild war. Und es verdankt sich einem kulturellen Willen, der weiß, dass die Schriftkultur von einer sorgsamen Pflege der überlieferten Texte abhängt und die Pflege nicht nur dem Wortlaut, sondern auch der Materialität der Texte zu gelten hat. Dazu muss der kulturelle Wille auf Dauer gestellt werden, und ebendas geschieht in den Institutionen der Schule und der Bibliothek, die das Wissen von den Methoden der Textpflege weitergeben und dadurch die Basis bilden, auf welcher der Bau der literarischen Kultur errichtet wird.

Wie wenig selbstverständlich dieser kulturelle Wille ist, wurde in der Spätantike mehr als deutlich. Denn die einsetzende Erosion des Römischen Imperiums – die im 3. Jahrhundert n. Chr. mit der Gefährdung der Reichsgrenzen im Norden durch die Germanen und im Osten

Wiener Dioskurides (um 512 n. Chr.), fol. 100r: Wilde Kardendistel.

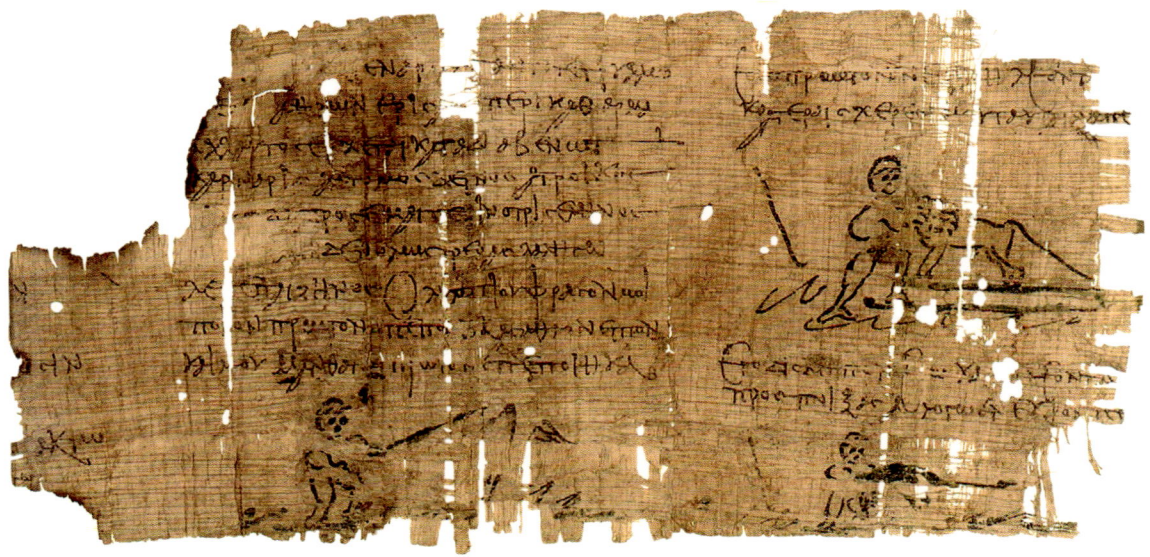

Herakles-Papyrus (3. Jahrhundert n. Chr). Sackler Library, University of Oxford.

0   5 cm

Vergilius Vaticanus, fol. 73v. Ca. 400 n. Chr. Biblioteca Vaticana, Rom.

durch die Sassaniden begonnen hatte, sich in der Reichs-
teilung von 395 n. Chr. fortsetzte und in der Eroberung
Roms durch die Westgoten im Jahre 410 n. Chr. symbolisch verdichtete – führte nicht nur zu einer Erschöpfung
der politischen und wirtschaftlichen Ressourcen, sondern offenbar auch zu einer Erschöpfung der intellektuellen Spannkraft, von der der kulturelle Überlebenswille
abhängt. Darauf deutet eine Notiz des römischen Histo-
rikers Ammianus Marcellinus (ca. 330 – 391 n. Chr.), der
schon früh und in einer Situation zunehmender lebens-
weltlicher Unsicherheit feststellt, dass in Rom die großen
Häuser, in denen man einst die Wissenschaft pflegte, nun
von schlaffem Müßiggang erfüllt seien, statt des Philosophen und des Redners der Sänger und der Vergnügungs-
experte (*doctor artium ludicrarum*) ein und aus gehe,
die Bibliotheken wie Grabmäler für immer verschlossen
seien und Wasserorgeln und andere riesige Musikinstrumente des Spektakels wegen installiert würden.[49]

Man kann diese Notiz kaum missverstehen. Sie beschreibt den Zustand einer spätantiken Spaßgesellschaft,
in der sich die kulturellen Gewichte und Interessen von
Teilen der staatstragenden Elite so verlagerten, dass
man die anstrengende und aufwendige Traditionspflege
durch Unterhaltung und Ablenkung zu ersetzen begann.
Sicherlich bedeutete diese Gewichts- und Interessenver-
schiebung keinen plötzlichen kulturellen Abbruch; das
in dieser Zeit entstehende Geschichtswerk des Ammianus Marcellinus oder die Dichtungen des Decimius
Magnus Ausonius (310 – 393 n. Chr.) und des Claudius
Claudianus (ca. 370 – 404 n. Chr.) widersprechen einem
solchen Befund ebenso wie die für die Jahre zwischen
334 und 357 n. Chr. dokumentierte Existenz von 28 öffentlichen Bibliotheken in der Stadt Rom.[50] Aber man
darf nicht die Augen davor verschließen, dass die Kreise
derer, die intellektuell bereit und wirtschaftlich in der
Lage waren, wissenschaftliche und literarische Leistungen anzuerkennen und zu fördern, sich allmählich
verschoben, wohl auch kleiner wurden und in der Stadt
Rom keine genuine Basis mehr fanden. Und schließlich
meldete das Christentum ganz eigene Ansprüche an, die
es zugleich in der Form eines neuen Mediums präsentierte: in der Form des Kodex.

Das heilige Buch 4.

Mit dem Kodex beginnt die Epoche des Buches, wie wir es kennen. Es ist die Epoche eines Mediums, das Text und Illustration auf in der Mitte gefalzten Doppelblättern präsentiert, die im Falz in Lagen zu mehreren Blättern zusammengebunden werden und einen Buchblock bilden; Rücken und Deckel des Buchblocks werden durch einen Einband geschützt, der als anspruchsloser Schutzumschlag oder als wertvoller Schmuckeinband gestaltet werden kann. Wie immer man sonst die Zäsuren in der langen Geschichte der Medien bestimmen mag – die Durchsetzung des Kodex ist nach der Ablösung der Medien von der Wand und der Erfindung mobiler Zeichenträger die zweite große Wende der Mediengeschichte. Diese Wende betrifft, wie wir sehen werden, nicht alleine die Gestalt des Mediums, sondern auch ein Ensemble von Gebrauchsweisen, die tief in unsere humane Substanz eingebettet sind.

Natürlich kam das neue Medium nicht aus dem Nichts. Die gesamte Antike hatte für Schreibübungen, Textentwürfe, rasche Notizen oder kurze Listen und Briefe auf Schreibtafeln zurückgegriffen, die in der Regel aus zwei (manchmal auch mehr) dünnen, flachen und durch Bänder zusammengehaltenen Holzstücken bestanden, auf die man entweder Kalk oder in einer leichten Vertiefung eine dünne (gefärbte) Wachsschicht aufgebracht hatte, um darauf zu schreiben; im Falle der Kalkschicht tat man dies mit einem Schreib-

pinsel (wie in Ägypten), im Falle der Wachsschicht tat man es mit einem *stylus*, einem metallenen Schreibstift, der die Schriftzeichen in das Wachs ritzte (ein Nachklang der mesopotamischen Schreibtechnik). Wollte man die Schreibtafel wiederverwenden, wusch man die Schrift auf der Kalkschicht einfach ab oder glättete das Wachs mit dem stumpfen Ende des Schreibstifts. Aber nicht nur für das alltägliche Schreiben bediente man sich der mit Wachs bedeckten Holztafeln, sondern auch die römische Verwaltung benutzte für Archivzwecke solche Tafeln, die man *codices* nannte (Singular *codex*; ursprünglich „Baumstamm", dann „Buch, Urkunde, Verzeichnis").[51]

Die Papyrusrollen, die das Medium der hohen Literatur und der wissenschaftlich-philosophischen Reflexionstexte waren, mit deren Hilfe sich die antike Gesellschaft ihrer Tradition und Identität versicherte, waren vielerlei Anstrengungen wert, weshalb sie bewahrt und

Nachbildung einer Wachstafel mit geschwärztem Wachs und Schreibgriffeln.

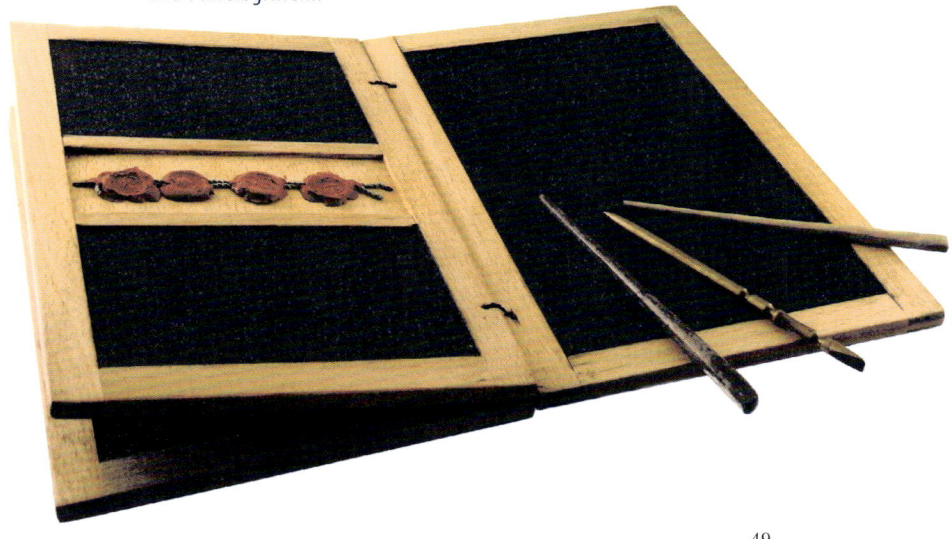

49

Junge Frau mit Notizbuch aus Wachstafeln und Schreibstift (stylus). Fresko aus Herculaneum, 79 n. Chr.

gepflegt wurden. Die Holztafel-Kodizes jedoch, die im Grunde für jede Art von Gebrauchstext benutzt wurden, rechneten dem Alltag zu und wurden wie vieles Alltägliche verbraucht und recycelt, so dass nur wenige Holztafel-Kodizes auf uns gekommen sind. Das alles begann sich zu ändern, als die Römer etwa um die Zeitenwende das Holz der Schreibtafeln durch Pergament ersetzten und dadurch ein dünneres Notizbuch zur Hand hatten. Darauf deuten Textbelege, die sich bei Autoren wie Horaz (65–8 v. Chr.), Aulus Persius Flaccus (34–62 n. Chr.) und Quintilian (35–96 n. Chr.) finden, sowie die Tatsache, dass im juristischen Kontext das lateinische Wort *membranae* („Häute") im 1. Jahrhundert die Bedeutung „Notizbuch" annimmt. Aber schon gegen Ende des 1. Jahrhunderts, in den 80er Jahren, schreibt der römische Dichter Martial (40–102/104 n. Chr.) von Werken der Klassiker – Homer, Vergil u. a. –, die als Pergamentkodizes verfügbar waren. Und er macht für seine eigenen als Pergamentkodex beim Buchhändler Secundus in Rom „hinter der Schwelle des Pax-Tempels und dem Forum der Pallas" erhältlichen Epigramme Werbung: Das aus Pergament (*membrana*) hergestellte „Büchlein" (*libellum*) sei aufgrund seines handlichen Formats ein

idealer Reisebegleiter.[52] Mit anderen Worten: Im 1. Jahrhundert n. Chr. wird aus dem ursprünglich als Notizbuch und für Verwaltungszwecke benutzten Kodex ein Medium auch für hohe Literatur.

Es scheint, dass das neue Medium keineswegs auf Anhieb erfolgreich war. Denn obwohl Martial anfangs für den Kodex wirbt, kommt er später nicht mehr auf literarische Pergamentkodizes zu sprechen; und weil das auch kein anderer der römischen Autoren des 1. oder 2. Jahrhunderts tut, kann man daraus schließen, dass der Kodex kein medialer Selbstläufer war und sich erst allmählich durchsetzte. Das ergibt sich auch aus einem Blick auf das antike Ägypten, in dem aufgrund der klimatischen Bedingungen die Überlieferungslage für Papyrus- und Pergamentdokumente außergewöhnlich gut ist. In Ägypten sind aus dem 1. Jahrhundert n. Chr. überhaupt keine Kodizes überliefert, vielmehr sind sämtliche erhaltenen literarischen Texte auf Papyrusrollen geschrieben; an der Wende vom 2. zum 3. Jahrhundert steigt der Anteil der Kodizes dann auf knapp fünf Prozent, um sehr rasch innerhalb eines Jahrhunderts etwa Gleichstand mit der Papyrusrolle zu erreichen: Um das Jahr 300 sind 52 Prozent der überlieferten Texte auf Papyrusrollen geschrieben und 48 Prozent in Pergamentkodizes, deren Anteil bis ins 5. Jahrhundert schließlich auf nicht ganz 90 Prozent ansteigt. Nimmt man die ägyptischen Verhältnisse als typisch für das ge-

Die einzelnen Schritte der Herstellung eines Pergamentkodex, dargestellt in einem Kodex aus Bamberg-Michelsberg, um 1150 (Universitätsbibliothek Bamberg, Msc.Patr.5, fol. 1v). Die Medaillonbilder im Einzelnen: Oben links: Der Gänsekiel wird mit einem Messer beschnitten, um als Schreibfeder zu dienen. Darunter: Das Konzept für das Buch wird auf Wachstafeln geschrieben. Darunter: Die Tierhaut wird mit dem Pergamentmesser beschabt. Darunter: Das Holz der Buchdeckel wird mit dem Beil zugehauen. Oben rechts: Die Lagen werden mit Hilfe eines Falzbeins gefalzt. Darunter: Die Lagen werden in einer Buchbinderlade geheftet. Darunter: Der Buchblock wird mit den Buchdeckeln zusammengefügt. Darunter: Der Buchblock wird mit Beschlägen und Schließen versehen. In der Mitte oben: Das fertige Buch. In der Mitte unten: Das Buch als Medium für den Unterricht.

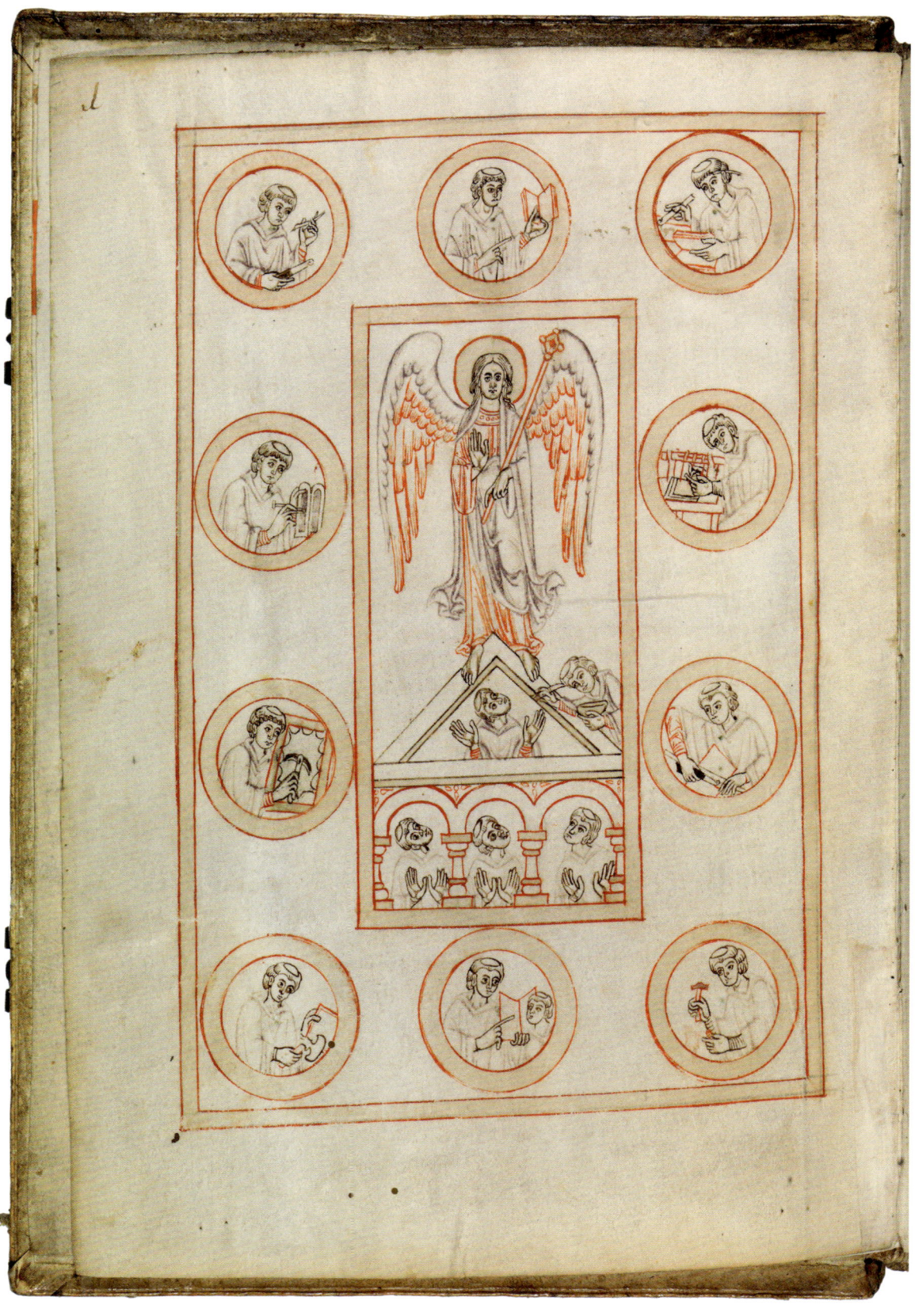

samte Römische Reich, kann man davon ausgehen, dass der Pergamentkodex sich im Verlauf des 4. und 5. Jahrhunderts als literarisches Medium durchsetzt und die Papyrusrolle ablöst, die freilich für administrative Zwecke etwa der Finanzverwaltung weiterhin in Gebrauch bleibt.[53]

Dieser Medienwechsel versteht sich nicht von selbst. Denn es ist hochgradig erklärungsbedürftig, wie der Kodex, der als Notizbuch für Alltägliches und Archivmedium für die Verwaltung begonnen hatte, zu einem Medium für hohe Literatur werden und die erprobte Papyrusrolle vollständig verdrängen konnte. Zumal die Herstellung eines Kodex die Herstellung einer Papyrusrolle an Komplexität bei Weitem übertrifft. Machen wir uns zunächst diesen Herstellungsprozess in seinen Grundzügen klar.

Die Arbeit an einem Kodex begann damit, dass man die Haut von Tieren (Schaf, Ziege oder Kalb) in einer Kalklauge beizte und, nachdem Haare, Fett- und Fleischreste entfernt worden waren, auf hölzerne Rahmen zum Trocknen aufspannte und mit einem halbmondförmigen Messer auf die gewünschte Stärke schabte. Dadurch erhielt man den dünnen, glatten und festen Beschreibstoff des Pergaments, den man mit Bimsstein und Kreide aufraute und zum Schluss mit einer Bindemittellösung einstrich, um die Aufnahmefähigkeit für die Tinte und die Farben zu verbessern. Danach wurde das Pergament so beschnitten, dass man unter bestmöglicher Ausnützung der Fläche ein (hoch-)rechtwinkliges Pergamentblatt erhielt, das in der Mitte gefalzt wurde und damit ein Doppelblatt mit vier Seiten ergab. Auf dieses Doppelblatt wurden zumeist drei weitere in derselben Weise hergestellte Pergamentblätter gelegt, wobei man darauf achtete, dass Haarseite auf Haarseite und Fleischseite auf Fleischseite zu liegen kamen. Mehrere solcher Lagen aus vier gefalzten Doppelblättern mit 16 Seiten (Quaternionen) nähte man schließlich am Falz hintereinander auf Bünde aus Schnur, Leder- oder Pergamentstreifen, und zum Schluss wurde der aus den zusammengehefteten Quaternionen bestehende Buchblock mit hölzernen Buchdeckeln verleimt, die man mit Leder bezog und gegebenenfalls mit Beschlägen und Schließen aus Metall versah.[54]

Dieser Herstellungsprozess benötigte eine kluge Planung und eine gute Arbeitsorganisation. Denn man musste nicht nur abschätzen, wie viel Pergament man für einen bestimmten Text brauchte, um dann die entsprechende Anzahl von Pergamentlagen herzustellen, sondern man musste auch die Aufteilung des Textes auf die einzelnen Blätter und Seiten und die korrekte Anordnung der Seiten gut organisieren, um beim Schreiben die Abfolge des Textes auf den Blättern, Seiten und Lagen nicht durcheinanderzubringen. Der Grund dafür ist leicht zu sehen: Während eine Papyrusrolle fortlaufend in Kolumnen nur auf der Rolleninnenseite beschrieben wurde und, wenn man für mehr Text mehr Platz benötigte, einfach ein neues Papyrusblatt an das Ende der Rolle geklebt wurde, führte die Schichtung der Pergamentblätter zu Lagen dazu, dass die Abfolge des auf den gefalzten Doppelblättern beidseitig geschriebenen Textes eine springende war. Nahm man das erste Doppelblatt aus der Lage und begann den Text auf der rechten Seite des gefalzten Blattes als erster Textseite, musste man, am Ende der Seite angekommen, das Blatt umwenden und den Text auf der linken Rückseite des Doppelblatts als der zweiten Textseite fortsetzen; war man am Ende der zweiten Seite angekommen, ging es auf der rechten Seite des zweiten Doppelblatts der Lage als dritter Textseite weiter, um das Blatt dann umzudrehen und auf der linken Rückseite des zweiten Doppelblatts als vierter Textseite fortzufahren; das setzte man so für jedes Doppelblatt einer Lage fort, bis man das unterste Doppelblatt der Lage erreicht hatte; dann konnte man die komplette Lage wenden und den Schreibvorgang auf den freien Seiten der Doppelblätter in umgekehrter Blattfolge fortsetzen, bis man das ursprünglich erste Doppelblatt der Lage erreicht hatte. Für eine Quaternio hieß das – und heißt es bis heute –, dass sich auf der Vorderseite (*recto*) des ersten Doppelblatts die Seiten 1 (rechts) und 16 (links) befinden, auf der Rückseite (*verso*) die Seiten 2 (links) und 15 (rechts); auf dem zweiten Doppelblatt stehen *recto* die Seiten 3 (rechts) und 14 (links), *verso* die Seiten 4 (links) und 13 (rechts); auf dem dritten Doppelblatt *recto* rechts die Seite 5, links die Seite 12, *verso* links die Seite 6, rechts die Seite 11; und auf dem vierten Doppelblatt schließlich *recto* rechts

die Seite 7, links die Seite 10, *verso* links die Seite 8 und
rechts die Seite 9. Sollte der Text fortgesetzt werden, wie-
derholte sich der geschilderte Schreibvorgang mit der
zweiten Lage aus Pergamentblättern – und so durch alle
Lagen, bis der Text vollständig abgeschrieben war. Angesichts dieses nicht ganz einfachen Prozederes ist es ver-
ständlich, dass man, um die Übersicht über die korrekte
Reihenfolge des Textes nicht zu verlieren, schon früh
in der Geschichte des Kodex Seitenzählungen auf den
Blättern anbrachte und/oder die Lagen durchzählte.[55]

Geschrieben wurde der Text des Kodex wie zuvor
der Text einer Papyrusrolle von professionellen Schreibern, die den Text in einer vorgegebenen Schrift schrieben – in lateinischen Texten war das lange Zeit die sogenannte Capitalis –, dabei aber kaum vermeiden konnten,
der Schrift eine individuelle Note zu geben. Da an der
Herstellung eines Kodex wie auch schon einer Papyrusrolle oftmals mehr als nur ein Schreiber beteiligt war,
ist jeder Kodex im technischen Sinne eine Handschrift,
in der sich die Hand eines Schreibers oder die Hände
mehrerer beteiligter Schreiber erkennen lassen, die dank
der Aufteilung des Kodex in Lagen bisweilen gleichzeitig
an verschiedenen Partien des Textes schrieben.[56]

Nun wissen wir freilich aus unserem zeitgenössi-
schen Umgang mit Gerätschaften aller Art, dass ein
technisch komplizierter Herstellungsprozess nicht
zwangsläufig zu einem im Gebrauch komplizierten Produkt führen muss. Und genauso verhielt es sich mit dem
Kodex und verhält es sich mit dem Buch bis heute, wie
sehr früh schon Martial erkannte, als er die Handlich-
keit des neuen Mediums herausstellte und damit meinte,
dass es in kleinerem und kompakterem Format mehr
Text unterbringen kann als eine Papyrusrolle. Das Argument lässt sich leicht überprüfen: Da das für den Kodex
verwendete Pergament auf beiden Seiten beschrieben
werden kann, benötigt man für einen Text in einem
Kodex im statistischen Mittel weniger als die Hälfte der
Menge des Beschreibstoffes, den derselbe Text auf einer
Papyrusrolle verbrauchen würde.[57]

Ob mit der Materialersparnis allerdings auch eine
Kostenersparnis verbunden war, ist eine ganz andere
Frage. Geht man, wie es gelegentlich geschieht, davon
aus, dass der wesentliche Kostenfaktor für die Herstel-

Beschriftungsreihenfolge einer Quaternio.

lung eines Buches in der Antike und im Mittelalter die
Ausgaben für den oder die professionellen Schreiber
waren, dann wären die mit den Schreibkräften verbundenen Kosten beim Übergang von der Papyrusrolle zum
Pergamentkodex in etwa gleichgeblieben, weil sich der
reine Schreibaufwand für ein und denselben Text auf
Papyrus oder Pergament in nichts unterscheidet. Die eigentliche Ersparnis, die mit der Einführung des Kodex
verbunden gewesen wäre, hätte daher in der Einsparung
an Beschreibstoff bestanden, und dadurch wäre – so
hat man errechnet – der Kodex insgesamt etwa um ein
Viertel billiger als die Papyrusrolle gewesen. Dabei setzt
man voraus, dass Pergament als Beschreibstoff billiger
als Papyrus gewesen sei: Pergament war überall verfügbar, wo es Schafe, Ziegen und Rinder gab, Papyrus
aber wuchs nur in Ägypten und war folglich ein knappes und dadurch teures Gut. Nun war Papyrus freilich
ein knappes Gut, aber er wuchs von alleine, während
man die Tiere, aus deren Häuten man Pergament gewinnen wollte, planmäßig aufziehen musste, um die
gewünschte Pergamentqualität zu erzielen. Selbst wenn
man den Aufwand für die Aufzucht der Tiere in Spätantike und frühem Mittelalter nicht als monetäre Kosten
erfasste – weil die Aufzucht der Tiere ja nicht alleine der
Pergamentherstellung, sondern auch und vor allem der
Nahrungsbeschaffung diente, oder weil die Häute von

CODICIBVS SACRIS HOSTILI CLADE PERVSTIS
ESDRA DO FERVENS HOC REPARAVIT OPVS

Der Prophet beim Schreiben des Alten Testaments. Codex Amiatinus, zu Beginn des 8. Jahrhunderts in Wearmouth-Jarrow hergestellter Prachtkodex im Format 50,50 × 34 cm. Biblioteca Medicea Laurenziana, Florenz.

den abgabenpflichtigen Bauern als Zehnt geliefert wurden –, sollte man sich doch darüber im Klaren sein, dass er nur von Personen oder Institutionen geleistet werden konnte, die Zugriff auf Tierherden hatten und deren Verbrauch organisieren konnten und durften. Was das im Normalfall bedeutete, ergibt sich aus der Überlegung, dass man für einen der gängigen Kodizes mit 300 Seiten und einem Seitenformat von 17 × 23 cm 75 Doppelblätter aus Pergament benötigte; und da ein Kalb nicht mehr als zwei Doppelblätter im Format von 20 × 26 cm liefern konnte, musste man für die 75 Doppelblätter 38 Kälber schlachten. Im Falle der Prachtkodizes lag die Zahl der benötigten Tiere natürlich erheblich höher. So mussten – ich greife zeitlich weit vor – für den berühmten *Codex Amiatinus*, einer im frühen 8. Jahrhundert in der englischen Doppelabtei Wearmouth-Jarrow hergestellten Bibel mit 1030 Blättern bzw. 515 Doppelblättern, wegen des großen Formats von 50,5 cm Höhe und 34 cm Breite 515 Kälber ihr Leben lassen. Halten wir daher fest, dass Pergament ein schwierig herzustellendes und wertvolles Gut war, das gegenüber dem Papyrus den Vorzug hatte, dass es überall hergestellt werden konnte, als Material dauerhafter war und die Herstellung von Kodizes ermöglichte, die im Vergleich mit den Papyrusrollen die kompakteren Textmedien waren.[58]

Je mehr man sich dieses für den Kodex geltende Verhältnis von praktisch-kompakter Benutzung, aber schwieriger Herstellung, von leichter Verfügbarkeit des Rohstoffes, aber hohem Wert vor Augen führt, desto mehr wird man zu der Überzeugung gelangen, dass die Gründe, warum sich der Kodex gegen die Papyrusrolle durchsetzen konnte, nicht primär auf der Ebene praktisch-materieller Erwägungen gelegen haben können. Und tatsächlich war es im Wesentlichen ein gesellschaftlich-kultureller Grund, der dem Kodex zum Durchbruch verhalf, nämlich die Überformung der antiken Bildungstradition durch das Christentum, das den Kodex als Medium von Beginn an favorisierte. Möglicherweise spielte dabei eine Rolle, dass einige der ersten Christen Sentenzen und Gleichnisse Jesu auf Schreibtafeln notiert hatten, mit diesem Vorläufer des Kodex also nicht nur so vertraut waren wie die anderen Kulturen des Mittelmeerraumes auch, sondern das vertraute Medium durch

den neuen Inhalt geradezu geheiligt fanden und an seiner Weiterentwicklung zum Kodex ein Interesse hatten. Wahrscheinlicher ist indessen, dass in dem Augenblick, als den ersten Christengruppen klar wurde, dass sie etwas anderes waren als eine jüdische Sekte – und das war bereits zu Beginn der 40er Jahre n. Chr. der Fall, als man im syrischen Antiochia die christgläubigen Juden zum ersten Mal „Christen" nannte (Apostelgeschichte 11,26) –, sie diesen Abstand zum Judentum auch medial zum Ausdruck bringen wollten und nach einem Ersatz für die im Judentum für die heiligen Texte gebräuchliche Papyrusrolle suchten. In dieser Situation lag der Griff zum Kodex nahe. Er war die bewährte Alternative zur Papyrusrolle, kam durch seine nach außen hin sich abschließende Gestalt dem Bedürfnis entgegen, die Worte und Taten Jesu und die Briefe der Apostel nicht nur auf Dauer zu archivieren, sondern auch in einem Textkorpus zu kodifizieren, also als heterogenes Material medial zu vereinigen – und eben dadurch den Abstand zum Judentum zu markieren.

Wie schnell sich innerhalb des Christentums der Wechsel zum Kodex vollzog, lässt sich daran ablesen, dass von 172 Bibelmanuskripten und -fragmenten, die man eindeutig auf die Zeit vor 400 n. Chr. datieren und einem christlichen Kontext zuordnen kann, nur 14 Texte und Fragmente auf Papyrusrollen überliefert sind, alle anderen aber in Papyruskodizes. Zieht man außerdem in Betracht, dass elf dieser 172 Manuskripte und Fragmente mit einiger Wahrscheinlichkeit aus dem 2. Jahrhundert stammen und damit die älteste Schicht christlicher Textzeugen bilden, heißt das nichts weniger, als dass in dem Moment, als das Christentum für uns text- und mediengeschichtlich sichtbar wird, es als Religion des Kodex erscheint. Als Papyruskodex benutzt es anfangs noch jenen Beschreibstoff, den die nichtchristliche und jüdische Umwelt für hohe Literatur oder heilige Texte benutzt hatte, aber durch die technische Einbindung des Papyrus in den Kodex wird das neue Medium aus dem paganen und jüdischen Kontext herausgehoben. Von hier aus war es dann nur noch ein Schritt, um im Übergang vom Papyrus- zum Pergamentkodex den Abstand des Christentums zu seiner nichtchristlichen Umwelt vollends herauszustreichen.[59]

Dass der Pergamentkodex kein christliches Sondermedium blieb, dafür sorgte der Umstand, dass das sich in eine hierarchische Kirche transformierende Christentum in dem allmählich erodierenden Imperium der Römer immer stärker als stabilisierender Faktor und einendes Band erschien und ihm Aufgaben zuwuchsen, die es zunehmend in den kulturellen und politischen Raum einbanden. Im Kleinen hieß das, dass etwa die Armenspeisung zu einer Sache der Kirche wurde oder Bischöfe in zivilrechtlichen Streitigkeiten entschieden. Auf einer mittleren Ebene hieß das, dass sich die Physiognomie der an Einwohnern und Fläche verlierenden Städte christlich umzugestalten begann und Krankenhäuser, Kirchen, Pilgerhotels und Klöster in ihrer Silhouette auftauchten. Und im Großen hieß das, dass die Kirche als Institution – beginnend mit Konstantins (Kaiser 306 – 337 n. Chr.) Förderung des Christentums und

Papyrus P52r, ca. 125 n. Chr., mit Versen aus dem Johannesevangelium (ca. 9 × 6 cm).

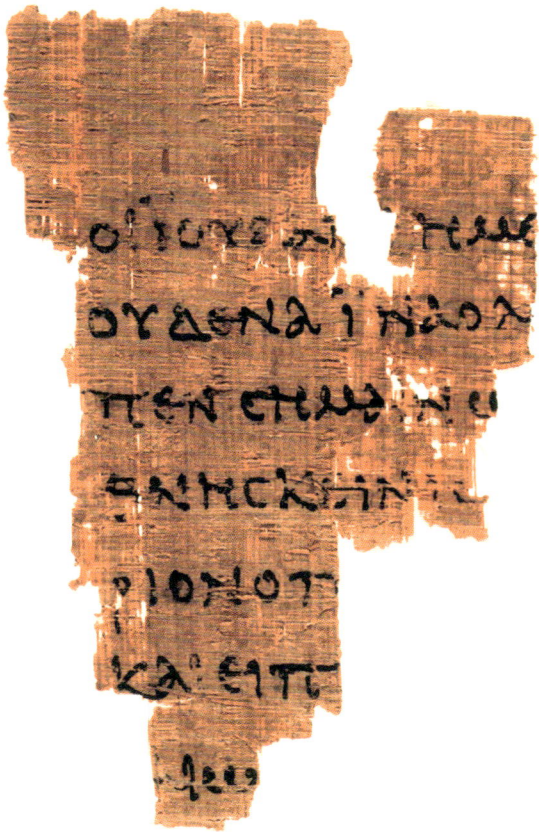

dem von Theodosius I. (Kaiser 379 – 394 n. Chr.) im Jahre 391 verfügten Verbot heidnischer Kulte – allmählich zu einer Reichskirche wurde, die, indem sie der Politik an die Seite trat, religiöse Streitfragen immer stärker unter einem juristisch-politischen Blickwinkel betrachtete und diese Streitfragen folglich durch eine von der Politik mitgetragene Dogmatisierung ihrer Lehren aus der Welt zu schaffen suchte. Mit anderen Worten: Das Christentum entwickelte sich in der Spätantike zur neuen Leitkultur.[60]

Diese Entwicklung bedeutete keinen Bruch mit der Antike, sondern war ihre Fortsetzung mit christlich verändertem Vorzeichen. Man kann das daran erkennen, dass die Angehörigen der staats- und kulturtragenden Elite auch in den Fällen, in denen sie uns in den überlieferten Quellen eindeutig als Christen kenntlich werden, damit fortfuhren, die klassischen und also paganen Texte zu lesen und ihre Kinder auf Schulen zu schicken, in denen der klassisch-pagane Literaturkanon immer noch in Geltung stand. Das Verhalten der Elite ist leicht zu erklären: Auch in der Spätantike hing eine Karriere in der Staatsverwaltung und damit ein gesellschaftlicher Aufstieg – jedenfalls in der Westhälfte des Imperiums – davon ab, dass man das in den Schulen anhand der klassischen Texte gelehrte rhetorische Instrumentarium beherrschte. Und natürlich stellte der „Besitz" einer klassischen Bildung auch für die allmählich christlich werdende Elite die kulturelle Norm dar, durch die sie sich von der Nicht-Elite abhob. Und dennoch: Um 400 n. Chr. hatte dieser Bildungsbesitz eine andere Form angenommen als noch im 1. oder 2. Jahrhundert n. Chr. Vielleicht darf man sagen, dass es die Form einer Veräußerlichung war, die mit der Überformung des klassischen Bildungskanons durch das Christentum zusammenfiel und bei dem Versuch, das Überlieferte als kanonisch Geltendes zu bewahren, zu Erstarrungen und Formalisierungen führte. Was einst lebendige Poesie war, war jetzt Kunsthandwerk, das als Regelkanon weitergegeben wurde; was einst lebendige Philosophie war, die die Naturphilosophie und also das, was wir heute „Empirie" nennen würden, umfasste, wurde jetzt zu einem mehr oder weniger systematisch geordneten und fixierten Wissensbestand, dessen Relevanz zunehmend in seiner Tauglichkeit für die Auslegung der kanonischen christlichen Texte gesehen wurde. Lebendig blieb hingegen das, was unter praktischen Gesichtspunkten nützlich war und unmittelbar gebraucht werden konnte, also die medizinische Literatur, Texte mit einem Verwaltungsbezug (etwa zur Feldmessung) und das Juristische.[61]

Diesen Entwicklungs- und Überformungsprozess macht ein etwas grober Vergleich schlaglichtartig deutlich. Der früheste christliche Textzeuge, den wir überhaupt haben, ist der Papyrus P52. Dabei handelt es sich um ein aus Ägypten stammendes Fragment eines Papyruskodex, das auf Vorder- und Rückseite Verse aus dem Johannesevangelium enthält und auf das Jahr 125 n. Chr. oder etwas davor datiert wird. Der Text ist in etwa so, wie wir das für einen frühchristlichen Text erwarten: funktional und gut lesbar, wenn auch von keinem sonderlich versierten Schreiber geschrieben, vielleicht für das öffentliche Vorlesen gedacht und ohne weitere ästhetische Ansprüche. Der ungefähr aus dem Jahr 400 n. Chr. stammende *Vergilius Vaticanus* hingegen ist ein Pergamentkodex, der den Text von Vergils *Aeneis* nicht nur prachtvoll illustriert und damit die Tradition der antiken illustrierten Bücher fortsetzt, sondern, nicht anders als der etwas später datierte *Vergilius Romanus*, die prachtvolle Illustration mit dem schlechtesten Text verbindet, den wir von Vergils *Aeneis* haben. Wir dürfen daraus einerseits schließen, dass der Pergamentkodex, als er zu dem auch von der Elite akzeptierten Medium geworden war, gegen die Papyrusrolle den materiell-medialen Vorteil ausspielte, besser als diese für Dekoratives und prächtige Illustrationen geeignet zu sein. Damit kam er dem Repräsentationsbedürfnis der Elite entgegen und ermöglichte ebenjene teuren Luxusausgaben antiker Dichter, wie sie u. a. der *Vergilius Vaticanus* und der *Vergilius Romanus* darstellen. Andererseits belegen diese Luxusausgaben, dass der unter dem Einsatz eines repräsentativen Mediums vorgeführte Besitz von Bildung nur noch oberflächlich mit dem verbunden war, was man etwas ungeschützt „wahre Bildung" nennen müsste, die sich in dem hier gemeinten Fall darin dokumentieren würde, einen guten und möglichst unverderbten Text einer textlich hochproblematischen Prachtausgabe vorzuziehen.[62]

Vergilius Romanus, Pergamentkodex aus dem 5. Jahrhundert n. Chr. Hier fol. 14r mit dem Porträt Vergils. Blattgröße ca. 33 × 32 cm.

Ausgerechnet diese Prachtkodizes waren es nun aber, die den weiteren Verlauf der Buchgeschichte und mit ihr der Kulturgeschichte bestimmen sollten. Denn zum einen hatten sie aufgrund ihrer materiellen Werthaltigkeit und ästhetischen Schönheit eine größere Chance, dass man sie als bewahrenswerte Objekte betrachtete und in den durch die Völkerwanderung unsicher gewordenen Zeiten schützte. Und zum anderen trugen viele dieser Kodizes sogenannte „Subskriptionen", d. h. waren namentlich gekennzeichnete Abschriften von Textvorlagen. Damit schienen sie einen vom Abschreiber kontrollierten und daher verlässlichen Text zu bieten und in der bis auf Sîn-lēqi-unninni zurückreichenden und von den Griechen in Alexandria zur Wissenschaft ausgebauten Tradition der Philologie zu stehen. Wir wissen heute, dass das ganz und gar nicht der Fall war: Hinter den in den Subskriptionen genannten Namen verbergen sich vielfach nur die Auftraggeber, für die ein Kodex hergestellt wurde; und die durch die Namenszeichnung dokumentierte textkritische Arbeit bestand höchstens in einem Vergleich der Abschrift mit der Vorlage, nicht aber in einer umfassenden Sicherung der besten Lesart. Für die frühmittelalterlichen Leser und Schreiber stellte es sich indessen anders dar. Für sie waren die aus der Spätantike stammenden Texte, die sie in den Prachtkodizes lasen und von den Prachtkodizes abschrieben, nicht nur die kanonischen Texte ihres Traditionsstroms, sondern es waren die in der Namensnennung als autoritativ verbürgten Texte, deren Autorität nicht zuletzt durch die Pracht der Ausstattung unterstrichen wurde.[63]

Im frühen Mittelalter fand das Lesen und Abschreiben der kanonischen Texte freilich immer seltener in einer städtischen oder von einem vermögenden Adligen unterhaltenen Bibliothek statt, sondern immer öfter in der Bibliothek eines Klosters oder Bischofssitzes. Der Grund für diese kulturelle Verschiebung lag darin, dass es in der in regionale Parzellen zerfallenden Westhälfte des Römischen Reiches, in der sich germanische Herrschaftsgebiete etablierten – in Gallien das westgotische Reich von Toulouse, auf welches das merowingische und dann das karolingische Frankenreich folgten, in Spanien das westgotische Reich von Toledo, in Italien die Herrschaftsgebiete der Langobarden –, dass es in diesem zerfallenden Reich immer weniger gelang, die Verwaltungs- und die Infrastruktur aufrechtzuerhalten. So konnte sich die von der Verwaltungs- und Infrastruktur abhängige Stadtkultur im Westen in Spanien, Gallien und Italien nur noch inselartig halten, während durch die Verschmelzung des alten römischen Landadels mit den nach Landbesitz verlangenden germanischen Militärs der Großgrundbesitz an politischer Bedeutung zunahm. Und das hieß, dass das Land, das bisher wenig mehr als ein die Städte versorgendes Hinterland oder idyllischer Raum für die Sommervillen der Aristokratie gewesen war, eine neue Qualität gewann, indem die Fläche jetzt als ein mit dem lokalen Großgrundbesitz verbundenes kultiviertes oder zu kultivierendes Gebiet in den Blick geriet.

Hier kamen nun die Klöster ins Spiel, die sich im 4. Jahrhundert im Osten des Römischen Reiches aus Zusammenschlüssen von monastisch lebenden Männern und Frauen gebildet und in der strengen Strukturierung von Gebet, Arbeit, Studium und Mahlzeiten und insgesamt in der Balance von Wachen und Schlafen im Grunde eine Form von arbeitsteiliger Vergemeinschaftung etabliert hatten. Diese neue Form religiöser Gemeinschaft wurde auch im Westen des Reiches rasch attraktiv und mit der im Jahre 529 erfolgten Gründung eines Klosters auf dem Monte Cassino durch Benedikt von Nursia institutionell greifbar. Attraktiv waren die Klöster, weil sie den Angehörigen der Eliten neben den kirchlichen Ämtern die Möglichkeit boten, ihre gemeinschaftsbezogenen und in einem weiten Sinne auch politischen Aktivitäten, die sie im Rahmen der antiken *polis/civitas* gepflegt hatten, nun auf neuem Fundament als christliche *vita activa* weiterzuführen und dabei den Aktionsraum der Stadt durch den Aktionsraum des auf dem Land liegenden Klosters zu erweitern. Dabei sicherte die Synthese von Arbeit und Kontemplation, von Lehre und Studium der heiligen Schriften, von Verkündigung und Gebet nicht nur dem einzelnen Kloster seine Existenz, sondern war in vielen Fällen auch Motor eines rasch zunehmenden Reichtums, der aus den Klöstern einen Wirtschafts- und zugleich einen Kulturfaktor machte: Hier führte man abgeschieden von der Welt ein Leben, das zuletzt auf eine Umgestaltung der Welt und des Menschen abzielte und daher eine im vollen Wortsinn kultivierende Wirkung entfalten konnte.[64]

Das machte die Klöster für die sich in Gallien festsetzenden Merowinger und Karolinger natürlich zu interessanten und fördernswerten Einrichtungen, in denen sich der Auftrag zur Missionierung der Heiden mit der Kolonisation des Landes und beides wiederum mit der Pflege der kulturellen Überlieferung verbinden ließ, weil diese u. a. die Legitimation für die neue, sich explizit als christlich verstehende und auf Mission zielende Herrschaft bereitstellte. Für die Klöster hieß das nicht nur, dass sie den politischen Expansionsbewegungen folgten, sondern auch, dass sie untereinander und oft auch mit Rom in einem regen Austausch standen, bei dem Mönche, Nonnen und Bücher von Kloster zu Kloster wanderten, um die christliche Botschaft ins Land zu tragen und die für das Christentum wichtigen Texte bereitzustellen. Dieser Austausch förderte den Kulturtransfer zwischen den germanischen Herrschaftsgebieten und darüber hinaus, und das gilt in ganz besonderer Weise für das keltische Irland, das zu Beginn des 5. Jahrhunderts von dem aus einer romanisierten englischen Familie stammenden Patrick († um 460) – er hatte wohl in der südfranzösischen Abtei Lérins das orientalisch-asketische Mönchtum kennengelernt – missioniert worden war und in dem sich mangels einer Stadtkultur die christliche Mission von Beginn an mit dem Aufbau von ländlichen Klöstern verbunden hatte.[65]

Das ist umso bemerkenswerter, als für die irischen Nonnen und Mönche die in lateinischer Sprache geschriebenen heiligen Texte Fremdsprachentexte waren, die sich durchaus nicht von selbst verstanden und einen ganz eigenen Aufwand bei der Aneignung erforderten. Dieser Aufwand betraf die schulmäßige Erlernung der lateinischen Sprache ebenso wie die Ausbildung in den *artes liberales*, jenem aus der Antike übernommenen Kanon der nicht direkt praxisorientierten Wissensgebiete, der die Grammatik, die Rhetorik und die Dialektik (Logik) ebenso umfasste wie die Arithmetik, die Geometrie, die Musik und die Astronomie. Es scheint, dass es die mit diesem Lernpensum verbundenen Mühen bei der Lektüre vorwiegend lateinischer – und bisweilen griechischer – Texte waren, welche die Iren dazu brachten, sich das Lesen und Verständnis der fremdsprachigen Texte dadurch zu erleichtern, dass sie statt der überlieferten *scriptio continua* eine Worttrennung einführten, durch Interpunktionszeichen die grammatische Struktur der Sätze erhellten und schließlich durch Initialen eine Gliederung der Texte in Sinnabschnitte vornahmen. Dieser technische Aspekt muss freilich um die wesentliche Dimension erweitert werden, dass das Studium und Abschreiben der Heiligen Schrift und die Ausbildung in den *artes liberales* kein Selbstzweck waren, sondern in den stark asketisch orientierten irischen Klöstern – ein Erbe des südfranzösisch-orientalischen Einflusses – als ein integrales Element der Askese betrachtet wurden. Die Askese aber zielte, als eine kontinuierliche Übung des Körpers und des Geistes, auf das, was man viel später „Innerlichkeit" nennen sollte, eine Art Innenraum des Subjekts, in dem dieses nicht einfach sich selbst findet, sondern Gott als die eigentliche Wahrheit der Schöpfung und damit auch des Menschen. Das aber heißt, dass Worttrennungen, Interpunktionszeichen und

Initialen im Grunde als Techniken der Innenraumöffnung des Subjekts erfunden wurden, eines Subjekts, das dank der neu gegliederten Textgestalt die kanonischen und heiligen Texte nunmehr leise und auf sich selbst konzentriert lesen konnte.[66]

Wir halten eine solche Art des Lesens für selbstverständlich, aber das ist sie nicht. Bis zur Erfindung von Worttrennung, Interpunktion und Initiale bestanden die Texte aus einem endlosen Band dahinfließender Buchstaben, dessen Verständnis sich am ehesten einem lauten Lesen oder besser noch dem Hören auf einen Vorleser verdankte. Das hat man während der gesamten Antike nicht als Mangel wahrgenommen, denn Schreiben und Lesen waren auf einen öffentlichen Raum hin orientiert, in dem die auf eine (politische) Aktion zielende öffentliche Rede einen höheren Rang hatte als das Schreiben und Lesen, das im Grunde lediglich als Vorstufe der Rede betrachtet wurde. Erst die Erosion der antiken Stadtkultur, an deren Stelle der klösterlich-ländliche Kulturraum trat, erst die Erosion der auf die Politik zielenden öffentlichen Rede, an deren Stelle die den Innenraum des Subjekts öffnende stumme Lektüre trat, machten aus dem Lesen und Schreiben das, was wir heute für selbstverständlich halten: einen privat-intimen Vorgang der Textaneignung, der einer konzentriert-kontemplativen Haltung bedarf.[67]

Es wird Zeit, dass wir uns die von den Iren initiierte tiefgreifende Transformation der Texte und Kodizes näher anschauen. Werfen wir dazu zunächst einen Blick zurück auf ein frühchristliches Buch, den im Katharinenkloster auf dem Sinai im Jahre 1844 gefundenen *Codex Sinaiticus*, der auf die Mitte des 4. Jahrhunderts datiert wird und auf den ursprünglich vorhandenen 1460 Seiten neben dem vollständigen Neuen Testament auch etwa die Hälfte des Alten Testaments enthielt. Davon ist heute das Alte Testament nur noch in Fragmenten und das Neue Testament mit kleineren Lücken erhalten, so dass der *Sinaiticus* die älteste (beinahe) vollständige Handschrift des Neuen Testaments überhaupt und einer seiner wichtigsten Textzeugen ist. Für den griechisch geschriebenen Kodex wurde als Schrift eine Unziale benutzt, eine vergleichsweise groß ausfallende Majuskelschrift, die auf den großformatigen Seiten in

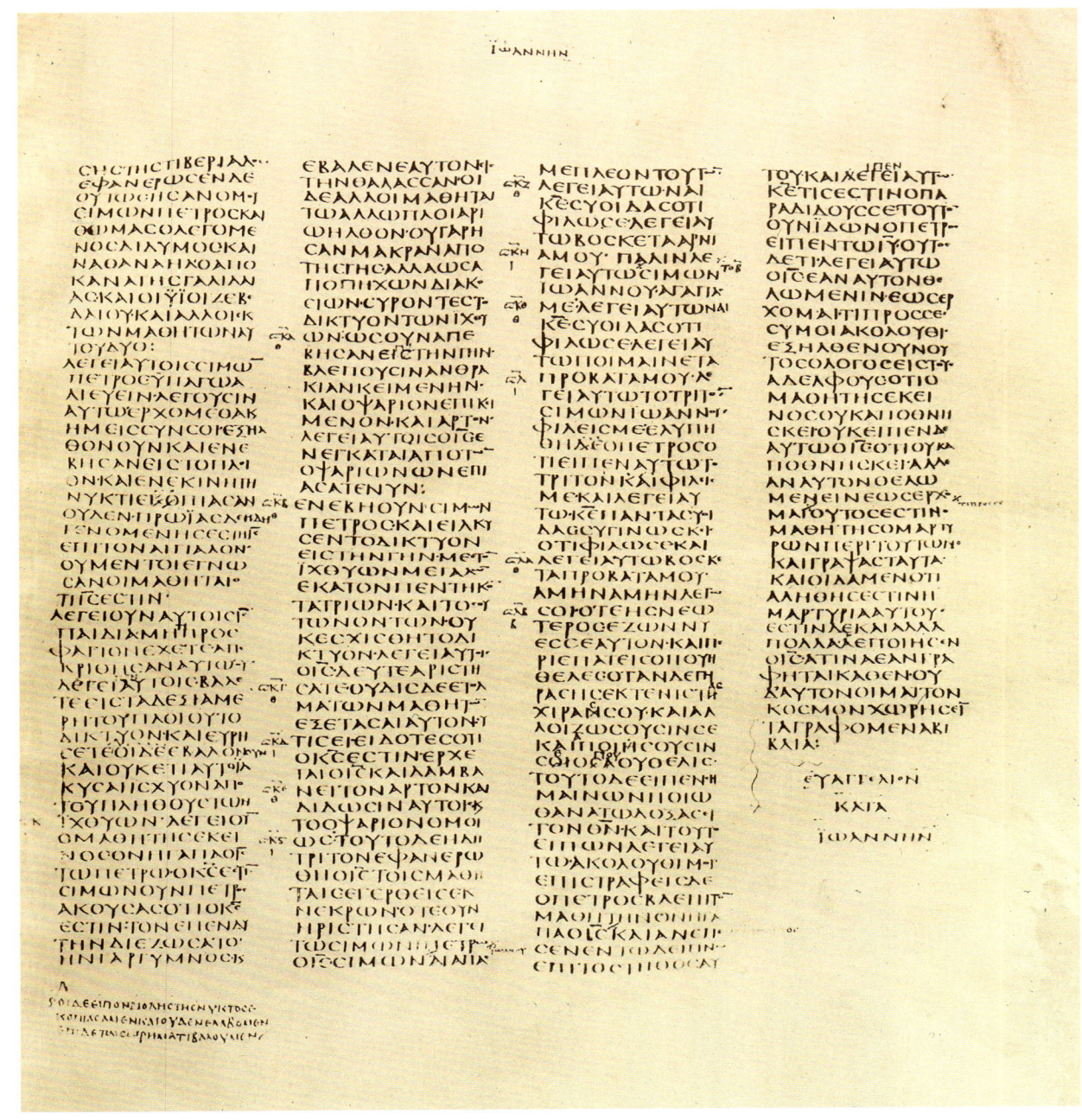

Codex Sinaiticus, Mitte des 4. Jahrhunderts n. Chr. Ursprünglicher Umfang 1460 Seiten im Format 38 cm × 34,5 cm. Der Kodex bietet den griechischen Text der Bibel, geschrieben in einer Unziale. Abgebildet ist der Schluss des Johannesevangeliums.

scriptio continua zumeist über vier Kolumnen läuft. Das Manuskript, dessen Text offenbar diktiert wurde, wurde sorgfältig kollationiert, d. h. auf Verschreibungen geprüft und mit Korrekturen versehen. Spätere Generationen von Lesern haben weitere Korrekturen und Marginali-

en hinzugefügt, so dass der Text bis ins 12. Jahrhundert reichende Lese- und Bearbeitungsspuren aufweist. Mit anderen Worten: Einer der für uns Heutige wichtigsten Textzeugen des Neuen Testaments entstand ursprünglich wohl als ein Arbeitsbuch, das wenig Wert auf optische Prachtentfaltung legte und den Text in den Vordergrund rückte. Das alles gehört noch in den Rahmen der antiken Textkultur, wie sie auch für das entstehende Christentum maßgebend war.[68]

Das rund vierhundert Jahre später vermutlich auf der von irischen Mönchen besiedelten schottischen Insel Iona hergestellte, ebenfalls großformatige *Book of Kells* hingegen strukturiert den in einer einzigen Kolumne in insularer Majuskel geschriebenen lateinischen Text der Evangelien nicht nur durch Wortabstand, Interpunktionszeichen und Initialen, sondern überformt die textuelle Struktur mit Schmuckelementen – dekorierte Buchstaben, kleine Abbildungen in und zwischen den Zeilen –, die auf den Bildseiten eine den Text illustrativ ergänzende und oftmals auch eine den Text übersteigende Funktion erhalten. So ist etwa die Darstellung der Verhaftung Jesu direkt im zugehörigen Kontext des Matthäusevangeliums plaziert (Mt 26,30), während die Porträts der vier Evangelisten gleichsam das jeweilige Evangelium bildlich präludieren. Die berühmte Seite mit dem Chi-Rho-Monogramm hingegen – das griechische XP steht für „Christus" – bringt zwar die ersten drei Worte des Matthäusevangeliums, mit denen die Abstammungsgeschichte Jesu beginnt, setzt diese Abstammungsgeschichte aber keineswegs ins Bild, sondern ist reines Ornament mit figurativen Elementen. Und die sogenannte „Teppichseite", die das Kreuzmotiv ausschmückt, ist derart stark vom umgebenden Text losgelöst, dass Zweifel bestehen, ob die Stelle, an der sie sich heute im Kodex befindet, auch die ursprüngliche Stelle ist. Das alles lässt sich nur damit erklären, dass die illustrativen und ornamentalen Seiten nicht einfach wichtige Textpassagen markierten, sondern im Überstieg über den Text seinen symbolischen Gehalt darstellen wollten, einen Gehalt, der zuletzt Gegenstand einer Kontemplation werden sollte, die in der Versenkung in das Ornament sich zugleich in den Glauben versenkte.[69]

Zweifellos nimmt auch noch das *Book of Kells* in Format und Gestaltung Elemente der antiken Prachtkodizes auf: Die insulare Majuskel steht in der Tradition der antiken Unziale, das Autorenporträt kehrt als Porträt der Evangelisten wieder, die Illustrationen bebildern die erzählte Geschichte; und es steht selbst noch darin in der

Tradition der antiken Prachtkodizes, dass es die opulente Pracht mit einem schlechten Text verbindet. Aber diese Tradition ist zugleich doch dadurch überwunden, dass auf der Mikroebene von Wortabstand und Interpunktion und auf der Makroebene der symbolischen Ornamentik der Kodex jetzt auf das stille Lesen und die kontemplative Versenkung zielt. Diese kontemplative Versenkung findet statt im Innenraum der lesenden Person, die sich unter der Lektüre auf Gott hin öffnet. Sie findet statt im klösterlichen Skriptorium, in dem das Abschreiben der Texte nicht nach Diktat erfolgt,

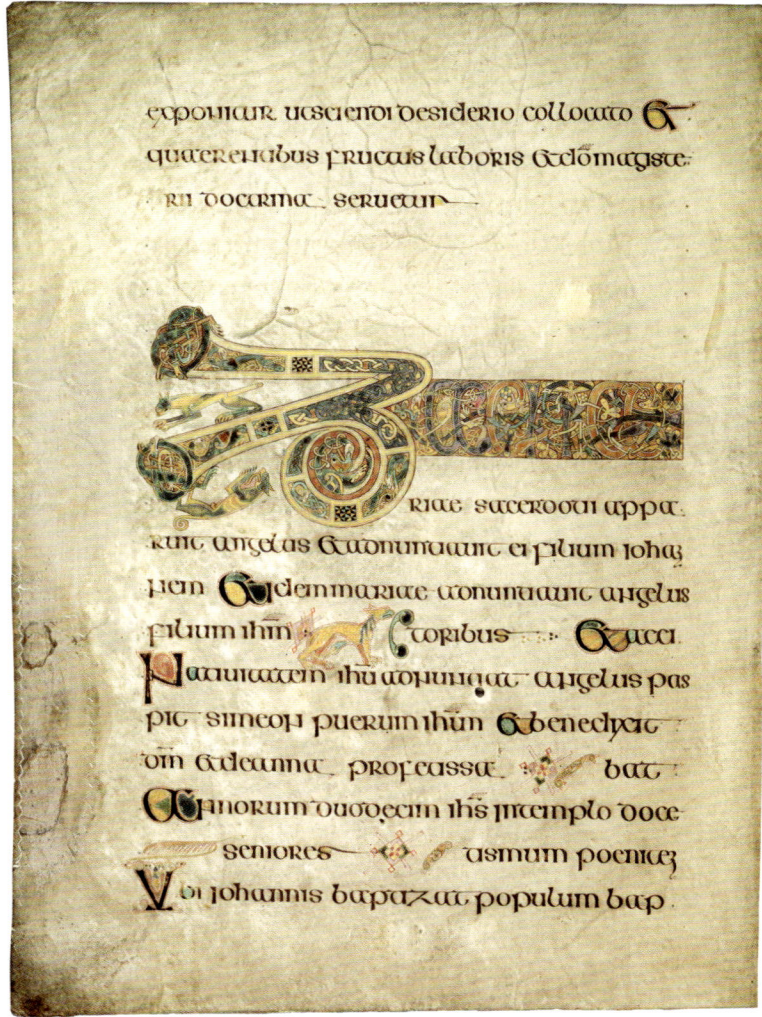

Book of Kells, wahrscheinlich um 800 n. Chr. im irischen Kloster Iona hergestellt. Der Kodex besteht aus 340 Blatt im Format 32,5 × 25 cm. Abgebildet ist fol. 19v mit dem Kapitelverzeichnis zum Lukasevangelium.

Book of Kells, fol. 114r: Die Gefangennahme Jesu.

Book of Kells, fol. 34r: Chi-Rho-Monogramm.

Book of Kells, fol. 33r: Teppichseite mit achtteiligem Kreuz.

sondern als stilles Schreiben zu Ehren Gottes, ganz so, wie es ein Schreiber in dem auf das 9. Jahrhundert datierten St. Galler *Priscian*-Kodex festgehalten hat: „In Waldes Wänden sitze ich inmitten / Und schreibe. Eine Amsel jubiliert. / Auf meine Zeilen, sorgsam rubriziert, / Die Vögel ihren wirren Jubel schütten. / Der Kuckuck ruft und rückt von Zweig zu Zweigen / Mir näher nah mit seinen grauen Schwingen. / Herr, mach mich stet und still! Lass mich vollbringen / Dein helles Wort im dunkeln Blätterschweigen!" Und schließlich findet die kontemplative Versenkung als Gemeinschaftshandlung im Innenraum der Kirche statt, in der der Kodex ausgestellt oder für die Liturgie benutzt wurde. Mit anderen Worten, in Schreiben und Lesen und in der damit verbundenen Kontemplation soll sich – nicht anders als im Gottesdienst – Christus und durch ihn Gott als die Tiefenschicht der Person und der Schöpfung enthüllen und dargestellt werden. Das Medium, das in diese Tiefenschicht führt, ist das Buch in seiner Form als Kodex.[70]

Die Kraft dieser Kontemplation zeigte sich, als die irischen Nonnen und Mönche ab dem 6. Jahrhundert sich um Christi Willen auf missionierende Wanderschaft begaben, die sie in mehreren Wellen und zum Teil über Schottland auf den Kontinent führte. Dort gründeten sie, unterstützt von den Merowingern, zahlreiche Klöster – Luxeuil (590), St. Gallen (613), Bobbio (614), Corbie (657) u. a. –, brachten für die Missionsarbeit auch ihre Bücher mit und führten in den Skriptorien ihrer Klöster die irische Buchkultur fort, so dass das mit dem Wortabstand und der Interpunktion verbundene leise Lesen sich allmählich auch auf dem Kontinent ausbreiten konnte. Dieser Kulturtransfer vom Rande Europas wurde ergänzt durch die ursprünglich von den Iren beeinflusste, im 8. Jahrhundert auf den Kontinent drängende angelsächsische Mission. Deren Klöster, gefördert von den Karolingern, wurden gezielt im militärisch gefährdeten Norden und Osten des Reiches gegründet (Echternach 7. Jahrhundert, Reichenau 724, Benediktbeuern 725, Fulda 744, Tegernsee 746 u. a.) und in eine Diözesanstruktur eingebunden, über die der fränkische Adel, der die Führungsschicht des Klerus stellte, direkten Einfluss auf die sowohl für die Reichsverwaltung als auch für die Mission wichti-

ge Arbeit der Klöster nehmen konnte. Neben diesen beiden kulturellen Transferströmen, dem irischen und dem angelsächsischen, gab es einen dritten, aus Italien und Spanien kommenden Strom. Während der Transferstrom aus Italien seit der Spätantike kontinuierlich, aber spärlich geflossen war, setzte der Kulturtransfer aus Spanien im Jahre 711 mit der islamischen Eroberung ein und brachte mit den Flüchtenden auch Bücher ins merowingisch-karolingische Frankenreich bis in die germanischen Gebiete rechts des Rheins, darunter die *Etymologiae* des Bischofs Isidor von Sevilla (um 560 – 636 n. Chr.), die in kompendienartiger Form das überlieferte Wissen der Antike zusammenfassten.[71]

Diese drei kulturellen Transferströme vereinigten sich im Reich Karls des Großen (747 – 814), der den groß angelegten Versuch unternahm, an die antike Bildung wieder anzuschließen und diese in einen dezidiert christlichen Kontext einzufügen. Das war motiviert durch die Vorstellung, dass eine sich als christlich begreifende Gesellschaft die christlichen Werte auch zu leben hatte, wenn sie denn wirklich christlich sein wollte, so dass zuletzt göttliche und weltliche Herrschaft und damit Kirche und Staat in eins fallen sollten. Bildung war das Ferment, das man für diese Transformation der Gesellschaft benötigte, weil sie nicht nur den zielgerichteten Rückgriff auf die kanonischen christlichen Texte ermöglichte – die Bibel, die Kirchenväter und die liturgischen Schriften –, sondern auch den Rückgriff auf das praktische Bildungsgut der Antike, das für den Aufbau der Klöster und für die Verwaltung des Reiches wichtig war. Das hieß auf der Sachebene, dass man erstens durch einen geeigneten Schulunterricht den Bildungsstand des Klerus verbessern musste, um diesen in die Lage zu versetzen, die einschlägigen lateinischen Texte überhaupt lesen und verstehen zu können. Es hieß zweitens, dass man die Fehler korrigieren musste, die sich seit der Spätantike beim Abschreiben in die Texte eingeschlichen hatten, weshalb man nach möglichst authentischen Texten der Überlieferung suchte, die als solide Ausgangsbasis für die notwendigen Korrekturen dienen sollten. So bat Karl der Große die Mönche von Monte Cassino bei einem Besuch im Jahre 787, ihm eine Abschrift der Benediktsregel zur Verfügung zu stellen,

Grandval-Bibel, ca. 840 im Kloster St. Martin in Tour entstanden. Format 37,5 × 51 cm. British Library Add. MS. 10546. Abgebildet ist der Beginn des Buches Exodus. Überschrift in roter Farbe und Capitalis, Textbeginn nach der H-Initiale in Unziale, Haupttext in karolingischer Minuskel.

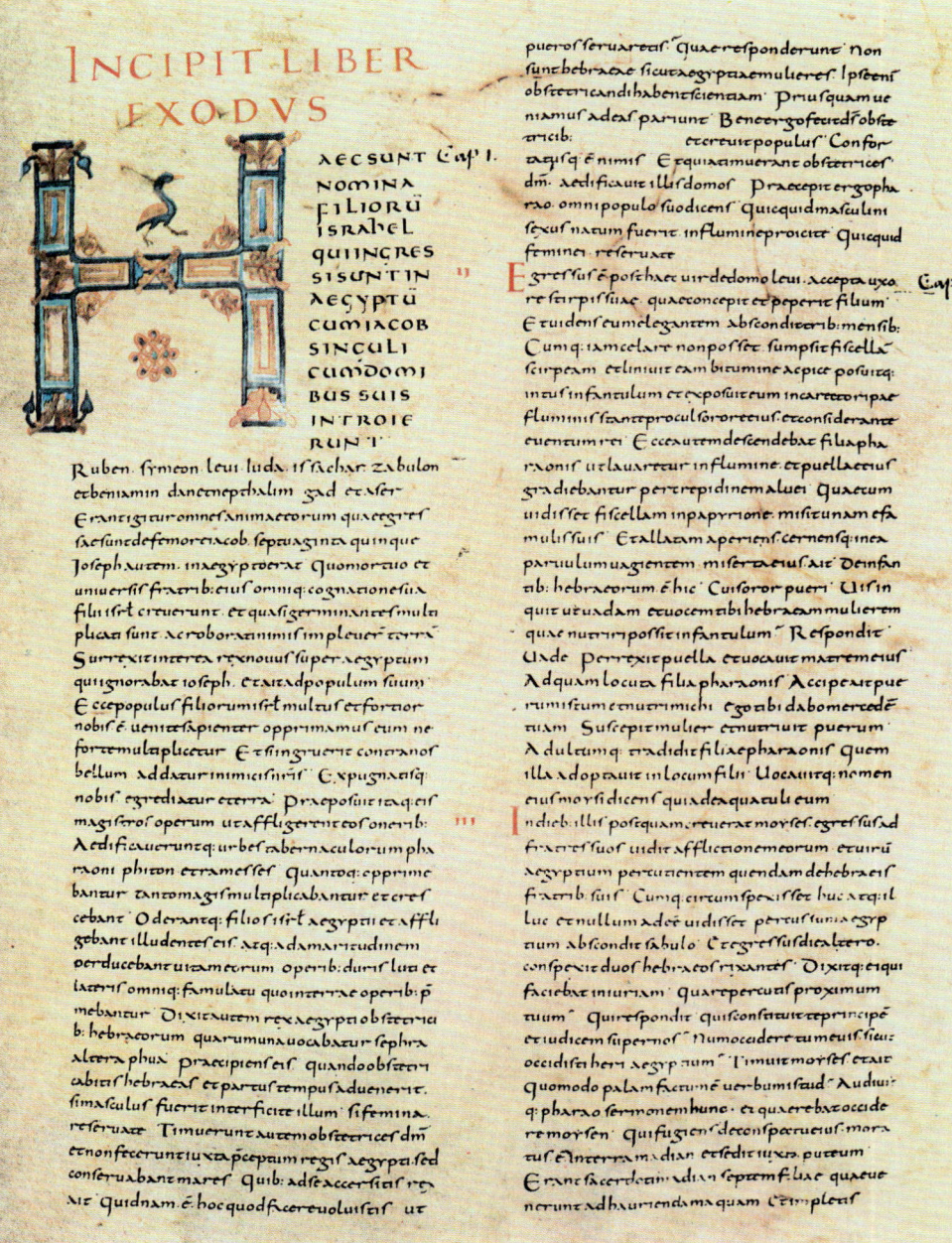

deren Autograph das Kloster besaß. Und drittens hieß das, die lokalen und regionalen Schrifttraditionen mit all den klösterlichen Hausstilen und den Eigenstilen der Mönchsorden durch einen einheitlichen Schriftstil zu ersetzen, der für das ganze Reich Geltung haben und leicht lesbar sein sollte. Ebendas leistete die wahrscheinlich im Kloster Corbie entwickelte „karolingische Mi-

nuskel", die ab den 780er Jahren für den Haupttext der Manuskripte benutzt wurde, während man Unziale und andere Majuskelschriften nur noch zur Auszeichnung von Überschriften oder für Vorworte und Anmerkungen einsetzte.[72]

Der Begriff „karolingische Renaissance" meint dieses Ineinandergreifen von Text- und Gesellschaftskorrektur, das – begleitet von Beratern wie dem angelsächsischen Mönch Alkuin (735 – 804) – von Karls Aachener Hof und der Hofbibliothek aus organisiert wurde und über die Klöster und durch die vom Hof ins Reich geschickten gelehrten Mönche in die Fläche wirken konnte. Wie erfolgreich das war, mag man daran ablesen, dass aus der langen Zeit von Christi Geburt bis zum Jahre 800 nur rund 1800 Manuskripte und Manuskriptfragmente aus der Westhälfte des (ehemaligen) Römischen Reiches überliefert sind, während aus den einhundert Jahren von 800 bis 900 n. Chr. rund 7000 Manuskripte auf uns gekommen sind. Hinter dieser Zunahme der literarischen Abschreibe- und Korrekturaktivitäten zur Zeit der Karolinger verbirgt sich ein kultureller Übergang, der gerade dadurch, dass er die textuelle Basis der antiken Überlieferung sichern wollte, endgültig aus der Antike herausführte. So brachte es einerseits die ins Große gehende Suche nach möglichst authentischen Texten, die man für die Erstellung korrigierter Editionen benötigte, mit sich, dass im Grunde alle Manuskripte mit Texten antiker paganer Autoren, über die wir heute verfügen, aus karolingischer Zeit stammen. Andererseits aber hatte die Verbindung von Text- und Gesellschaftskorrektur zur Konsequenz, dass die Form des Textlayouts, die damals gefunden wurde – Texte mit Wortabstand und Interpunktion; Abschnittsgliederung durch Initialen; Trennung von Auszeichnungs- und Textschrift; Kolumnentitel, um die Orientierung bei der Lektüre zu erleichtern –, aufgrund der kulturellen Prägekraft der karolingischen Renaissance zur vorbildlichen Form des Textlayouts nicht nur im Mittelalter wurde, sondern die visuelle Wahrnehmung von Texten bis heute prägt. Mit anderen Worten: Wenn wir ein schönes und gut lesbares modernes Buch aufschlagen, dann schlagen wir immer noch einen Kodex auf, wie er in der Spätantike erfunden wurde; aber seine Schönheit und Lesbarkeit verdankt sich wesentlich den textuellen Innovationen der karolingischen Renaissance.[73]

Nach dem Tod Karls des Großen, als seine Nachkommen innerhalb weniger Jahrzehnte in der politischen Bedeutungslosigkeit verschwanden und sein Reich in regionale Herrschaften zerfiel, nahmen im Osten des ehemaligen Frankenreiches die Ottonen Karls

Konzeption einer christlichen Herrschaft auf und sorgten sich um die Durchsetzung christlicher Normen und daher auch um den Schutz der Kirche. Ganz wie die Karolinger taten sie das in dem Bewusstsein, dass der weltlichen Macht des Königs dabei eine sakrale Funktion zukam, was durch das Arrangement für die Krönung des

Grandval-Bibel, Beginn des Matthäus-Evangeliums. Über der Seite als lebender Kolumnentitel in Majuskeln „MATTH" für „Matthäus".

Godescalc-Evangelistar, entstanden in der Hofschule Karls des Großen zwischen 781 und 783, heute in Paris in der Bibliothèque Nationale (Ms. nouv. acq. lat. 1203). Die Majestas Domini findet sich dort fol. 3r.

Gero-Kodex, entstanden ca. 969 auf der Reichenau, heute aufbewahrt in der Universitäts- und Landesbibliothek Darmstadt (Hs. 1948). Die Majestas Domini findet sich im Gero-Kodex fol. 5v.

S-Initiale aus dem Gero-Kodex, fol. 104v.

Sachsenherzogs Otto (912 – 973) zum König des Ost-fränkischen Reiches öffentlich dokumentiert wurde: Die im August des Jahres 936 in Aachen, dem langjährigen Machtzentrum Karls des Großen, vollzogene Krönung stellte sich nicht nur durch die Wahl des Krönungsortes in die Tradition des karolingischen Königtums, sondern fand ihren Höhepunkt in der Salbung des Königs, die den weltlichen Herrschaftsanspruch zusätzlich sakral legitimierte.[74]

In den aus ottonischer Zeit stammenden Kodizes schlägt sich diese Sakralisierung der Herrschaft in einer Monumentalisierung nieder, die nicht nur die Buchma-lerei und den Buchschmuck betrifft, sondern auch den Einband. Man bemerkt das sofort, wenn man etwa die Darstellung des auf einem Thron sitzenden Chris-tus – der „Majestas Domini" – in dem aus karolingischer Zeit stammenden Godescalc-Evangelistar mit der Dar-stellung des thronenden Christus in dem um das Jahr 969 auf der Reichenau angefertigten Gero-Kodex ver-gleicht. Im Godescalc-Evangelistar sitzt Christus vor den Mauern des Himmlischen Jerusalem auf einem in Per-spektive ausgeführten Thron, neben dem Pflanzen aus der Erde wachsen, um eine Landschaft anzudeuten, die sich hinter den Zinnen der Stadt in vier Bäumen fort-setzt. Der Christus des Gero-Kodex hat hingegen auf ei-nem Thron Platz genommen, der ohne räumliche Tiefe dargestellt ist und auch nicht mehr in einer Landschaft steht, sondern in einem dunkelblauen Farbkreis, um den sich ein kreisrundes Ornament rankt, in dem wie auf einer Windrose die Symbole der vier Evangelisten – ein Adler (Johannes), ein Löwe (Markus), ein Mensch (Mat-thäus), ein Stier (Lukas) – eingefügt sind. Der rechtecki-ge Rahmen, vor dem die Kreise zu liegen scheinen, zeigt zwar noch Pflanzen, aber sie sind als florales Ornament ausgeführt, dessen Funktion darin besteht, die Bildflä-che zu begrenzen. Mit anderen Worten: Die in ihrer dreidimensionalen Tiefe an die realistische und zum Teil illusionistische Malerei der Antike anschließende karolingische Buchmalerei weicht in ottonischer Zeit ei-ner zweidimensional-flächigen Darstellung, die darauf zielt, den religiös-symbolischen Gehalt des Dargestellten herauszuarbeiten. Das schließt noch in der Gestaltung der Initialen an die irische Buchkultur an, die in Symbol und Ornament die Mittel bereitstellen wollte, um von der Lektüre des Textes zur Meditation des Glaubens zu gelangen. In diesem Zusammenhang ist es nur konse-quent, das Göttliche aus der Welt und ihrer Zeit und damit aus dem dreidimensionalen Raum herauszuneh-men, um es in der Fläche gleichsam zu verewigen. Aber ebendies musste dazu führen, dass man, um der Größe Gottes gerecht zu werden, möglichst große und prächti-ge Pergamentflächen zu gestalten versuchte. Und genau darin lag die Monumentalisierung der Kodizes: dass sie durch ihre großen Formate und der reichlichen Verwendung von Gold für die Abbildungen und von Gold, Elfenbein und Edelsteinen für den Einband das Göttliche als das absolut Bedeutsame darstellen wollten. Als ein absolut Bedeutsames freilich, an dem die ottonischen Könige – seit dem Jahre 962 waren sie wie ihr Vorbild Karl der Große Kaiser des ehemaligen weströmischen Imperiums und dehnten ihre Macht nach Italien aus – als Schutzherren der Kirche teilhatten, so dass es nur wenig brauchte, um den König oder Kaiser als sakrale Figur an die Stelle der Majestas Domini zu rücken.[75]

Natürlich war der Anspruch eines sakralen Königund Kaisertums ein ungeheurer, und natürlich führte das zu Problemen. Denn die damit verbundene Einbeziehung der Kirche in das Herrschaftssystem bedeutete, dass kirchliche Ämter und kirchlicher Besitz nicht nur von den Königen und Kaisern, sondern auch von den sich etablierenden lokalen und regionalen Herrschern als Eigentum betrachtet wurden, das wie sonstiges weltliches Eigentum seine Rolle bei der Stabilisierung der Herrschaft zu spielen hatte. Das hieß nicht nur, dass kirchliche Besitztümer und Ämter – Kirchen und Klöster, das Amt eines Abtes oder Bischofs – von den weltlichen Herrschern vererbt wurden, es hieß auch, dass man sie kaufen konnte, ohne dass die Kirche dabei ein Mitspracherecht gehabt hätte. Damit stand aber je länger je mehr in Frage, inwiefern eine Kirche, die derart weltlich geworden war, ihre Rolle als eine sakrale und sakramentale Institution noch wahrnehmen konnte. War der Segen eines Priesters, der sein Amt gekauft hatte, ein vollgültiger Segen? Konnte ein Bischof, der von einem Landesherrn eingesetzt worden war, wirklich das Sakrament der Taufe spenden und also Heil schenken? War es richtig, dass Geistliche heirateten und Kinder zeugten, die Kirchenbesitz erben konnten? Die Antwort auf diese Fragen lag in einer Reformbewegung, die, von der Gründung des Klosters Cluny (910) bis hin zum Orden der Franziskaner (1210 vom Papst bestätigt), darauf setzte, die Vermischung von Weltlichem und Geistlichem zu beenden und die Kirche wieder auf ihre missionarischen und seelsorgerischen Aufgaben auszurichten. Das lief auf eine Stärkung des Papstes hinaus, der, anders als die Bischöfe, nicht mit der lokalen und regionalen Herrschaft verbunden war und den Refor-

mern daher Rückhalt und Schutz zu geben vermochte, um aus der gestärkten Position heraus schließlich den Kauf kirchlicher Ämter und die Einsetzung von Priestern und Bischöfen durch weltliche Herren zu verbieten. Damit war nicht nur der Investiturstreit – also die Frage der Amtseinsetzung von Geistlichen – zugunsten des Papstes gelöst, sondern zugleich die sakrale Funktion der weltlichen Herrschaft erschüttert. Die unmittelbare Folge davon war, dass das Papsttum sich nun stark genug fühlte, eine Art christliche Weltmonarchie zu etab-

Einband-Vorderdeckel des Evangeliars Ottos III. Entstanden um 1000 n. Chr. Format des Deckels 33,8 × 24,5 cm. Bayerische Staatsbibliothek München, Clm 4453.

Evangeliar Kaiser Ottos III. Aachen Domschatz.

lieren, in der der Papst nicht nur Nachfolger Petri sein sollte, sondern veritabler Stellvertreter Christi – weniger als Gott, aber mehr als ein Mensch, wie es Papst Innozenz III. (1160 – 1216) formulierte.[76]

Man muss diese Verschiebung im Machtgefüge im Blick behalten, wenn man die Existenz der Riesenbibeln verstehen will, die ab der Mitte des 11. Jahrhunderts bis ins 13. Jahrhundert hinein hergestellt wurden. Sie sind Dokumente des Selbstbewusstseins einer allmählich erstarkenden Kirche, die mit der weltlichen Macht um die Vorherrschaft ringt und ihren Anspruch auch medial untermauert. Denn was könnte das Gewicht der Kirche stärker zum Ausdruck bringen als die von ihr als Schatz gehütete Bibel? Und wie könnte man das Gewicht dieses Schatzes stärker zum Ausdruck bringen als durch seine öffentliche Präsentation als Schatz, der weit größer ist als die Schätze der weltlichen Herren? Und also durch überaus große und prächtig illuminierte Kodizes, welche die von den weltlichen Herren in Auftrag gegebenen Prachtkodizes in den Schatten stellen? Durch Kodizes zumal, die aufgrund ihrer schieren Größe den integralen Text der Bibel aufzunehmen vermögen und dadurch betonen, dass die Autorität der Kirche auf der Autorität des Bibeltextes beruht?[77]

Geht die Autorität der Kirche vom Text der Bibel aus, sind die Abbildungen in all ihrer Pracht freilich nichts anderes als ein Umweg zum Text, und oft auch ein Abweg, der vom Text wegführt. Es scheint, dass man sich dieses Problems ab dem 11. Jahrhundert zunehmend bewusst wurde, denn in dieser Zeit begann man, die Abbildungen allmählich zurückzudrängen und die Initialen, die sich dekorativ verselbstständigt hatten, wieder als Elemente einer Textgliederung einzusetzen, die die gedankliche Struktur des Textes sichtbar machen sollten. Diese Struktur war freilich alleine mit Hilfe der Initialen nicht aufzuhellen, und so traten weitere Instrumente hinzu: Im Text farblich hervorgehobene Buchstaben markierten neue wichtige Abschnitte, ebenso die am Rand des Textes notierten Buchstaben oder Ziffern (litterae notabiliores); und um den Zugriff auf die nun besser gegliederten Texte zu erleichtern, ersann man Inhaltsverzeichnisse, die über die Abfolge der Kapitel informierten, und Indizes, die als alphabetische

Gumbertus-Bibel aus dem Gumbertusstift in Ansbach, entstanden im letzten Drittel des 12. Jahrhunderts. Die Bibel umfasst 394 Pergamentblätter im Format 67 × 46 cm. Universitätsbibliothek Erlangen, MS 1. Abgebildet ist fol. 6r, der Beginn des Buches Genesis. Der Kolumnentitel hilft bei der Orientierung über den Text der aufgeschlagenen Seite, wichtige Satzanfänge sind rubriziert, Marginalziffern gliedern den Text in die einzelnen Schöpfungstage.

Listen wichtiger Begriffe angelegt wurden und angaben, auf welchen Textseiten diese Begriffe zu finden waren. War der Text aber einmal als eine in Abschnitte und Kapitel gliederbare Folge von Sätzen erkannt, konnte man Passagen zu bestimmten Themen aus dem Text herausziehen und mit den korrespondierenden Passagen anderer Texte zusammenstellen. Das war das Verfahren, das Petrus Lombardus (ca. 1095–1160) wählte, als er in der Mitte des 12. Jahrhunderts in seinen aus vier Büchern bestehenden *Sententiae* die wichtigsten Aussagen der Kirchenväter – ihre „Sentenzen" – in thematischer Ordnung zusammenstellte und auf diese Weise einen leicht zu benutzenden Überblick über die Theologie schuf, der zum Standardwerk der mittelalterlichen Theologie wurde, von den bedeutenden Theologenphilosophen des Mittelalters umfänglich kommentiert. Für die Kommentierung der Bibel entwickelte man seit Anselm von Laon († 1117) das Verfahren der Glossierung, bei dem die autoritativen Kommentare der Kirchenväter und der mittelalterlichen Ausleger direkt mit dem von ihnen kommentierten Bibeltext so zusammengeführt wurden, dass sie den Bibeltext umgaben und also eine parallele Lektüre von Bibeltext und Kommentar ermöglichten. Die beiden Verfahren ließen sich auch kombinieren, indem man etwa die wichtigen Texte des Kirchenrechts zusammenstellte, wie es Gratian († 1160) in seinem *Decretum Gratiani* tat, und diese Zusammenstellung wiederum glossierte.[78]

Das alles gehört freilich in einen Kontext, der aus dem Umfeld der ländlichen Klöster heraus- und in das Umfeld der städtischen Kathedralschulen hineinführt. Dort begann man, die Lektüre der überlieferten Texte nicht mehr als einen Vorgang zu betrachten, der zuletzt zu einer Meditation des Gelesenen führen sollte, sondern als einen Vorgang, bei dem das Gelesene zu befragen und zu diskutieren war. Die Gründe für diesen Umschwung sind vielfältig: Die Intensivierung der Handelskontakte, durch die sich die lange Zeit eher auf das Lokale beschränkte Geographie wieder auf größere Räume öffnete, brachte in diesen neuen geographischen Räumen ungewohnt Anderes und Fremdes zutage, mit dem man sich auseinandersetzen musste; das zunehmende Gewicht der allmählich größer werdenden, vielerorts neu gegründeten und prosperierenden Städte führte dazu, dass

die handeltreibenden Stadtbürger neue Methoden zur Kontrolle der wirtschaftlichen Vorgänge benötigten, und daraus resultierte nicht nur eine Monetarisierung der Ökonomie, sondern auch die doppelte Buchführung; sie machte die Finanz- und Warenströme dadurch buchbar, dass sie jede Transaktion als Soll und Haben in Bücher eintrug, so dass über den ökonomischen Zustand eines Unternehmens jederzeit Rechenschaft gegeben werden konnte; zur selben Zeit wurden in Europa lange Zeit verschollene Texte des Aristoteles wieder zugänglich, die aus Spanien und Sizilien als den Kontaktzonen zur islamischen Welt stammten und dort von Übersetzerteams aus dem Arabischen ins Lateinische übersetzt wurden.

In den Schriften des Aristoteles fand man nun genau in dem historischen Augenblick, als man sozial und geistig mobiler zu werden begann, das Instrumentarium, mit dessen Hilfe man die vielen neuen Dinge, die in den Kreis der Aufmerksamkeit traten, prüfen und beurteilen konnte. Das war eine Prüfung und Beurteilung, die den Realien dieser unserer Welt möglichst nahe kommen wollte und davon ausging, dass das Prüfverfahren als solches ein eigenes Gewicht hatte, das sich nicht aus einem Rekurs auf den Text der Bibel ergab, sondern aus einer Methode, die sich nach den Erkenntnisobjekten zu richten hatte. Damit war aber der Kanon der *artes liberales* im Prinzip überschritten und durch etwas völlig Neues ersetzt: durch eine *scientia*, eine Wissenschaft, die eben dadurch Wissenschaft sein sollte, dass sie sich in methodisch kontrollierter Weise für die Gegenstände der Welt öffnete und die Welterfahrung nicht mehr kurzerhand zu einem untergeordneten und minder wichtigen Fall von Gotteserfahrung machte. Orte der *scientia* waren die Universitäten, die sich ab dem 11. Jahrhundert zu etablieren begannen (Bologna 1088, Paris nach 1150, Oxford 1167, Cambridge 1209 u. a.) und nicht mehr auf Kontemplation, sondern auf Untersuchung und Diskussion setzten. Dazu bedienten sie sich der im Rahmen der *artes liberales* tradierten Dialektik, die Pro und Contra in methodischer Folge durchzugehen erlaubte und am Ende einer Untersuchung, einer *quaestio*, ein argumentativ abgesichertes eigenes Urteil erlaubte.[79]

In diesem Zusammenhang bekam das stille Lesen ein ganz neues Gewicht. Wer still lesen konnte, las schneller und stellte sich darauf ein, den Sinn der Texte zu erfassen, ohne dabei den Klang der gelesenen Wörter murmeln zu müssen. Das neue Layout der Texte kam diesem Bedürfnis nach einer Steigerung des Lesetempos dadurch entgegen, dass Werkzeuge wie Kolumnentitel, Kapitelüberschriften, Absatzmarkierungen, Indizes und Inhaltsverzeichnisse direkt auf die Sinnebene der Texte zielten, die nun immer weniger die meditative Wiederholung des Bekannten bezweckten, sondern das Finden von Neuem. Dem entsprach auf der Seite der Buchherstellung die Abkehr von dem in stiller klösterlicher Klausur sich vollziehenden Abschreiben der Kodizes. Stattdessen schrieben nun immer mehr professionelle Laienschreiber in den Städten im Auftrag wohlhabender und nicht mehr nur kirchlicher Auftraggeber die Kodizes ab. Und in den Universitäten wurden die wichtigen Texte den Studenten entweder diktiert oder über das Peciensystem zur Verfügung gestellt, bei dem man Vorlesungs- und andere Texte in Stücken (*peciae*) von zumeist zwei Doppelblättern (acht Seiten) bei einem *stationarius*, einer Art Buchhändler-Verleger, deponierte, von dem sie Studenten oder berufsmäßige Schreiber gegen eine Gebühr entleihen und abschreiben konnten. Auf diese Weise ließ sich nicht nur die Herstellung der Bücher beschleunigen – mehrere Schreiber konnten gleichzeitig ein in Pecien aufgeteiltes Buch abschreiben –, sondern auch die Qualität der in Umlauf gelangenden Abschriften dadurch beeinflussen, dass man über die *stationarii* überprüfte Vorlagen bereitstellte. Mit anderen Worten: Als immer mehr von Gott und Welt in immer mehr Büchern erfasst und vermittelt wurde, verfügte man dank der Diktiertechnik und des Peciensystems über Methoden, die Bücher mit einem einigermaßen kontrollierten Text schnell zugänglich zu machen; und dank des stillen Lesens war man in der Lage, die steigende Menge von zu lesenden Büchern auch zu bewältigen. Von Büchern übrigens, welche die Fülle des zu Schreibenden und Lesenden in der neuen Schrift der Textualis bzw. Textura boten, die dank eines elaborierten Systems von Abkürzungszeichen für bestimmte Silben und Wörter die Texte stark zu komprimieren erlaubte.[80]

Diese im Umfeld der Stadt sich vollziehende Veränderung der Buchproduktion betraf freilich nicht nur die

Dekretale Gregors IX. († 1241) mit der Glossa ordinaria des Bernhard von Parma († 1133), entstanden um 1300 – 1315 in Frankreich. Abgebildet ist fol. 137r. Format 40 × 27,5 cm. Library of Philadelphia, Lewis E77.

Walther von der Vogelweide. Autorenporträt aus der Manessischen Liederhandschrift (Kodex Manesse), fol. 124r. Format des 426 Blätter umfassenden Kodex: 35,5 × 25 cm. Universitätsbibliothek Heidelberg, Cod. Pal. Germ. 848.

Schreiber und Leser im Allgemeinen, sondern verschob und verfeinerte die Rollen sämtlicher Akteure, die mit der Buchherstellung befasst waren. So löste sich auf der Seite der materiellen Produktion von Kodizes das in den klösterlichen Skriptorien zu findende Kontinuum von Pergamenter (dem Hersteller und Lieferanten des Pergaments), Schreiber (dem Schreiber des Textes), Rubrikator (demjenigen, der den Text mit farbigen Gliederungs- und Schmuckelementen versah) und Buchbinder (der die Lagen zu einem Kodex zusammenfügte) allmählich in einzelne, deutlich voneinander getrennte Handwerke auf, die auf eigene Rechnung und in eigener Werkstatt arbeiteten. Die kommerzielle Distribution der Kodizes war zur Sache der *stationarii* geworden, die ebenfalls auf eigene Rechnung in einem eigenen Ladengeschäft arbeiteten und dabei die Arbeit von Pergamenter, Schreiber, Rubrikator und Buchbinder organisatorisch bündelten. Auf der Seite der Textproduktion schließlich wurde es nötig, die Rolle der Schreiber zu präzisieren und zwischen einem *scriptor*, der die Worte eines anderen ohne eigene Hinzufügungen abschreibt, einem *commentator*, der die Worte eines anderen abschreibt und durch eigene Kommentare ergänzt, einem *compilator*, der Texte von anderen zu einem neuen Text zusammenstellt, und einem *auctor*, der im Wesentlichen seine eigenen Worte schreibt, zu unterscheiden.[81]

All diese Veränderungen und Verschiebungen lassen sich darin zusammenfassen, dass sie das Buch allmählich aus dem Kontext des Heiligen in den Kontext des Weltlichen überführten und zu einem Instrument der Weltaneignung machten. Dabei ging es nicht nur um jene Dimension der Welt, in der uns von außen Gegenstände entgegenkommen und im Rahmen der *scientia* begriffen sein wollen, es ging auch um jene ganz andere Dimension, in der unsere Gefühle unser Miteinander bestimmen. Die Minnesänger hatten diese Dimension wenn nicht entdeckt, so doch zum Thema einer hoch artifiziellen volkssprachlichen Liebesdichtung gemacht, in der ein Ritter um eine Frau warb, die ihm gewogen war, aber unerreichbar blieb. Das verschob den adligen Wettkampf von der Ebene der Waffen auf die Ebene der Worte und brachte über das Ideal eines entsagungsvollen Dienstes so etwas wie eine ethische Disziplinierung des

Adels zustande. Wie sehr das gewirkt hat, lässt sich daran ablesen, dass höfische Literatur und Minnelyrik schon bald nicht nur von Adligen, sondern auch von Mitgliedern des städtischen Bürgertums gesammelt wurden. Das schönste Zeugnis dieser Sammeltätigkeit ist die von etwa 1300 bis 1340 in Zürich entstandene großformatige *Manessische Liederhandschrift*, die die Lyrik von 140 mittelhochdeutschen Dichtern enthält und – das antike Autorenporträt wirkt immer noch nach – die Texte durch ganzseitige Autorenporträts einleitet.[82]

Natürlich betraf diese neue Form der Weltaneignung auch das religiöse lateinische Buch, das nach wie vor das Gros der Bücher ausmachte. Denn seitdem das leise Lesen der Mönche den Innenraum des Subjekts geöffnet hatte, war das Lesen ein dreidimensionaler Vorgang: Man wollte lesend etwas über Gott erfahren; man wollte etwas über die Welt als Schöpfung Gottes erfahren; und man wollte es in einer Lektüre erfahren, die sich als ein privat-intimer Vorgang darstellte, bei dem sich der Geist als Mittler zwischen Gott, Welt und Mensch zeigen konnte. Aus diesem Versuch, sich Gott und seiner Schöpfung von innen her zu nähern, ging ab dem 13. Jahrhundert das Stundenbuch hervor, das nicht nur die Gebetstexte für das Stundengebet enthielt, sondern die Gebete durch einen Buchschmuck rahmte, der vom Innen des Gebets auf das Außen der Welt wies. Das gilt nicht nur für jene teuren und exquisiten Stundenbücher, die sich vermögende und adlige Damen und Herren zulegten, es gilt im Prinzip für alle Stundenbücher, denn das Stundenbuch war das unter den Laien aller Stände beliebteste und am weitesten verbreitete Buch des späten Mittelalters. Das lag wahrscheinlich daran, dass es ein relativ offenes Medium war, das weder die genaue Reihenfolge und den Umfang der Texte vorschrieb (nur der Beginn mit einem Kalendarium stand fest) noch die künstlerische Ausgestaltung der Monatsbilder. Mit anderen Worten: Jedes Stundenbuch war in einem doppelten Sinne ein persönliches Andachtsbuch: Es diente der persönlichen Andacht eines Laien, und es diente dieser Andacht in der Form eines persönlich für einen bestimmten Laien hergestellten Buches, das in der Regel die Intimität der religiösen Lektüre und Gebetspraxis durch ein kleines Buchformat unterstrich. Das hat

Jan van Eyck: Genter Altar, 1432 vollendet. Die Jungfrau Maria liest in einem Stundenbuch, das in einen Samtüberzug eingeschlagen ist.

Kalenderbild für den Monat Februar aus den Très Riches Heures des Herzogs von Berry. Entstanden zwischen 1410 und 1416, Buchschmuck ergänzt zwischen 1485 und 1490. 206 Blätter im Format 29 × 21 cm. Musée Condé (Chantilly, Frankreich): Die Welt im Buch.

natürlich nicht verhindert, dass der große Erfolg dieser Buchgattung dazu führte, dass Stundenbücher von findigen Handwerkern in ihren Werkstätten in großer Stückzahl hergestellt wurden. Man mag das als Zeichen einer beginnenden Verweltlichung des Religiösen deuten, man kann es aber auch als Zeichen einer in die Breite wirkenden religiösen Strömung verstehen, bei der die Gebetspraxis der Kleriker von den Laien adaptiert wurde. Die religiös akzentuierte Welthaltigkeit der Stundenbücher zeigt sich jedenfalls nicht nur in den Miniaturen, die sich immer wieder zu ganzseitigen Abbildungen weiten, in denen die Künstler die Welt in einer Weise einfingen, wie sie bis dahin noch nicht – jedenfalls seit der Antike nicht mehr – eingefangen worden war. Sie zeigt sich vielmehr auch in den Blumenbordüren, die in der späten Phase der Stundenbücher mit der Trompe-l'œil-Technik einen illusionistischen Realismus ausbilden, der Text und Abbildungen in Form eines Passepartouts rahmt und auf den Rahmen Blumen zu streuen scheint.

Mit dem Stundenbuch ist der Kodex nun zwar nicht massentauglich geworden – das späte Mittelalter kannte keine lesenden Massen, die Alphabetisierungsrate war immer noch äußerst bescheiden und stark an die Kenntnis der lateinischen Sprache geknüpft –, aber der große Erfolg des Stundenbuchs ermöglichte immer mehr Laien, eine Erfahrung zu machen, die im Mittelalter lange Zeit dem Klerus vorbehalten war: dass in der stillen Lektüre des Kodex ein Grund zu finden ist, auf dem die Innenwelt der lesenden Person nicht anders als die sie umgebende Außenwelt gebaut ist. Das eben ist das Humanum des Kodex: Er ist eine mediale Form, die uns Wesen aus Fleisch und Blut zu lesenden und schreibenden Personen macht, die mit ihren bleibenden Namen – als Autoren, als Buchmaler, als Leser, als Auftraggeber für einen Kodex – einen Anker in die Welt und den Fluss der Zeit werfen, in der Hoffnung, dadurch ihre Substanz bewahren zu können.

Die Grandes Heures der Anna von der Bretagne, Königin von Frankreich. Das großformatige Stundenbuch (30 × 19,5 cm) entstand zwischen 1500 – 1508. Abgebildet ist fol. 17r mit dem Beginn des Johannesevangeliums: Passepartout als Trompe-l'œil. Bibliothèque Nationale (Paris), ms. lat. 9474.

5. Das mechanische Buch

Als der Herzog von Urbino Federico da Montefeltro (1422–1482) erklärte, er würde sich schämen, ein gedrucktes Buch zu besitzen, da war das aus der Sicht eines adligen Kunstmäzens gesprochen, der sich Bücher gar nicht anders vorstellen konnte denn als prächtig ausgestattete und von Hand geschriebene Kodizes, deren Pracht ein Widerschein der gesellschaftlichen Bedeutung ihres Eigentümers war. Und es war gesprochen aus der Sicht eines als Söldnerführer zu Macht und Geld gekommenen Selfmademan, dessen Verhältnis zur Welt eines ganz gewiss nicht war: kontemplativ. Die neue Zeit, die man als „Renaissance" auf den Begriff zu bringen versucht, war an einem kontemplativen Weltbezug in der Tat weniger interessiert als an der Intensivierung einer Praxis, die, nachdem man dem Naturreich und dem Reich des Menschen ihre inneren Gesetze abgelauscht hatte, dank der Kenntnis dieser Gesetze erfolgreich in die Entwicklung der Natur und des Menschen eingreifen würde. Der erhoffte praktische Erfolg dieses Eingriffs sollte den Ruhm des Erfolgreichen mehren und ihm Macht und Geld eintragen. Das stand dem Erfolgreichen jetzt zu, so wie dem kontemplativen Menschen des Mittelalters die Teilhabe am göttlichen Heil zugestanden hatte. Erfolgreich aber konnte man nun auf vielen Gebieten sein – als Kaufmann oder Handwerker, als Künstler oder Wissenschaftler –, indem man sich auf die Suche nach Neuem begab, das technisch machbar und ökonomisch verwertbar sein sollte und zumeist jenseits dessen lag, was lebensweltliche Tradition oder die von der Kirche sanktio-

nierte Lehre für überhaupt vorhanden, richtig oder praktikabel hielten.[83]

Diese neue Haltung der Welt gegenüber, diese Mischung aus Erfolgsstreben, Neugier und Ruhmsucht war eine Sache vornehmlich von Stadtbürgern, die in den urbanen Ballungsräumen des nördlichen Burgunds und Oberitaliens auf ihre Mitmenschen als auszustechende gesellschaftliche Konkurrenten zu schauen begannen. Wer dabei besonders ehrgeizig war, versuchte seine Konkurrenten in der Förderung von Poeten, Malern, Architekten oder Wissenschaftlern zu überflügeln, um seinen Namen im Werk der Geförderten zu verewigen. Und wer sich solche teuren Investitionen in den Nachruhm alleine nicht leisten konnte, schloss sich zu Bruderschaften zusammen. Das alles kann in seiner Weltlichkeit gar nicht unterschätzt werden, blieb aber noch eine Zeitlang auf das religiöse Heil orientiert, das inmitten der zunehmenden Konkurrenz das die Gesellschaft einigende Band sein sollte. Damit war es dann freilich im Zeitalter der Reformation zu Ende, als sich gerade die Religion als ein Konfliktfaktor zeigte und ihre pazifizierende Funktion einbüßte.

Das war das Umfeld, das ab dem 12./13. Jahrhundert in Europa zu einer technischen Blütezeit führte, in der man sich – vermittelt über Handelskontakte – Innovationen aus dem Nahen und Fernen Osten aneignete und weiterentwickelte, vom Spinnrad und dem Webstuhl über die mechanische Räderuhr, den Kompass und die Brille bis hin zur Armbrust und dem Schwarzpulver. Und es war das Umfeld, in dem schließlich Johannes

Gutenberg (um 1400 – 1468) den Buchdruck mit beweglichen Lettern aus Metall erfand.[84]

Wie jede andere Erfindung hatte auch sie Vorläufer. Dazu zählt, dass man schon seit dem 7. oder 8. Jahrhundert in China, Korea und Japan aus Holztafeln seitenverkehrt Bilder und kurze Texte schnitt, die erhabenen Teile der Tafeln mit den Texten und Bildern einfärbte und darauf Papier legte – eine chinesische Erfindung aus dem 2. Jahrhundert n. Chr.[85] –, um die Bilder und Texte durch Abreiben des Papiers auf seine Kontaktseite zu pausen. Weil das Papier dabei stark beansprucht wurde, konnte man auf die beim Abreiben leer gebliebene Seite des Blattes keine Texte und Bilder auftragen und musste sich, drucktechnisch gesprochen, mit Einblattdrucken zufriedengeben. Man nimmt an, dass durch die mongolische Expansion und über die zentralasiatischen Handelsrouten (Seidenstraße) die Kenntnis dieser Vervielfältigungstechnik und des Papiers über Bagdad und Kairo (dort ist der Holzschnitt im 11. Jahrhundert nachweisbar), aber auch Täbris („Druck" von Papiergeld mittels Holzschnitten im 13. Jahrhundert) und Konstantinopel nach Europa gelangte, wo im 15. Jahrhundert die Hauptanwendungsform des Holzschnitts die Herstellung von Spielkarten war. In unsere Buchgeschichte gehört der Holzschnitt, weil er im 15. Jahrhundert in Holland und am Oberrhein zur Herstellung von Blockbüchern verwendet wurde. Dabei klebte man die einseitig bedruckten und in der Mitte gefalzten Holzschnitte auf der leeren Rückseite zusammen und stellte aus mehreren solcher zusammengeklebten Blätter eine Broschüre her, die einen längeren Text mit Abbildungen enthalten konnte. Mit der gewohnten Produktion von Kodizes harmonierte diese neue Herstellungstechnik von Büchern, weil sie erlaubte, die Abbildungen über den Holzschnitt herzustellen, den Text aber von Hand zu schreiben oder von Hand geschriebenen und gedruckten Text zu mischen. So verfuhr man bei den „Armenbibeln", die keineswegs für die Armen hergestellt wurden, sondern wohl eher für die Zwecke der Predigt so etwas wie eine illustrierte Kurzfassung der Bibel boten.

Zu den Vorläufern Gutenbergs zählt aber auch, dass man im 11. Jahrhundert in China Texte mit Lettern zu

Armenbibel (Biblia pauperum), ca. 1455/58. Blattgröße 27 × 20 cm. Universitätsbibliothek Heidelberg, Cod. Pal. Germ. 438, fol. 112v. Von der Holztafel gedruckt sind die Bilder und die in der mittleren Bildzeile in den äußeren Bildern stehenden Namen David, Abner, de Saba Regina und Salomon. Der übrige Text ist von Hand geschrieben.

drucken begann, die zunächst aus Ton gebrannt waren, später aus Holz geschnitzt und im Korea des 13. und 14. Jahrhunderts aus Kupfer gegossen. Ob auch hier die Wege des Techniktransfers über Zentralasien dafür sorgten, dass man in Europa zur Zeit Gutenbergs oder dass gar Gutenberg persönlich vom Druck mit metallenen Lettern Kenntnis hatte, ist Gegenstand zahlreicher unbewiesener Spekulationen. Tatsächlich kennt die Technikgeschichte den gar nicht so seltenen Fall, dass eine an einem bestimmten Ort zu einer bestimmten Zeit gemachte Erfindung an einem anderen Ort und zu einer anderen Zeit unter anderen Verhältnissen nochmals erfunden wurde (das Rad und der vierrädrige Wagen gehören hierher, vielleicht auch das Spinnrad). Man darf vermuten, dass Gutenbergs Erfindung in diese Reihe des Nochmals-Erfundenen gehört.

Und endlich muss man erwähnen, dass Gutenbergs Erfindung natürlich auf damals in Europa durchaus bekannte und verbreitete Techniken zurückgriff, diese aber ingeniös miteinander kombinierte. Hierher gehört das bereits erwähnte Papier, das von China über die arabische Welt im 12. Jahrhundert nach Europa (Spanien und Sizilien) gekommen war, wo es gelang, den Herstellungsprozess dadurch teilweise zu mechanisieren, dass die für das Papier benötigten Lumpen (Hadern) in durch Wasserkraft betriebenen Papiermühlen zerkleinert wurden. Das Abschöpfen des Papierbreis mittels eines Siebs aus der Bütte und das nachfolgende Trocknen und Pressen des Papiers blieb freilich Handarbeit. Die zweite Technik, auf die Gutenberg zurückgriff, war die Presse, mit der man Weintrauben presste (Weinkelter), Textilien bunt bedruckte oder eben auch Papier glattpresste. Gutenberg übernahm sie und passte sie an die spezifischen Bedürfnisse des Buchdrucks an.[86]

In diesem Zugriff auf bekannte technische Verfahren und ihrer Rekombination im völlig neuen Kontext der Buchherstellung ist Gutenberg freilich ein Kind seiner Zeit. Stammte er doch aus einer Familie, die dem Mainzer Patriziat und damit der städtischen Führungsschicht angehörte, mit einem Vater, der vermutlich im Tuchhandel als Kaufmann tätig und Mitglied der „Münzerhausgenossenschaft" war, die in Mainz über das Münzrecht verfügte, mit Edelmetallen handelte und Bankgeschäfte tätigte. Mit anderen Worten: Gutenberg entstammte jenem Milieu, das auf Erfolg und Ruhm setzte und zu diesem Zweck Neues entdecken und nutzbar machen wollte. Das erklärt viel, aber nicht alles. Denn dass Gutenberg über seinen Vater und dessen Mitgliedschaft in der Münzerhausgenossenschaft mit dem Münzhandwerk und der Metallverarbeitung bekannt geworden war, ist zwar naheliegend und führt, wie wir gleich sehen werden, zum Kern seiner Erfindung; aber eben hier, in diesem Kern, zeigt sich das Neue, das mit allem bereits

Vorhandenen und Vorauslaufenden nicht verrechnet werden kann.

Jedenfalls zeigten sich die ersten Spuren von Gutenbergs Erfindergeist und ökonomischem Erfolgsstreben in Straßburg, wo er sich nach seinem Erfurter Studium spätestens ab 1434 aufhielt. In Straßburg finanzierte Gutenberg über eine von ihm gegründete Gesellschaft zunächst die Entwicklung eines technischen Verfahrens, das die Massenproduktion von Heilsspiegeln erlaubte, kleinen in Metall gefassten Rundspiegeln, mit denen man auf einer Wallfahrt den von den gezeigten Reliquien ausströmenden Segensschein auffangen wollte. Die Finanzierungsgesellschaft verfolgte aber noch ein zweites und zwar geheimes Projekt, bei dem eine von einem Drechsler gebaute hölzerne Presse zum Einsatz kam und es um das „trucken" ging. Wir wissen davon dank eines Prozesses, der nach einem Streit zwischen Gutenberg und seinen Mitgesellschaftern von den Letzteren angestrengt wurde und dessen auf den 12. Dezember 1439 datiertes Urteil sich erhalten hat. Das alles deutet darauf hin, dass Gutenberg schon in seiner Straßburger Zeit in der Metallverarbeitung versiert war und in den 1430er Jahren mit der Drucktechnik experimentierte. Ob die Experimente freilich so weit gediehen, dass er in Straßburg auch wirklich zu drucken in der Lage war, muss man wohl eher bezweifeln.[87]

Nicht zu bezweifeln ist indessen, dass Gutenberg nach seiner spätestens im Herbst 1448 erfolgten Rückkehr nach Mainz in kurzen Zeitabständen (1448, 1449 und im Winter 1452/53) drei Darlehen aufnahm, deren Summe in etwa dem Gegenwert von vier Stadthäusern entsprach und also einen auch heute noch beträchtlichen Kapitalbedarf darstellt. Das zweite und dritte dieser Darlehen stammte von dem Mainzer Patrizier Johann Fust (um 1400 – 1466), der mit dem dritten Darlehen Geschäftspartner Gutenbergs wurde; und zwar für ein

Seite aus der 42zeiligen Gutenberg-Bibel (B42), entstanden in Mainz ca. 1454. Abgebildet ist der Beginn des Buches Genesis mit großer „I"-Initiale aus dem Exemplar der Staats- und Universitätsbibliothek Göttingen, Bd. 1, fol. 5r. Format: 42 × 31 cm mit einem Satzspiegel von 29 × 19,5 cm.

Handgießinstrument. Von Gutenbergs Instrument hat sich nichts erhalten. Es sind auch keine Konstruktionspläne überliefert. Das von ihm benutzte Handgießinstrument muss aber dem hier abgebildeten aus funktionalen Gründen sehr ähnlich gesehen haben.

Unternehmen, das in den überlieferten Prozessakten aus dem Jahr 1455 – wie in Straßburg kam es auch in Mainz zum Streit zwischen den Geschäftspartnern – das „Werk der Bücher" heißt. Damit war nichts anderes gemeint als der Druck der 42zeiligen Bibel (B42), wie man aus einem auf den 12. März 1455 datierten Brief Enea Silvio Piccolominis (1405 – 1464), des späteren Papstes Pius II., weiß. Piccolomini schreibt in diesem Brief, er habe auf dem Frankfurter Reichstag im Oktober 1454 einige Quinternionen – aus fünf gefalzten Bögen bestehende Lagen – einer gedruckten Bibel zu sehen bekommen, deren Exemplare zu diesem Zeitpunkt bereits verkauft gewesen seien. Mit anderen Worten: Der Druck der B42 muss vor dem Oktober 1454 abgeschlossen gewesen sein.

Schon ein kurzer Blick in ein Exemplar dieser Bibel zeigt, dass Gutenberg und Fust beim Druck des Buches die ästhetischen Konventionen der handgeschriebenen Kodizes übernahmen. Das „Werk der Bücher" stellt daher keine ästhetische Innovation dar, sondern eine technische, deren Kern in einem auf den ersten Blick unscheinbaren Apparat liegt: dem Handgießins-

trument, mit dem bleierne Buchstaben – die „Lettern" oder „Typen" – in Serie hergestellt werden konnten. Dazu wurde zunächst das Abbild des herzustellenden Buchstabens spiegelverkehrt und erhaben in ein hartes und stabförmiges Metallstück eingraviert. Damit hatte man eine Patrize bzw. einen Stempel, den man mit einem Hammer in eine weiche Kupferplatte schlug, so dass in dieser ein seitenrichtiger und vertiefter Abdruck des Buchstabens entstand: die Matrize, die als Gussform in das Handgießinstrument eingespannt wurde. Da die Matrizen je nach Buchstabe unterschiedlich breit und hoch waren – ein „m" ist breiter als ein „i", ein „f" höher als ein „a" –, musste man das Handgießinstrument für die Matrizen variabel und dennoch passgenau so einstellen können, dass es beim Einfüllen der flüssigheißen Bleilegierung jederzeit dicht blieb. Nach dem Erkalten

Der Schriftgießer füllt das flüssige Blei mit einer Kelle in das Handgießinstrument ein. Vor ihm auf dem Ofen steht eine Schale mit dem flüssigen Metall. Holzschnitt aus dem Jahr 1568.

Blick in Gutenbergs Druckerei, wie sie ausgesehen haben könnte: Vorne nimmt der Setzer die Lettern aus dem Setzkasten und fügt sie zum Satz. Den zu setzenden Text hat er vor sich auf einem Klemmbrett. Links färbt ein Geselle mit Lederballen den Satz ein. Hinter dem Setzer steht die Druckerpresse, unter deren Tiegel das Satzschiff geschoben ist. Der Bengel, mit dem der Tiegel auf das Satzschiff drücken soll, wird hier von zwei Gesellen bedient. Die Person in rotem Mantel soll Gutenberg darstellen, wie er die gedruckte Seite korrekturliest. Hinter ihm an der Wand liegt der abgelegte Satz, über ihm sind die bedruckten feuchten Blätter zum Trocknen an einer Leine aufgehängt. Reproduktion eines Schulwandbildes etwa aus dem Jahr 1960.

des Bleis nahm man die seitenverkehrte Drucktype aus dem Handgießinstrument, brachte die Typen durch Feilen auf die gleiche Länge und legte sie letternweise in Setzkästen ab. Aus den Setzkästen bedienten sich die Setzer, die den zu druckenden „Satz" – gemeint ist damit die zu druckende Textseite – zunächst zeilenweise in einem Winkelhaken erstellten und die gesetzten Zeilen dann zur Spalte oder zur Textseite montierten. Die gesetzte Seite wurde schließlich auf dem Satzschiff abgelegt, genau justiert und mit Druckerschwärze, die man mit Lederballen auf die Lettern übertrug, eingefärbt. Auf diesen im Satzschiff liegenden Satz wurde ein Bogen feuchten und dadurch für die Druckerschwär-

ze aufnahmefähigeren Papiers gelegt und fixiert, man klappte einen Rahmen darüber, um zu verhindern, dass das Papier an den Rändern beim Drucken verschmutzt wurde – und zuletzt schob man das Satzschiff in die Druckerpresse unter den Tiegel, der mit einem kräftigen Zug am Bengel auf das Papier gedrückt wurde und den Text auf das Papier übertrug. Damit war der Druckvorgang auf der Vorderseite des Papierbogens abgeschlossen und konnte für die Rückseite des Bogens in exakt derselben Weise wiederholt werden.[88]

Man mag sich darüber wundern, dass dieses komplizierte und aufwendige technische Verfahren mit seinem enormen Kapitalbedarf dazu diente, etwas hervorzu-

Typeninventar der 42zeiligen Bibel. Oben die ursprünglichen Formen, unten die später hergestellten Typen. Um den Satz möglichst nah am Vorbild der Handschrift halten zu können, wurden von einem Buchstaben mehrere Varianten gegossen, mit deren Hilfe die Spalten in nahezu perfektem Blocksatz gesetzt werden konnten.

bringen, was die Zeitgenossen Gutenbergs zur Genüge kannten: einen Kodex, der aussah wie andere ästhetisch gelungene Kodizes auch. In der Tat darf man, will man das Potenzial von Gutenbergs Erfindung beurteilen, den Blick nicht auf Oberfläche und Gestalt der B42 richten, sondern muss die technische Logik des Handgießinstruments betrachten. Sie besteht erstens darin, Buchstaben nicht einfach als reproduzierbare Muster zu betrachten – ein „a" muss immer als „a" erkennbar sein, ein „b" als „b" usw. –, sondern die Produktion des Musters vom Menschen auf einen technischen Apparat zu übertragen. Das impliziert zweitens, dass sowohl bei der Herstellung des technischen Musters als auch bei der Produktion der

mittels des Musters erzeugten Buchstaben eine Normierung greift, die dafür sorgt, dass jeder über das Muster produzierte Buchstabe ein identisches Exemplar des Musters ist. Das heißt, dass der von einer bestimmten Matrize gegossene Buchstabe, sagen wir ein „a", nicht nur als ein in einer bestimmten Varianz vorkommendes „a" erkennbar ist, sondern alle von ein und derselben Matrize stammenden „a" exakt die gleichen Eigenschaften haben. Drittens aber geht es bei diesem über normierte Muster laufenden Produktionsprozess natürlich nicht um die Herstellung eines unikalen Druckwerks, sondern darum, von der Mikrologik der seriellen Herstellung von identischen Buchstaben zur Makrologik der Massenproduktion von identischen Büchern überzugehen. Eine solche Massenproduktion ist freilich nur sinnvoll, wenn der in Massen produzierte Gegenstand auch abgesetzt werden kann. Das aber war bei der 42zeiligen Bibel der Fall: In den reformfreudigen Zeiten des Konstanzer (1414–1418) und Basler (1431–1449) Konzils hatte die Kirche ihr Interesse an einem gesicherten und in allen umlaufenden Exemplaren einer Bibel oder eines Messbuchs identischen Text erkennen lassen, und ebendieses Interesse ließ sich dank der Erfindung Gutenbergs aufs Beste bedienen. Wir wundern uns daher nicht, dass es Gutenberg von Beginn an um die Herstellung eines Buches für den Kirchengebrauch ging, anfangs um ein Messbuch (Missale), später um die Bibel: Hier fand er den benötigten Abnehmerkreis für seinen in einer Auflage von etwa 180 Exemplaren – davon 40 auf Pergament und 140 auf Papier – gedruckten Kodex; und zugleich konnte er damit rechnen, dass seine Erfindung durch ihre Bewährung im Bibeldruck und durch die Abnahme der Bücher seitens der Kirche ihre Approbation erhalten würde.[89]

Das eigentliche Entwicklungspotenzial der Gutenbergischen Erfindung liegt freilich nicht im Druck hochwertiger und hochpreisiger Kodizes für einen vermögenden und daher überschaubaren Abnehmerkreis. Es liegt vielmehr in der Ausweitung der Massenproduktion für einen Markt, auf dem sich Produzent und Abnehmer nicht mehr persönlich kennen müssen, sondern in ein anonymes und durch Geld vermitteltes Tauschgeschäft eintreten. Das hat – man muss sich das möglichst deutlich vor Augen halten und kann es nicht

Zyprischer Ablassbrief mit 31 Zeilen, 1454 von Gutenberg in Mainz gedruckt.
Das abgebildete Exemplar wurde am 10. April 1455 für Hinrik Steynbergh ausgestellt.

oft genug wiederholen – darin seinen Grund, dass auf der Basis des Handgießinstruments die Kodizes zu technischen Serienprodukten werden: Von der Matrize über die Drucktype bis hin zum Druckwerk selbst ist jedes Element des Druckvorganges ein über ein technisches Muster erzeugtes Stück einer Serie, völlig identisch mit den anderen Stücken derselben Serie. Für diese Art von Produktion aber gilt, dass die Herstellungskosten für das einzelne Serienstück in dem Maße fallen, wie die Stückzahl innerhalb der produzierten Serie zunimmt; und das wiederum erlaubt, den Verkaufspreis für das einzelne Serienstück zu senken und dennoch Gewinn zu machen. Diese neue Logik der Produktion machte

sich schon sehr früh bemerkbar, als Gutenberg neben dem zusammen mit Fust betriebenen aufwendigen Druck der B42 – das im Mainzer Humbrechthof untergebrachte Unternehmen hatte wahrscheinlich zwei Jahre lang mit rund 20 Mitarbeitern sechs Druckerpressen im Einsatz, für die man insgesamt rund 60 000 Drucktypen hatte gießen müssen – in einer separaten Werkstatt sich an den Druck auflagenstarker Kleinschriften machte. Hierher gehört der im Auftrag der Kirche und aus Anlass der Bedrohung Zyperns durch die Türken im Jahre 1454 von Gutenberg auf Pergament gedruckte 31zeilige Ablassbrief, auf den der inzwischen mit Gutenberg zerstrittene Fust im Jahr darauf mit einem 30zeiligen

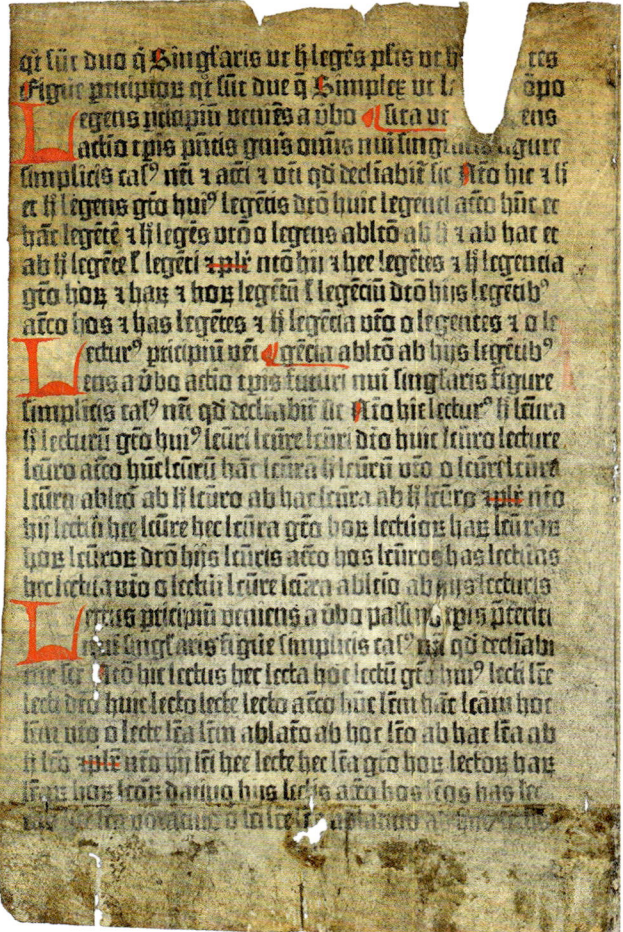

Seite aus der lateinischen Schulgrammatik des Aelius Donatus, in den 1450er Jahren von Gutenberg in Mainz gedruckt.

Konkurrenzprodukt antwortete. Und hierher gehört die lateinische Schulgrammatik des Aelius Donatus (ca. 320 – 380), die zwar nicht sicher datierbar ist, aber mit einiger Wahrscheinlichkeit ebenfalls schon in den frühen 1450er Jahren von Gutenberg gedruckt wurde, und zwar ebenfalls auf Pergament, um sie möglichst dauerhaft im Schulunterricht einsetzen zu können. Anderes dieser Art folgte rasch: die zwischen Sommer 1455 und April 1456 gedruckte *Türkenbulle* von Papst Calixtus III. (1378 – 1458), ein 1457 gedrucktes Verzeichnis von Erzbistümern und Bistümern (*Provinciale Romanum*), ein *Aderlass- und Laxierkalender* auf das Jahr 1457, ein in den späten 1450er Jahren hergestellter Einblattdruck, der die Tage des Festkalenders auflistet (*Cisianus*), ein

um dieselbe Zeit entstandener astronomischer Kalender und nicht zu vergessen die wahrscheinlich ebenfalls in den späten 1450er Jahren gedruckte *Sibyllenweissagung.* Alle diese mit einer anderen Type als jener der B42 gedruckten Kleinschriften stehen ästhetisch weit vom „Werk der Bücher" ab. Aber sie waren in ihrer unmittelbar praktischen Verwendbarkeit für einen Markt gedacht, auf dem sie in hoher Auflage – für die Ablassbriefe liegen die Auflagen bei mehreren Tausend Exemplaren pro Brief, in einem Fall ist eine Auflage von 190 000 Exemplaren nachgewiesen – Gewinn erzielen sollten und das auch taten.[90]

Ihren Abschluss findet die im Handgießinstrument und damit in der Mikroebene der Drucktechnik beschlossene Logik der Serie auf der Makroebene schließlich in der Vervielfältigung der Druckereien. Gutenberg selbst hatte damit begonnen, als er eine zweite Druckwerkstatt neben der gemeinsam mit Fust betriebenen einrichtete. Bald darauf folgte in Bamberg Albrecht Pfister (um 1420 – 1466) mit seiner Werkstatt, in der er 1459 eine 36zeilige Bibel und 1461 die spätmittelalterliche Fabelsammlung *Der Edelstein* druckte; und etwa zur selben Zeit, um 1460, stellte in Straßburg Johannes Mentelin (ca. 1410 – 1478) eine 49zeilige Bibel her. Man kann sich das nur dadurch erklären, dass sie von Gutenberg in die Geheimnisse der Drucktechnik eingeweiht worden waren, denn von Fust und Peter Schöffer (um 1425 – 1502), der als neuer Geschäftspartner und späterer Schwiegersohn Fusts zu Ruhm und Ehre kam, ist bekannt, dass sie an der Geheimhaltung der Drucktechnik festhielten, offenbar darauf spekulierend, dass sich dadurch exklusivere Bücher mit einem höheren Gewinn absetzen ließen. Tatsächlich druckten sie in Mainz den prächtigen und aufgrund seines Mehrfarbendrucks satztechnisch anspruchsvollen und wohl auf Gutenbergs Vorarbeiten direkt zurückgreifenden *Mainzer Psalter,* der als erste Inkunabel – so nennt man die bis zum 31. Dezember 1500 gedruckten Bücher – der Geschichte genau datierbar ist (laut Kolophon wurde der Druck am 14. August 1457 beendet); und im Jahre 1462 folgte die nicht minder prächtige 48zeilige *Biblia latina,* die das erste bekannte Druckersignet enthält. Aber das lag schon an der Grenze des exklusiv Begrenzbaren, denn als im Jahre

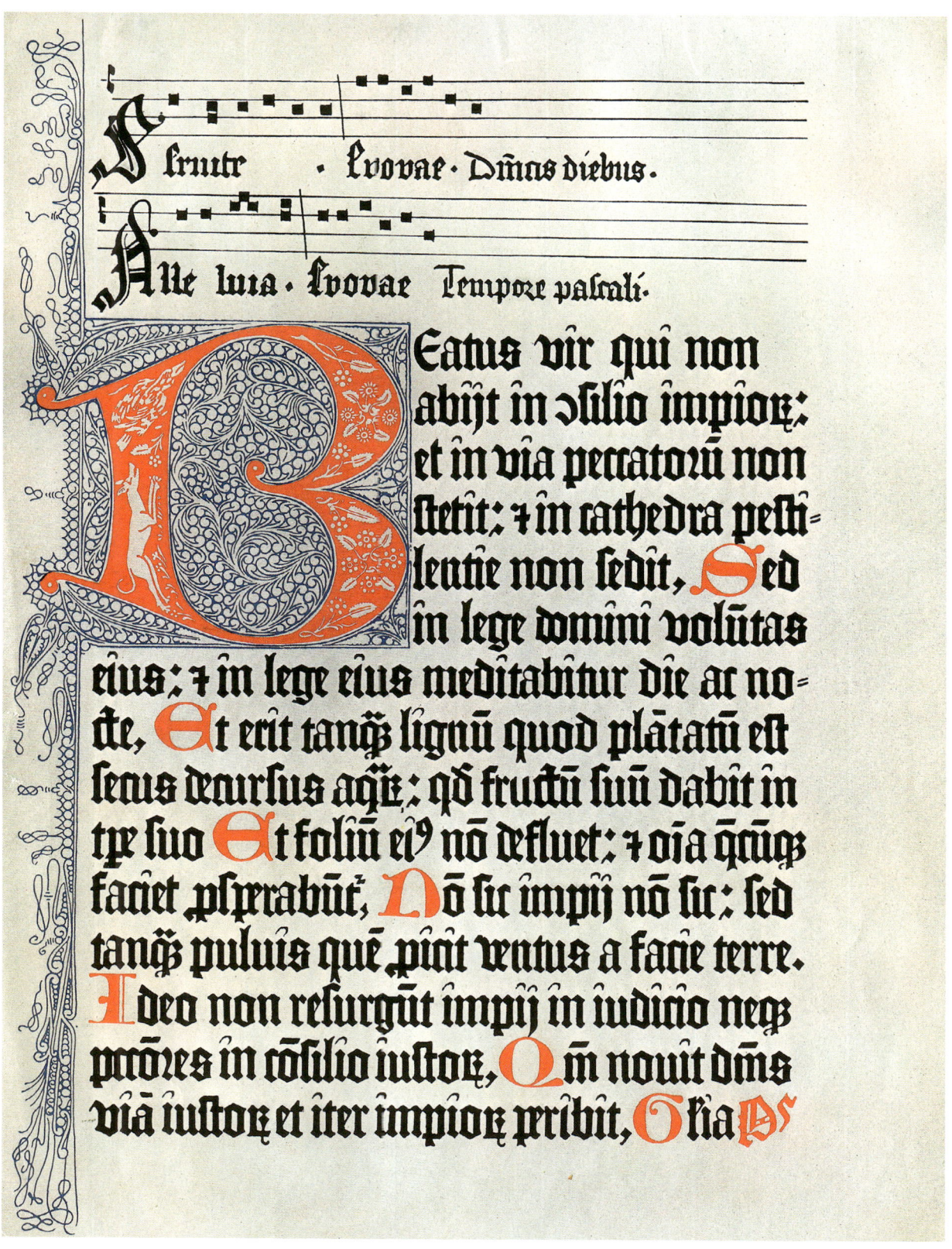

Mainzer Psalter. Der Abschluss des Drucks ist datiert auf den 14. August 1457.

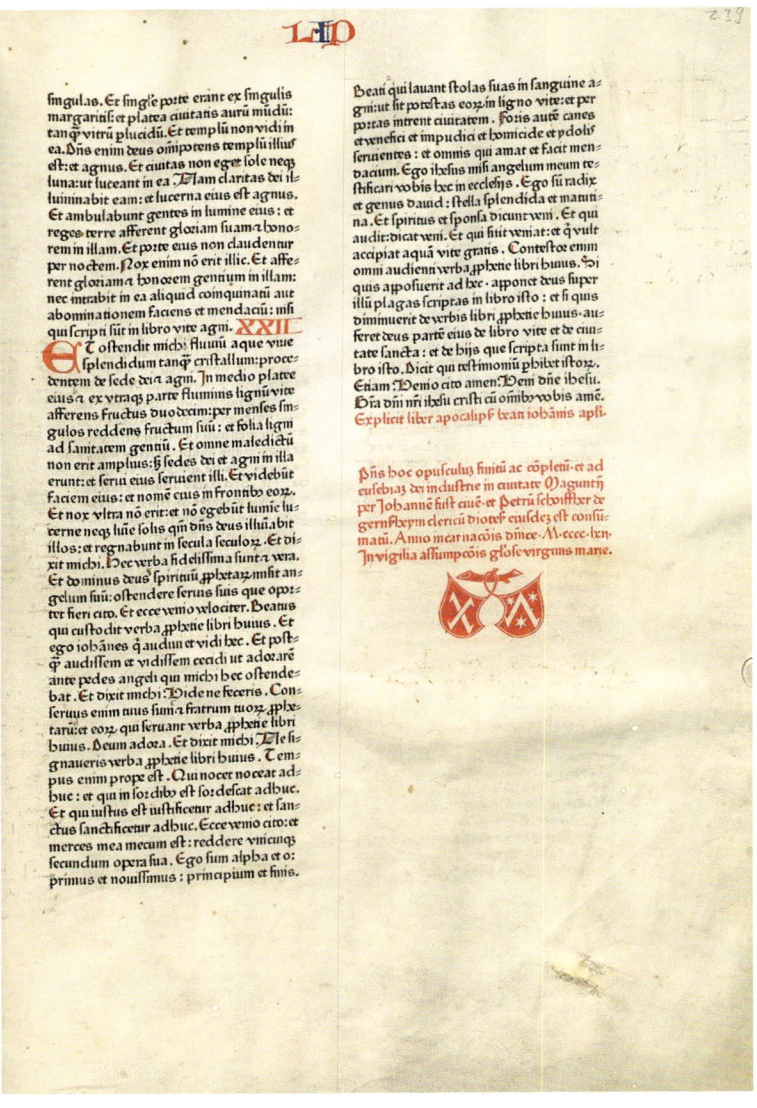

Biblia latina. Mainz, Werkstatt von Fust und Schöffer. Abgebildet ist aus Bd. 2 fol. 239r mit dem rot gedruckten Kolophon, in dem das Druckjahr 1462 angegeben ist und das erste Druckersignet erscheint.

1462 Mainz im Zuge der Auseinandersetzung um die Besetzung des erzbischöflichen Stuhles geplündert und die Anhänger des unterlegenen Erzbischofs Diether von Isenburg (1412 – 1482) vertrieben wurden, scheinen zu den Vertriebenen auch Gutenberg und seine Mitarbeiter gehört zu haben, die ihre drucktechnische Kompetenz nun in die Welt trugen und dafür sorgten, dass es an vielen Orten und recht rasch zur Etablierung von Drucke-

reien kam: in Subiaco bei Rom (1465), in Köln (1466), Basel (1468), Augsburg (1468), Venedig (1469), Paris (1470) – und so weiter in immer größeren geographischen Ausgriffen nach Westen (Zaragoza 1475, London 1476), Norden (Stockholm 1483), Osten (Krakau 1474) und Süden (Neapel 1470).[91]

Wie schnell dabei aus einem technikgestützten Handwerk ein verschiedene Handwerke manufakturiell zusammenfassender Produktionsprozess im Rahmen eines Großbetriebs werden konnte, zeigt das 1470 von Anton Koberger (um 1440 – 1513) in Nürnberg begründete Unternehmen. Es war mit wahrscheinlich 24 Druckerpressen und 100 Mitarbeitern vom Schriftgießer bis zum Illuminator und Dependancen in zahlreichen europäischen Städten (u. a. Venedig, Mailand und Paris) das größte Druckunternehmen der Inkunabelzeit, in dem mit der *Schedel'schen Weltchronik* das damals verlegerisch größte Buchprojekt entstand. Dieses 1493 in einer lateinischen und einer deutschen Version erschienene großformatige Buch (ca. 47,4 × 32,5 cm) ist nicht nur das Gemeinschaftswerk vieler Akteure, unter denen Hartmann Schedel (1440 – 1514) als hauptsächlicher Verfasser der ursprünglichen lateinischen Textvorlage oder Albrecht Dürer (1471 – 1528) als gelegentlicher Illustrator keineswegs produktionsbestimmend herausragen, sondern es steht auch auf der Grenze zweier Herstellungsmethoden, die es mit hohem Aufwand integriert: Der Text wurde typographisch gesetzt, wobei man die Ausführung der Initialen immer noch einem Rubrikator überließ – der *Mainzer Psalter* hatte das schon anders gelöst –, und die 1803 enthaltenen Illustrationen wurden als Holzschnitte ausgeführt.[92]

Natürlich würde es zu kurz greifen, wollte man für die enorme Energie, mit der man allerorten Druckereien installierte, nur das auf Erfolg schielende ökonomische Kalkül der Beteiligten in Betracht ziehen. Denn die neue Technik bot nicht nur ökonomische Chancen, sondern barg auch Risiken, wie sich an der *Schedel'schen Weltchronik* zeigte, die kein Markterfolg wurde. Daher muss man neben der Ökonomie vor allem das Interesse humanistisch gesinnter Kreise an der neuen Technik beachten. Was nämlich die Drucktechnik schon früh für die Kirche so interessant gemacht hatte – dass man mit

Wienn ist ein weitberümbte statt in österreich an dem fluss der Thonaw gelegen. Derselb fluss taylet Bayer land.österreich vnd hungern vnd steyget durch Rasciam vnd Bulgariam mit.lr. schifreichen wassern ab in Eurinum vnnd berürt vil treffenlicher stett. vnder die ist kein habhafftigere.kein volckreichere.Kein eltere dann Wienn.die hawbtstatt der österreichischen stett vnd lands. Dise statt ist ettwen (als man in den alten freyhaiten d̄ herzog findet) Flauianum genant worden. nach Flauio dem keyser der an die Thonaw zohe gemercke zu zil des römischen rechs zesetzt vn daselb ist sol dise statt auß den gemercken den namen erlangt haben. Wenn nu die teütschen Flauian im nennen so sprechen sie mit verzucktem wort Flawienn. so ist mit on vrsach durch lennge der zeit der erst silb Fla (als sunst offt geschiht hingelegt vnd also Wienn bliben. vnd dise statt davon Wienn genant worden. Wiewol etlich maynen daz die statt vo d̄ klayne fluss genät ist zwische d̄ vorstett fleust vñ namen hab. Dise großmächtig statt ist in irem vmbkrays der mawrn zwaytausent schrit weit vmbfangen.hat auch groß vnd weyt vorstett mit ein graben vnd schut bewaret.so hat die statt auch einen großen graben vnd daran ein fast hohe auffgeworffne schütt. vnd dick vnd hoh zinnen. vil thürn vñ vorweer zum krieg geschickt.daselbst sind weyte vnd zierliche burgerhew ser.feste.hohe vnd starcke gepew.allain ist das ein vnzierde das der hewser vil mit schindeln vnd wenig mit zie geln gedeckt sein. Die andern gepew sind von staynem gemeüre.so sind wie dise hewser gemalet.also das sie innen vnd außen scheinen.wo du in eins yeden hawß eingeest so maynest du seyest in eins fürsten wonüg kome. Der edeln vñ prelaten hewser daselbst sind frey. Alda sind auch dem höhsten got vnd den heiligen weyte vnd schempere von gehawen staynen gepawte liechte. vnd ain ordnunge der sewln wunderwirdige gotzhewser gewehet. Item vil vnd köstlich heiltumb mit gold silber vnd edeln gestayn beklaidet. vnd ein grosser mächtiger zier der gotzhew ser. Dise statt ist in dem Passawischen bisthumb gelegen. vnnd die tochter der grösser daß die muter. Daselbst sind die vier öden der pettlenden. Auch die Schotten. Vnd sant Augustins Canonici regulares.gar reich gachtet. Auch innckfrawen clöster. Alda ist auch ain closter zu sant Jheronimus genant. darein bekert gemayn sünder frawen ge nomen werden.die tag vnd nacht in teütschem gezinge gotlblichs gesang singen. Welche dañ in widerkerunge der sünd begriffen wirdt.die wirdt in die Thonaw gestürzt. Aber sie füren daselbst also ain züchtig vñ heilig lebe das von ine gar selten ein böß gericht oder lewmat erhört werdt. In diser statt ist auch ain hohe schul der freyen künst. Auch der heiligen schuffe vnd geistlichs rechtens. aber doch new. vnd von babst Vrbano dem sechsten für

genomen. daselb ist komt ein merckliche grosse anzal der studenten auß hungern vnd öbern teütschen landen zusa men. Man maynt das der die zum heiligen sacrament geen bey fünfftzigtausent gefunden werde. So werde. xviij. maß zum rat gewelet. Auch ain richter der gerichtlichen sachen vnd hendeln vor ist. darnach ein burger maister d̄ gemayner statt sorg tregt. sunst sind nit ander öbern alda. dañ allain die die den wein zol einfordern. auff dieselb hat man in allen sachen ein auffsehen. vnd ir gewalt weret von ar zu iar. Es ist vnglewplich zesehen wievil vnd mancherlay dings zu menschlicher speyß vnd narung teglich in dise statt gebracht wirdt. Daselbst hin komen so wegen vnd karren mit ayern vnnd krebsen. Dahin bringt man gepachen prot. flaisch. fisch fögel on zal. vmb vesperzeit findst du nichtz mer derselben ding feil. da verzeiht sich das weinlesen vierzig tag. An keinem tag werden mit bey drey hundert mit wein geladen wegen gepraucht man teglich zum werck des weinlesens. Es ist vnglewplich zesagen wieuil weins in dise statt gefürt. vnd entweders daselbst außgetruncken oder ausser lands auff der Thonaw wider den fluss mit grosser müe vnd arbait geschickt wirdt. Die weinkeller sind also tieff vnd weit. das (als man maynt) zu Wienn nit vnder der erden dañ darob sein sol. Die gassen vnd strassen daselbst sind auch also mit hertte stayn gepflastert das das pflaster mit den raden der geladen wagen nit leichtlich zertriben werden mag. In den hew sern ist vil vnd rayns hawßgeschirr. weyte stallung der pferdt. vnd allerlay thier. allenthalben schwonbogen. ge welb vnd weyte lustgemach vnd stuben darin man sich wider die scherpffe des winters enthelter. allenth alben durchscheine glaserine fenster. so sind die thür gewonlich eyßnein. do hört man vil fögel gesangs. Bey den Wien nern sind selten alte geslecht sunder sie sind schier alle entweders daselbst hin einkomen oder frembt inwonere. die weil am iüngsten keyser Friderich der drit gegen Mathia dem hungrischen könig in feintschafft vnd krieg gestan den ist hat dise statt Wienn als die fürnemst der erblichen land desselben keyser Friderichs vil kriegs. vnfugs vil derwertigkeit vnd beschwerde darunter geliden von demselben hungrischen könig. der dann den Wienern vil schadens vnd dem kayser vil vnrats zugezogen vnd ime dise statt zu lest abgedrungen hat. Aber nach absterben königs Mathie hat keyser Friderich der drit yetz also alter dise statt zu lest widerüb durch seinen sün könig Maximilianum in seinen gewalt gebracht.

Wienn

Ansicht der Stadt Wien aus der Schedel'schen Weltchronik (Nürnberg 1493).

ihrer Hilfe einen standardisierten Text in großer Auflage bereitstellen konnte –, machte sie auch für die Humanisten interessant, die auf ihrer Suche nach authentischen Manuskripten aus Antike und Mittelalter auf eine Fülle varianter Abschriften und unbekannter Texte gestoßen waren, die man nun über den Druck zugänglich machen wollte. Dabei ging es keineswegs um eine einfache Ausweitung der überlieferten Textbasis, vielmehr ging es erneut um die Frage, die schon von Sîn-lēqi-unninni und später den alexandrinischen Philologen und noch

später den karolingischen Gelehrten als entscheidend für die Tradierung von Texten erkannt worden war: um die Feststellung des von einem bestimmten Verfasser stammenden authentischen Textes, also um den Abgleich und Ausgleich der in den umlaufenden Vorlagen zu findenden Textvarianten und um ihre Zuordnung zu einem Verfasser. Die viel beschworene „Wiederentdeckung" der antiken Autoren durch die Humanisten ist daher genau genommen ein Vorgang, bei dem sich die Suche nach druckenswerten Manuskripten mit der

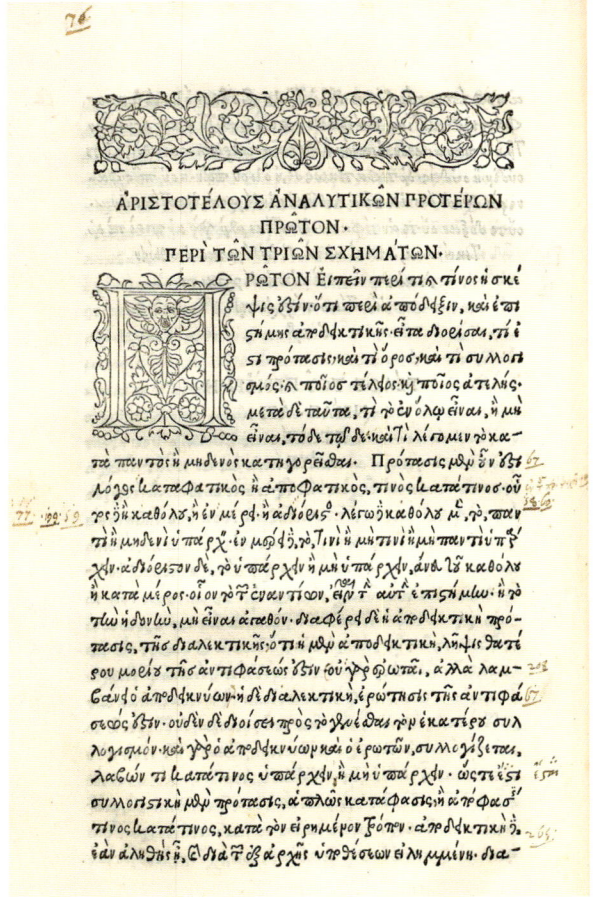

Seite aus der Aristoteles-Ausgabe des Aldus Manutius.

meerische Großmacht, die nicht nur über zahlreiche Besitzungen in Italien und entlang der Küste des Balkans verfügte, sondern sich auch Kreta einverleibt und mit venezianischen Kolonisten besiedelt hatte. Es war eine Stadt, die sich als kulturelle Drehscheibe zwischen dem ehemals lateinischen Westen und dem griechischen Osten verstand und in der eine starke griechische Minderheit den Einfluss der griechischen Kultur wachhielt, verstärkt noch durch Flüchtlinge, die nach der Eroberung Konstantinopels durch die Osmanen im Jahre 1453 ins Land gekommen waren. Das war das ideale Umfeld, in dem Aldus Manutius daranging, griechische Bücher zu drucken. Die Idee war nicht neu, und tatsächlich war das erste griechische Buch schon 1476 in Mailand gedruckt worden: die griechische Grammatik des aus Konstantinopel vertriebenen Humanisten Konstantin Laskaris (ca. 1433 – 1501), die Aldus 1495 nachdruckte. Aber Aldus wollte nicht einfach nachdrucken und dabei dieses oder jenes Detail verbessern, er wollte vielmehr die Edition griechischer Bücher auf eine neue Basis stellen, wie die von ihm zwischen 1495 und 1498 in fünf Bänden gedruckte Aristoteles-Ausgabe zeigt. Das Bahnbrechende dieser Ausgabe – die auch Werke des Aristoteles-Schülers und -Nachfolgers Theophrast enthielt – lag nicht einfach in ihrer bis dahin unbekannten Vollständigkeit und dem daraus resultierenden Umfang des Projekts, sondern darin, dass er zusammen mit der möglichst großen Vollständigkeit auch eine möglichst hohe Qualität der Texte erreichen wollte. Zu diesem Zweck ließ Aldus über Korrespondenten und Mittelsmänner aus ganz Europa Manuskripte der Werke des Aristoteles und des Theophrast nach Venedig kommen und zum Teil abschreiben, damit die Drucker den Text für den Satz auszeichnen konnten. Um aus den verfügbaren Handschriften den Drucktext zu erstellen, band Aldus den Sachverstand von Philosophen, Gräzisten und griechischen Muttersprachlern ein; und er stützte sich auf die typographische Kompetenz von Francesco Griffo (1450 – 1518), der die für den Nachdruck der Laskaris-Grammatik benutzte Type geschnitten hatte und nun auf ihrer Basis die „Aristoteles-Type" schuf.[93]

Das Ergebnis dieser kollektiven Anstrengung ist, von heute aus gesehen, durchwachsen. Denn erstens war es

Frage nach der Authentizität und Autorschaft der gefundenen Texte verband. Dabei fiel dem Buchdruck die Aufgabe zu, die in ihrer Authentizität und Autorschaft gesicherten Texte sowohl zu fixieren als auch zu verbreiten. Mit anderen Worten: Der Buchdruck entwickelte sich als integrales Moment der humanistischen Aneignung der Antike, einer Aneignung, in deren Zentrum der authentische Text und sein Autor standen.

In der Praxis bedeutete das, dass man sich bemühte, die philologischen und drucktechnischen Kompetenzen organisatorisch zusammenzuführen, um dadurch eine neue Qualität im Umgang mit den Texten zu erreichen. Am deutlichsten sichtbar wird das in der Druckwerkstatt des venezianischen Philologen Aldus Manutius (1449 – 1515). Venedig war damals eine durch den Seehandel zu Reichtum und Einfluss gekommene mittel-

Aldus keineswegs gelungen, für alle Aristoteles- und Theophrast-Texte die besten verfügbaren Handschriften zu finden, weshalb die philologische Qualität seiner Ausgabe von Band zu Band und Text zu Text schwankt. Zweitens bemühten sich die herangezogenen Experten zwar, die Handschriften zu kollationieren und die Texte nach bestem Wissen und Gewissen zu emendieren, also Fehler auszumerzen, aber der Zeitdruck, unter dem sie standen, Missverständnisse zwischen Editoren und Druckern und gelegentlich wohl auch eine gewisse Sorglosigkeit führten dazu, dass aus den zahlreichen Verbesserungen da und dort auch Verschlimmbesserungen wurden. Und drittens ging die von Griffo geschnittene Type auf eine zeitgenössische griechische Gelehrtenhandschrift zurück, die reichhaltig mit Ligaturen und Abkürzungen gespickt war, so dass die in dieser Schrift gesetzten Texte alles andere als leicht lesbar waren.

Trotz dieser Mankos bleibt festzuhalten, dass Aldus Manutius mit seiner Aristoteles-Ausgabe den Weg wies, den die Humanisten von nun an zu gehen hatten. Auf diesem Weg drehte es sich nicht nur darum, die Texte immer weiter zu verbessern, indem man für die Druckausgabe immer mehr Handschriften berücksichtigte und daher auf immer breiterer Textbasis kollationieren und emendieren konnte, sondern es ging auch darum, die Typographie so weiterzuentwickeln, dass die verbesserten Texte in einer verbesserten Form vermittelt werden konnten. Das nachdrücklichste Beispiel für diese humanistische Anstrengung ist die Etablierung der Antiqua als neuer Schrifttype. Die Humanisten, die die antiken Autoren in den aus karolingischer Zeit stammenden mittelalterlichen Handschriften lasen, waren davon ausgegangen, dass die karolingische Minuskel eine aus der Antike stammende Schrift sei, die sie folglich für die Druckausgaben der antiken Autoren einsetzen wollten, um auch formal einen möglichst authentischen und, wie sie überzeugt waren, elegant-lesbaren Text bieten zu können. Daher entwickelten sie aus einer typographischen Kombination von karolingischer Minuskel und römischer Monumentalschrift im letzten Drittel des 15. Jahrhunderts die Antiqua-Type, die rasch weite Verbreitung fand, besonders in der in Venedig von dem Franzosen Nicolas Jenson (1420 – 1480) entwi-

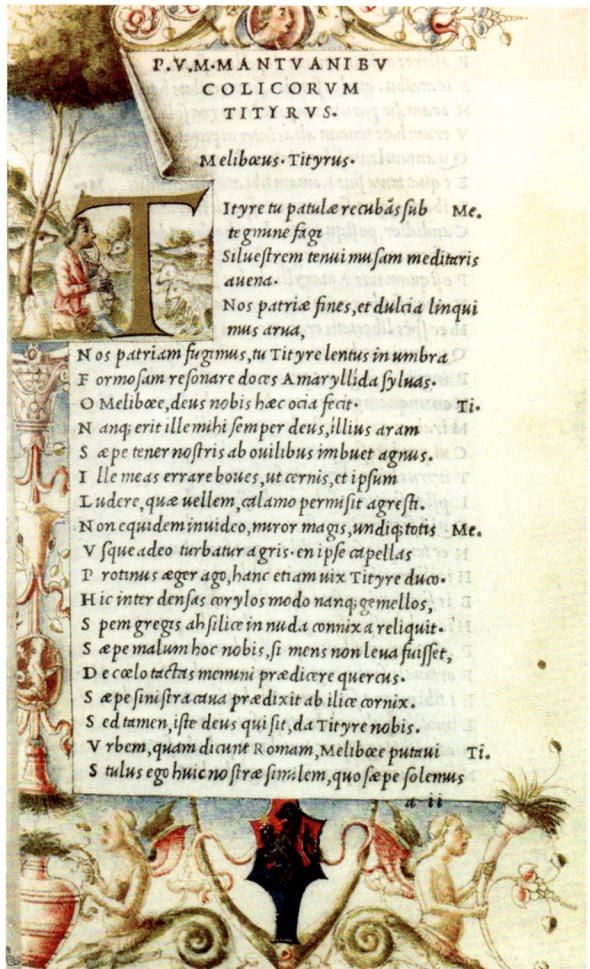

Erste Seite der von Aldus Manutius gedruckten Vergil-Ausgabe in kursiver Antiqua und im Oktav-Format (Venedig 1501).

ckelten Form. Aldus erweiterte die Antiqua am Ende des Jahrhunderts für seine gedruckten lateinischen Texte um eine von Griffo geschnittene kursive Variante, die Erasmus von Rotterdam (ca. 1467 – 1536) als die „sauberste Drucktype der Welt" lobte. Und als Aldus die lateinischen Klassiker zugleich im kleinen Oktavformat anbot, setzte er ein typographisches Signal, das bis heute weiterwirkt. Bis dahin nämlich war die hohe Literatur in großen Folianten zu finden gewesen, die an das Buchformat der Heiligen Schrift anschlossen, um so das intellektuelle Gewicht dieser Literatur zu repräsentieren und zugleich zum Ausdruck zu bringen, dass ihre Aneignung und Pflege keine Privatsache sei, sondern im

Kontext von Schule und Hochschule stattzufinden habe. Mit den von Aldus gedruckten Oktavbänden aber wird die hohe Literatur nach dem Vorbild der kleinformatigen spätmittelalterlichen Stundenbücher nun zu einer Angelegenheit, die man als eine private von der Welt der öffentlichen Geschäfte trennen und daheim im stillen Lesezimmer, vielleicht sogar draußen in einsamer Natur betreiben konnte. Um es auf eine Formel zu bringen: Das Buch im Oktavformat wurde von nun an zum persönlichen Besitz, und seine Lektüre wurde Privatsache.[94]

Die von den Humanisten erstrebte Verbesserung der philologisch-typographischen Standards war freilich nur dadurch zu erreichen, dass man die Kontakte zu gleichgesinnten Druckern und Philologen intensivierte, um sich gegenseitig Manuskripte und Bücher zugänglich zu machen, voneinander zu lernen und die neuen Standards europaweit durchzusetzen. Wollte man das sich daraus entwickelnde Beziehungsgeflecht wenigstens andeutungsweise skizzieren, müsste man mit dem unermüdlich durch Europa reisenden Erasmus von Rotterdam beginnen. Er hielt sich im Jahre 1508 bei Aldus in Venedig auf, wo er die Texte für die von Aldus veranstalteten Ausgaben von Plautus, Terenz und Seneca edierte und die vermehrte Neuausgabe seiner Sprichwortsammlung *Adagia* vorantrieb, die noch im selben Jahr bei Aldus erschien. Ab 1514 aber war er in Basel bei dem ehemaligen Koberger-Mitarbeiter Johann Froben (ca. 1460–1527), der im Jahr zuvor einen in Antiqua gesetzten Nachdruck der *Adagia* herausgebracht hatte und mit dem zusammen er nun weitere, stets vermehrte Ausgaben dieses Werkes veranstaltete. Und mit Froben machte er sich an die Neuedition des Neuen Testaments, das 1516 erschien und auf rund 1000 Seiten den von Erasmus korrigierten griechischen Text zusammen mit einer lateinischen, von Erasmus besorgten Übersetzung bot. In Basel war Froben freilich weder der erste noch der einzige Drucker. Vielmehr hatten sich seit der Ankunft des ehemaligen Gutenberg-Gesellen Berthold Ruppel († ca. 1495) im Jahre 1468 in Basel mehrere Werkstätten etabliert, deren wichtigste die von Johann Amerbach (1444–1514) war, der nach seiner Lehrzeit bei Koberger nach Paris gegangen und bei dem aus Basel stammenden Theologen und zeitweiligen Rektor der

Sorbonne Johann Heynlin (1430–1496) studiert hatte. Mit Heynlin war er nach Basel gekommen und hatte den dort etablierten Buchdruck kennengelernt. Aber während Heynlin wieder nach Paris ging und an der Sorbonne um 1470 die erste universitäre Druckerei einrichten ließ, ging Amerbach zunächst nach Rom und Venedig, um mehr von der neuen Technik und ihren Möglichkeiten in Erfahrung zu bringen. Nach seiner Rückkehr nach Basel baute er eine eigene Druckerei auf, in der er 1478 Johannes Reuchlins (1455–1522) *Vocabularius breviloquus* herausbrachte, eine Art Lateinlexikon, um in späteren Jahren u. a. mit dem inzwischen erneut nach Basel zurückgekehrten Heynlin und dem in Basel die Rechte lehrenden Sebastian Brant (1458–1521) als Editoren und Korrektoren zusammenzuarbeiten und mit Froben und Johann Petri (1441–1511) ein gemeinsames Druckunternehmen zu gründen. In dieses Beziehungsgeflecht gehört auch Willibald Pirckheimer (1470–1530) mit dem Nürnberger Humanistenkreis, zu dem u. a. Hartmann Schedel, Albrecht Dürer und Conrad Celtis (1459–1524) zählten. Pirckheimer war nach seinem Studium in Italien mit Übersetzungen klassischer Texte sowohl ins Deutsche als auch vom Griechischen ins Lateinische hervorgetreten und stellte sich in dem 1510 ausgebrochenen Streit zwischen Reuchlin und dem konvertierten Juden Johann Pfefferkorn (1469–1524) um die Frage, ob die jüdische Literatur zu konfiszieren und zu vernichten sei, auf die Seite Reuchlins. Dieser hatte sich in einem von Kaiser Maximilian I. erbetenen Gutachten gegen die von Pfefferkorn geforderte Vernichtung ausgesprochen und war dafür von Pfefferkorn heftig angegriffen worden.[95]

Das war eine Auseinandersetzung, die die damalige gelehrte Welt in Atem hielt, eine Auseinandersetzung, in welcher der Kaiser, der Papst und die Universitäten Köln, Paris, Löwen, Erfurt und Mainz involviert waren. Ihr wirkungsvollster literarischer Niederschlag waren die *Epistolae obscurorum virorum* (die *Dunkelmännerbriefe*), eine 1515 erschienene – und 1517 erweiterte – Sammlung fingierter Briefe, in denen der universitären Theologie Nahestehende – die Kölner Dominikaner gaben das Modell dazu ab – für Pfefferkorn und gegen Reuchlin Partei ergriffen; sie taten dies aber in einer

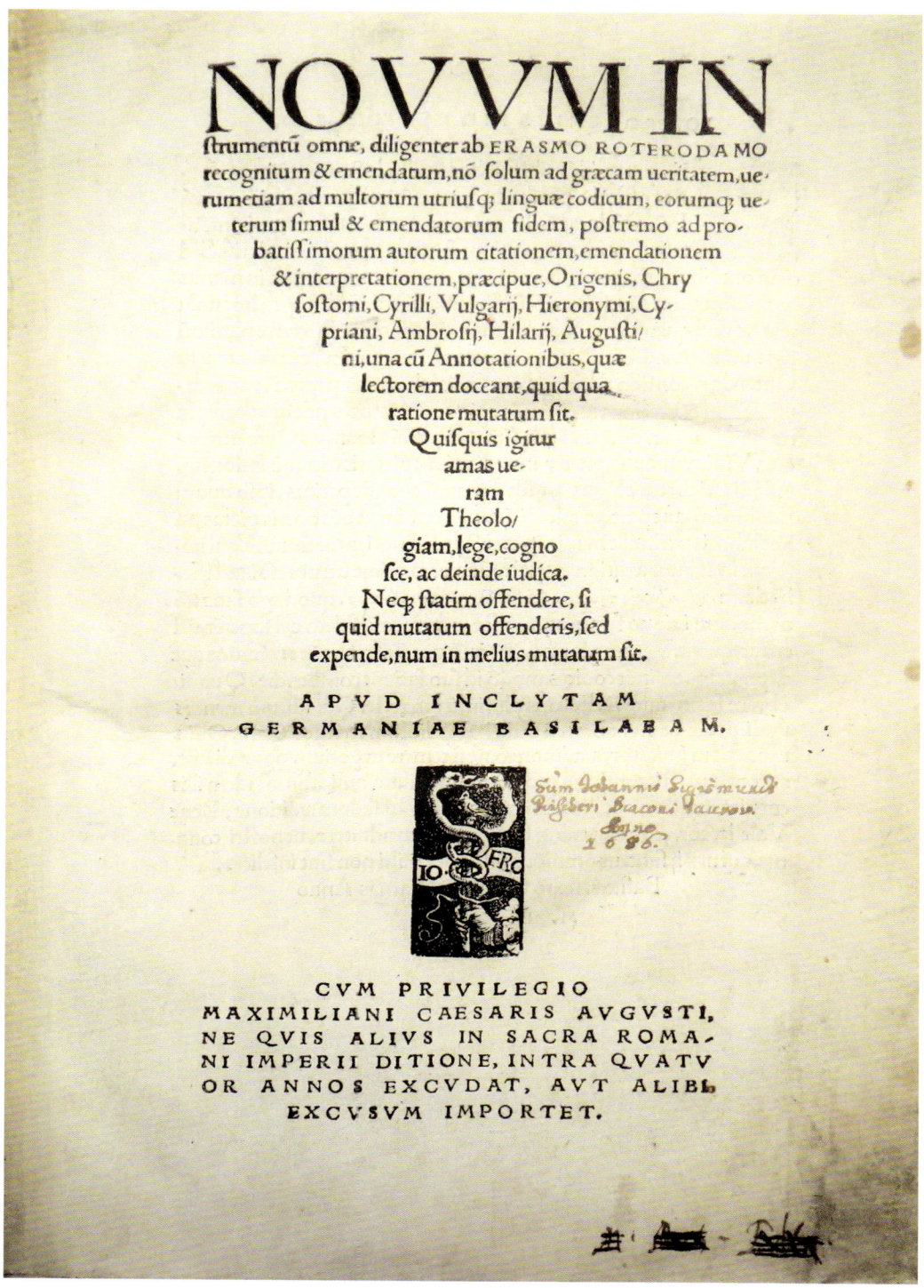

NOVVM IN

strumentũ omne, diligenter ab ERASMO ROTERODAMO
recognitum & emendatum, nõ solum ad græcam ueritatem, ue-
rumetiam ad multorum utriufq; linguæ codicum, eorumq; ue-
terum simul & emendatorum fidem, postremo ad pro-
batissimorum autorum citationem, emendationem
& interpretationem, præcipue, Origenis, Chry
sostomi, Cyrilli, Vulgarij, Hieronymi, Cy-
priani, Ambrosij, Hilarij, Augusti/
ni, una cũ Annotationibus, quæ
lectorem doceant, quid qua
ratione mutatum sit.
Quisquis igitur
amas ue-
ram
Theolo/
giam, lege, cogno
sce, ac deinde iudica.
Neq; statim offendere, si
quid mutatum offenderis, sed
expende, num in melius mutatum sit.

APVD INCLYTAM
GERMANIAE BASILAEAM.

CVM PRIVILEGIO
MAXIMILIANI CAESARIS AVGVSTI,
NE QVIS ALIVS IN SACRA ROMA-
NI IMPERII DITIONE, INTRA QVATV
OR ANNOS EXCVDAT, AVT ALIBI
EXCVSVM IMPORTET.

Titelblatt der Ausgabe des Neuen Testaments von Erasmus von Rotterdam, 1516 bei Froben in Basel gedruckt. Das Titelbatt gibt den Buchtitel an (Novum instrumentum omne), den Druckort (apud inclytam Germaniae Basilaeam) und mittels der Druckermarke auch den Drucker. Das unterhalb der Druckermarke stehende Druckerprivileg schützt das Buch vier Jahre lang vor Nachdruck im Deutschen Reich. Handschriftliche Zusätze am rechten Rand und Besitz-vermerk unterhalb des Privilegs aus späterer Zeit.

Weise, die dem humanistischen Stilideal gebildet-eleganten Lateins ebenso zuwiderlief wie dem für die Debatte zu fordernden intellektuellen Niveau. Kurzum, die Verteidiger Pfefferkorns und Gegner Reuchlins wurden in den *Dunkelmännerbriefen* bloßgestellt. Das alles bildete den Auftakt zu jenem großen kirchenpolitischen Konflikt, der die westliche Christenheit spalten sollte: der Reformation. Denn hinter der von Pfefferkorn aufgeworfenen Frage, wie mit der jüdisch-hebräischen Literatur umzugehen sei, verbarg sich die ganz andere Frage, ob die Kirche als Institution mitsamt ihren theologischen Fakultäten hierzu überhaupt ein sachhaltiges Urteil abgeben konnte oder ob ein solches Urteil nicht viel eher denen zukam, die sich in der Sache – hier also der theologischen Relevanz der jüdisch-hebräischen Literatur – auch wirklich auskannten, selbst wenn sie außerhalb kirchlicher Ämter und außerhalb der Universitäten agierten. Das lief zuletzt auf einen Konflikt zwischen institutionell approbierten Experten (den universitären Theologen mit kirchlichem Lehramt, den kirchlichen Amtsträgern) und einer Öffentlichkeit hinaus, die die Erfahrung machen musste, dass die von den Institutionen repräsentierte Bildung keineswegs die einzig mögliche und keineswegs die beste aller möglichen war. Dabei ließ sich das humanistische Anliegen, die antik-paganen ebenso wie die christlichen Quellentexte ungehindert zugänglich zu machen, sehr schnell in den völlig neuen Rahmen einfügen, der durch Quellenkritik die Basis für einen erneuerten Glauben schaffen wollte, einen Glauben, der von den historisch eingerissenen Fehlinterpretationen der Glaubenssätze und den damit legitimierten Missbräuchen gereinigt wäre. Das eben war das Anliegen Martin Luthers (1483 – 1546), aus dessen Perspektive – und aus der Perspektive seiner Anhänger – der Streit zwischen Pfefferkorn und Reuchlin die direkte Vorgeschichte seines eigenen Kampfes bildete. Während jedoch Reuchlin im Streit mit Pfefferkorn und den auf Pfefferkorns Seite agierenden Kölner Dominikanern am Ende unterlag und der Papst ihm 1520 Stillschweigen gebot, war Luther durch einen einfachen Befehl des Papstes oder des Kaisers nicht mehr zum Schweigen zu bringen.[96]

Das lag nicht nur an dem ganz anderen Charakter Luthers, sondern gerade auch daran, dass in den Debatten der Zeit das Moment der Öffentlichkeit zunehmend an Gewicht gewann. Die Humanisten hatten das vorbereitet, als sie im Streit um die Auslegung von Texten, um quellenkritische Entscheidungen oder um literarische Rangfragen das Medium des Buchdrucks nutzten, so dass jeder des Lesens und der lateinischen Sprache Kundige an den Auseinandersetzungen teilnehmen und sich sein eigenes Urteil bilden konnte. Um das Jahr 1500 aber änderten sich die Dinge. Es ging nun nicht mehr um gelehrten Streit innerhalb überschaubarer Expertenzirkel, es ging vielmehr zunehmend um die Einbindung des Volkes in die erwünschten Bildungsprozesse und schließlich, als der Konflikt um die Zukunft des Christentums und der Kirche immer lauter ausgetragen wurde, darum, die Öffentlichkeit gegen die Experten auszuspielen, um Entscheidungen gegen die Experten und die sie stützenden Institutionen der Universitäten und der Amtskirche zu erzwingen. Dazu brauchte es ein volkssprachliches Schrifttum, das es in humanistischem Sinn und in gedruckter Form in Deutschland seit Heinrich Steinhöwels (1411 – 1479) im Jahre 1476 in Ulm erschienenen lateinisch-deutschem *Aesop* gab. Dessen Publikum war, ebenso wie das Publikum der humanistischen Novellen, die Niklas von Wyle (1415 – 1479) übersetzte, das gebildete städtische Publikum. Diese überschaubaren Kreise hatte die *Schedel'sche Weltchronik* 1493 bereits zu überschreiten versucht, aber es gelang erst Sebastian Brant mit seinem *Narrenschiff*, das 1494 in Basel „uff die Vahsenaht" erschien, die engeren und aufs Lateinische orientierten Humanistenzirkel auch wirklich hinter sich zu lassen: Das *Narrenschiff* wurde in kurzer Zeit ein deutscher Bucherfolg und, als man es 1497 ins Lateinische und von dort aus in die Nationalsprachen übersetzte, auch ein europäischer. Ein wesentlicher Faktor für diesen Erfolg waren die Holzschnitte – überwiegend wohl aus der Hand Albrecht Dürers –, welche die Texte nicht nur mehr oder weniger direkt illustrierten, sondern gerade auch dem leseunkundigen Publikum erklären sollten, um was es ging. So hatte es Brant gleich in seiner Vorrede als Programm formuliert: „Wer yeman der die gschrifft veracht / Oder villicht die nit künd lesen / Der sieht jm molem wol syn wesen" – „Wenn jemand die Schrift verachten würde / Oder sie vielleicht nicht lesen könn-

Titelblatt des Narrenschiffs von Sebastian Brant, gedruckt 1494 in Basel. Abbildung verkleinert.

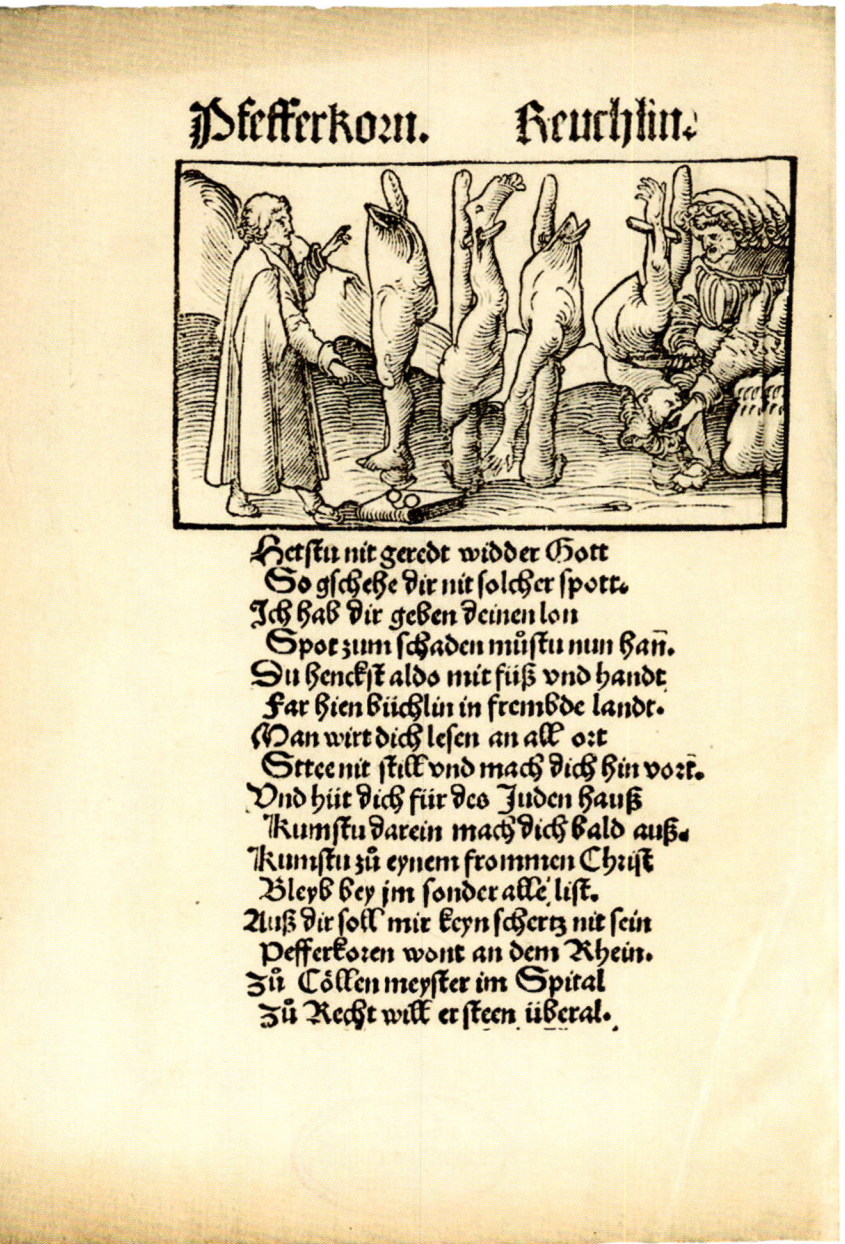

Pfefferkozn.   Reuchlin

Hetſtu nit geredt widder Gott
So gſchehe dir nit ſolcher ſpott.
Ich haß dir geben deinen lon
Spot zum ſchaden müſtu nun han.
Du henckſt aldo mit füß vnd handt
Far hien büchlin in frembde landt.
Man wirt dich leſen an all ozt
Stee nit ſtill vnd mach dich hin vozt.
Vnd hüt dich für des Juden hauß
Kumſtu darein mach dich bald auß.
Kumſtu zů eynem frommen Chriſt
Bleyß bey im ſonder alle liſt.
Auß dir ſoll mir keyn ſchertz nit ſeyn
Pefferkozen wont an dem Rhein.
Zů Cöllen meyſter im Spital
Zů Recht will er ſteen überal.

Illustration aus Johann Pfefferkorn: Ajn mitleydliche claeg vber alle claeg an vnsern allergnedichsten Kayser vnd gantze deutsche Nacion Durch Johannes Pfefferkorn gegen den ungetruwen Johan Reuchlin, unnd wydder seynen falschen raytschlack, vurmaß vur die trewloißen Juden und wydder mich geübt, und unchrystlichen ußgegossen (Köln 1521), S. 76. Reuchlin ist gevierteilt und gepfählt, die Brille auf dem Buch ein Hinweis auf Reuchlins vom Papst verurteilte Kampfschrift Augenspiegel (1511). „Augenspiegel" ist ein anderes Wort für „Brille". Eine Brille war auf dem Titelblatt des Augenspiegels abgebildet.

plaren – bekämpfte und das Gesagte durch Abbildungen unterstrich, die nicht mehr nur belehrende Satire, sondern oftmals drastische Polemik boten.[97]

Der größte Bucherfolg des Reformationszeitalters und der eigentliche Katalysator für die Durchsetzung des gedruckten Buches war freilich Luthers Bibelübersetzung. An ihrem Anfang stand das im September 1522 in Wittenberg in einer Auflage von 3000 Exemplaren und im Folioformat gedruckte Neue Testament („Septembertestament"), das bereits im Dezember des Jahres in einer verbesserten Auflage („Dezembertestament") erschien, die 1529 und noch einmal 1530 revidiert wurde. Parallel dazu machte sich Luther, unterstützt u. a. von dem zur reformatorischen Bewegung gestoßenen Humanisten Philipp Melanchthon (1497 – 1560), an die Übertragung des Alten Testaments, dessen einzelne Bücher von 1524 bis 1533 erschienen. Im Jahre 1534 kam es dann endlich zum Druck einer vollständig das Alte und das Neue Testament umfassenden deutschen Bibel. Die letzte von Luther betreute Bibelausgabe („Ausgabe letzter Hand") erschien 1545, ein Jahr vor Luthers Tod.

Das Erfolgsgeheimnis der Lutherbibel lag nicht darin, dass mit ihr die erste deutsche Bibelübertagung im Druck vorlag. Die erste deutsche gedruckte Bibel war vielmehr schon 1466 bei Johannes Mentelin in Straßburg erschienen, und auf sie waren weitere deutsche Bibeln gefolgt, u. a. eine 1483 von Koberger in zwei Bänden gedruckte und mit Holzschnitten versehene Ausgabe. Das Erfolgsgeheimnis lag vielmehr darin, dass Luther den humanistischen Impuls aufnahm und nicht aus dem tradierten Text der lateinischen Bibel, der

te / Der sieht im Holzschnitt [molem] wohl sein Wesen." Das machte das *Narrenschiff* zu einer wirkmächtig bebilderten Moralsatire, an die sich anknüpfen ließ. Das geschah zumal in den Auseinandersetzungen um die Reform der Kirche, als man sich im propagandistischen Medium der zumeist nur wenige Seiten umfassenden Flugschriften – von ihnen kursierten zwischen 1517 und 1530 rund 10 000 Stück in nahezu zehn Millionen Exem-

Vulgata, übersetzte, sondern aus den hebräischen und griechischen Urtexten, für die er die besten verfügbaren Ausgaben heranzog – für das Neue Testament war dies die zweite und verbesserte Ausgabe des Erasmus von Rotterdam aus dem Jahre 1519. Dadurch war es möglich, dem originalen Sinn der Texte ohne den Umweg über das Lateinische näher zu kommen; und da Luther versuchte, diesen originalen Sinn durch ein sinngemäßes (und also nicht wörtliches) Übersetzen ins Deutsche zu übertragen – wobei er darauf achtete, dass „der

gemeine man auff dem marckt" seine eigene Sprache in der Übersetzung wiederfand –, schuf er eine dem Originaltext nahe und dennoch höchst lesbare, weil der Sprache des Volkes verpflichtete Übersetzung. Sie wurde gestützt durch Vorreden und Randglossen, in denen er theologische Erläuterungen ebenso gab wie sprachliche und Sacherklärungen. Und schließlich fand der Leser in Luthers Übersetzung zahlreiche Holzschnitte aus der Werkstatt Lucas Cranachs (1472 – 1553), die ihm halfen, den Sinn der Texte zu verstehen und sich einzuprägen.

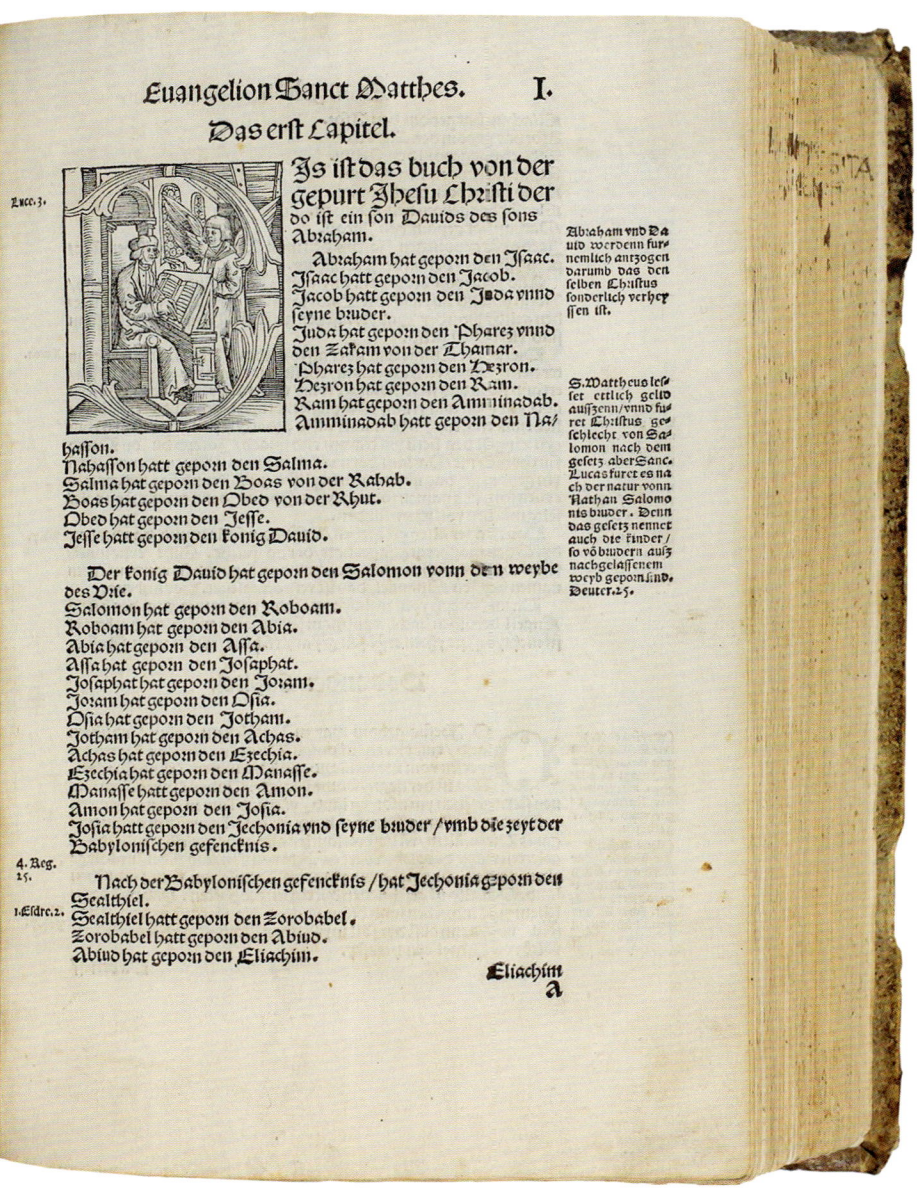

Das Newe Testament Deutzsch von Martin Luther, Wittenberg 1522 („Septembertestament"), fol. 1r mit dem Beginn des Matthäusevangeliums.

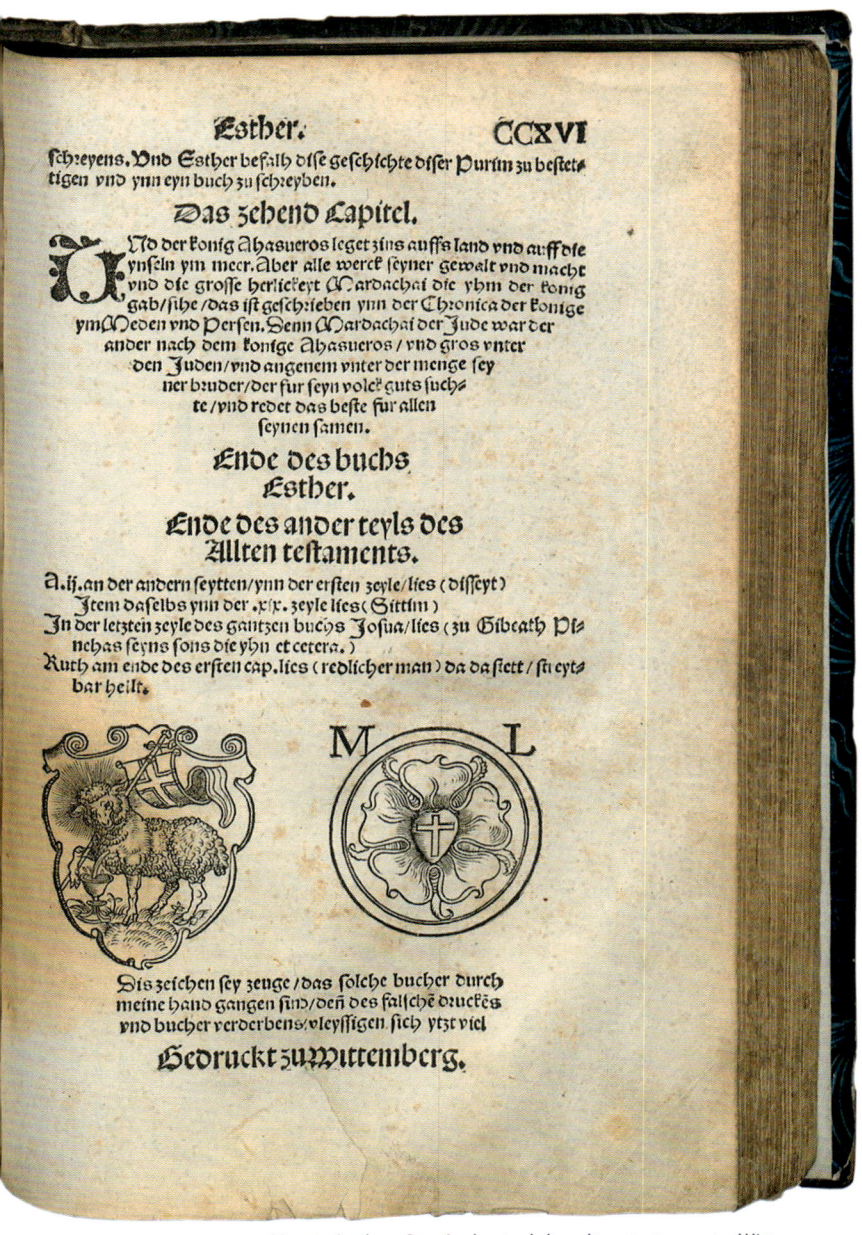

Martin Luther: Das Ander teyl des alten testaments. Wittenberg 1524, fol. 216r mit der Osterlammfahne und dem Wappen Luthers zur Authentifizierung des Textes.

Der Erfolg Luthers lässt sich daran ablesen, dass vom September 1522 bis zu seinem Tod 300 deutsche Bibelausgaben mit einer Gesamtauflage von über 500 000 Exemplaren erschienen. Man hat geschätzt, dass damit jeder dritte oder vierte lesekundige Deutsche im Besitz einer Lutherbibel war. Wobei man freilich hinzufügen

muss, dass der Anteil derer, die lesekundig waren, selbst in den Städten bei nicht mehr als vier oder fünf Prozent gelegen haben dürfte; das macht, bei einer Gesamtbevölkerung des Deutschen Reiches von zwölf Millionen um das Jahr 1500, höchstens 60 000 Personen, die selbst lesen konnten. Allen anderen wurde vorgelesen.[98]

Selbst wenn also das Lesen längst nicht jedermanns Sache war, so war doch wenigstens der Buchbesitz zu einem breiten gesellschaftlichen Phänomen geworden. Das war eine Tendenz, die nicht erst mit der Reformation begann, sondern bereits mit dem Buchdruck, der bis zum Ende des Jahres 1500 um die 20 Millionen Bücher auf den Markt geworfen hatte, wobei man mit 20 000 bis 40 000 unterschiedlichen Titeln rechnet, von denen jeder im Durchschnitt in einer Auflage von 100 bis 500 Exemplaren gedruckt worden war. Damit war in wenigen Jahrzehnten mehr veröffentlicht worden, als das Mittelalter und die Antike jemals geschrieben und überliefert hatten. Sicherlich ist das eine Antwort auf die erhöhte Nachfrage nach Büchern gewesen, die sich schon vor dem Beginn des Druckzeitalters bemerkbar gemacht hatte. Aber zugleich sorgte die Überlagerung von neuer Herstellungstechnik und humanistischem Bildungsinteresse dafür, dass das gedruckte Buch um das Jahr 1500 nicht nur zu einem überall bekannten Gegenstand wurde, mit dem man Geld verdienen konnte, sondern auch als ein Medium wahrgenommen wurde, von dem man neue Zugänge zu den Quellen der Antike und des Christentums erwartete. Mit anderen Worten: Das Buch war nicht länger mehr ein seltenes und heiliges Objekt im Kontext einer kontemplativen Welterfahrung, es war jetzt vielmehr ein kommerzielles Medium der Aneignung von Welt, ein Medium, in dem sich zugleich der Streit über die Modalitäten ebendieser Weltaneignung austragen ließ. Es stiftete Gemeinschaft und Konflikt, weil es sich als Medium sowohl der Gemeinschaftsbildung als auch der Konfliktverschärfung einsetzen ließ, aber es tat das in der Weise, dass allen Beteiligten unzweifelhaft war, dass ebendiese Prozesse im Medium des Buchdrucks auszutragen waren. Mochte man es daher im Zeitalter der Reformation mit der Religion halten, wie man wollte oder musste, in jedem Fall hielt man es mit dem Buch.[99]

Die Überlagerung des kommerziellen mit dem inhaltlichen Aspekt war für das gedruckte Buch freilich von Anfang an ein Problem, und das Problem hatte einen Namen: Nachdruck. Der Nachdruck gefährdete nämlich nicht nur die erheblichen Investitionen der Drucker, sondern stellte auch die Herrschaft der Autoren über ihre Texte in Frage. Beides hing (und hängt bis heute) zusammen: Als Erasmus von Rotterdam den Druck seiner *Adagia* und seines griechisch-lateinischen Neuen Testaments bei Froben in Basel persönlich überwachte, ging es ihm darum, die Qualität der Werke zu sichern, und das war auf Dauer nur zu gewährleisten, wenn die von Froben gedruckten Werke des Erasmus auch abgesetzt werden und Froben sich durch den Verkauf refinanzieren konnte. Die unauthorisierten Nachdrucke zerstörten diese Balance. Indem sie den Absatz der von einem autorisierten Drucker gedruckten Werke mit dem vom Autor approbierten Text verminderten, brachten sie nicht nur die Refinanzierung des Druckers in Gefahr, sondern erhöhten auch prozentual die Menge der Bücher mit unzuverlässigem Text, so dass, wie Luther 1525 in seiner „vermanung an die Drücker" (Ermahnung an die Drucker) schrieb, „wyr [der Drucker und der Autor] erbeyten und kost sollen drauff wenden / und andere sollen den genies und wyr den schaden haben" – „wir Arbeit und Kosten sollen darauf wenden, und andere sollen den Genuss und wir den Schaden haben". Um hier ein Signal zu setzen, ging Luther 1524 dazu über, die von ihm autorisierten Ausgaben durch den Abdruck der Osterlammfahne und seines Wappens, der Lutherrose, zu kennzeichnen und zu erklären: „Dis zeichen sei zeuge / das solche bucher durch meine hand gangen sind / denn des falschen druckens und bucher verderbens / vleyssigen sich ytzt viel" – „Dies Zeichen bezeuge, dass solche Bücher durch meine Hand gegangen sind, denn des falschen Druckens und Bücherverderbens befleißigen sich jetzt viele." Die Nachdrucker haben (bis auf zwei Ausnahmen) die Autorität Luthers respektiert und das von ihm verwendete Authentifizierungszeichen nicht gefälscht.

Wollte man mehr Schutz erreichen, musste man von der Ebene der moralischen Appelle und Authentifizierungsmarken auf die Ebene des Juristischen und Politi-

schen wechseln. Das versuchte man mit den Druckerprivilegien, die als Investitionsschutz dienen sollten, indem sie ein aus einer Druckwerkstätte stammendes Werk oder gar die Produktion einer ganzen Werkstätte auf einem bestimmten Territorium für eine gewisse Zeit vor Nachdruck schützten. Venedig machte hier den Anfang, als der Senat der Stadt am 18. September 1469 Johann von Speyer, der gerade Ciceros *Epistolae ad familiares* gedruckt hatte, das Recht zusprach, für fünf Jahre im venezianischen Herrschaftsgebiet als Einziger Bücher drucken zu dürfen. Natürlich war das ein schwacher Schutz, denn er konnte aufgrund seiner territorialen Beschränkung den Nachdruck andernorts nicht verhindern. So versuchte Aldus Manutius zwar, sowohl seine Editionen als auch seine griechischen und lateinischen Drucktypen per Privileg schützen zu lassen, aber die Drucker in Lyon hinderte das nicht im Geringsten, zwischen 1501 und 1527 64 Nachdrucke von Aldinen zu veranstalten. Nicht anders erging es Sebastian Brant mit seinem *Narrenschiff*, das noch im Jahr seines Erscheinens in Augsburg, Nürnberg und Reutlingen nachgedruckt wurde. Die seit 1501 im Deutschen Reich feststellbaren Versuche, nach italienischem Vorbild durch Druckerprivilegien sei es des Kaisers, sei es eines Landesherrn den Nachdruck in den Griff zu bekommen, blieben vergebens: Im Zeitraum von 1522 bis 1546 kamen auf jedes in Wittenberg gedruckte Buch im Durchschnitt drei Nachdrucke.[100]

Freilich hatten um das Jahr 1500 längst nicht mehr nur die Autoren und ihre Drucker ein Interesse daran, den Umlauf der gedruckten Bücher zu kontrollieren. Denn je deutlicher wurde, dass die Bücher, durch ein dezentrales Netz von Druckereien überall in Europa verbreitet, eine Öffentlichkeit herzustellen begannen, die von den etablierten Institutionen – der Kirche mit ihren Bildungseinrichtungen, den Universitäten, den Höfen – nicht mehr gehegt werden konnte und darüber hinaus mit der Infragestellung der überlieferten Glaubenssätze das prekäre Ineinander von Kirche und Staat gefährdete, desto schärfer musste man geeignete Maßnahmen zur Buchkontrolle ins Auge fassen. Die Vorzensur schien eine solche geeignete Maßnahme, weil sie noch vor der Drucklegung gleichsam an der

---

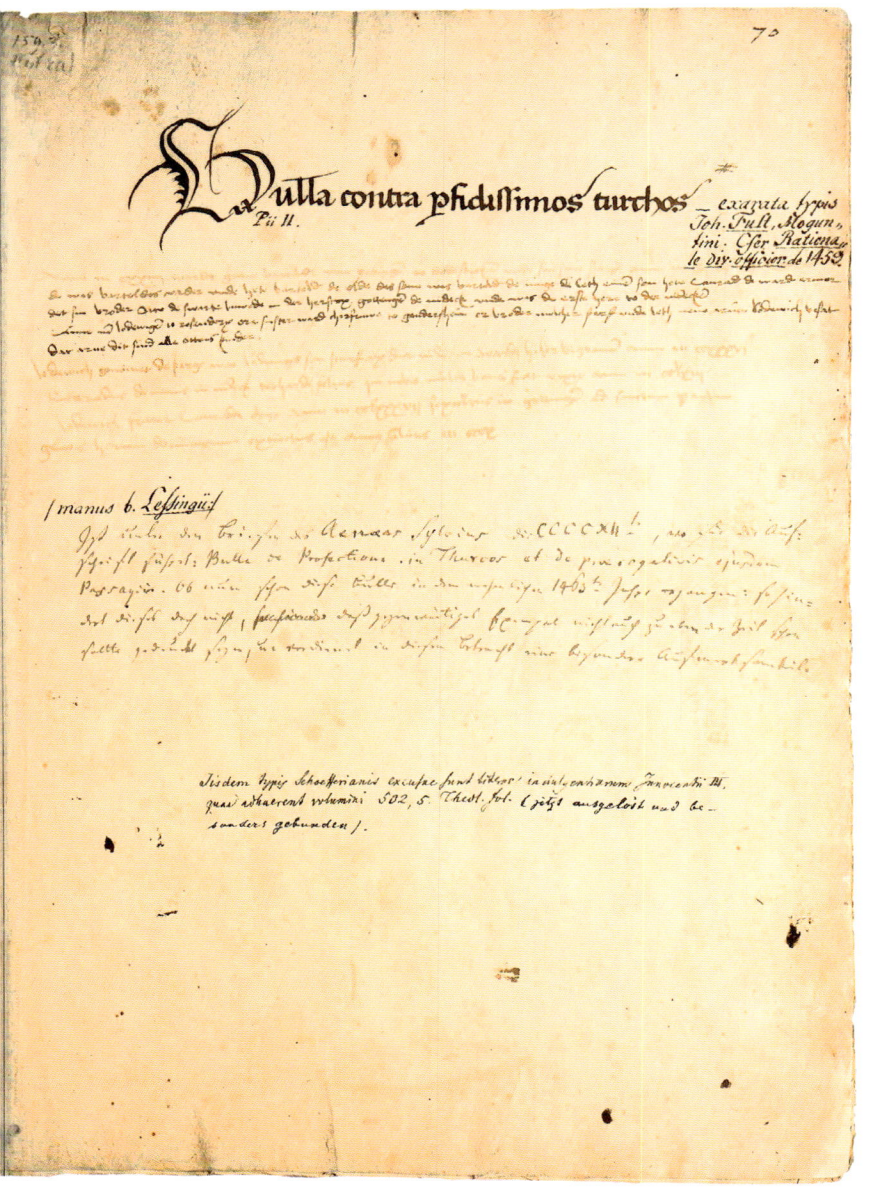

Titelblatt der Bulla cruciata contra Turcos („Türkenbulle"), gedruckt nach dem 22. Oktober 1463 von Fust und Schöffer in Mainz. Der Titel ist handschriftlich auf dem Leerblatt mit der abweichenden Formulierung Bulla contra perfidissimos turchos eingefügt. Es handelt sich um den ersten nachgewiesenen sogenannten Label-Titel überhaupt, wie er dann ab den 1480er Jahren allgemeine Verbreitung findet. Die übrigen handschriftlichen Vermerke stammen aus späterer Zeit. Abbildung stark verkleinert.

weiterer Bulle Luther als Irrlehrer gebrandmarkt und Kaiser Karl V. (1500 – 1558) zum Einschreiten gegen den Irrlehrer aufgefordert hatte, verfügte schließlich der Kaiser im Wormser Edikt vom 8. Mai 1521 nicht nur ein generelles Verbot der Bücher Luthers und aller gegen Kirche und Papst gerichteten Veröffentlichungen, sondern auch die Einführung einer Vorzensur für alle weltlichen und geistlichen Schriften. Das war der Beginn der staatlichen Bücherzensur im Deutschen Reich, deren innere Entwicklungslogik darauf zielte, den juristischen Durchgriff kaiserlicher Kontrollinstanzen gegen möglicherweise widerstrebende – protestantische – Landesherren zu sichern und zugleich die Überwachungsmaßnahmen zu vereinfachen. So mussten die Bücher seit 1530 in einem Impressum den Namen des Druckers und den Druckort nennen, seit 1548 auch den Namen des Verfassers; ab 1570 durften sich Drucker nur noch in Residenz-, Reichs- und Universitätsstädten niederlassen, um sie leichter überwachen zu können; ab 1579 übte ein kaiserlicher Bücherkommissar die Aufsicht über die Frankfurter Buchmesse aus; und ab 1596 erstreckte sich diese Aufsicht auch auf die Zeiten außerhalb der Messesaison. Auf kirchlicher Seite wurden diese Regularien ergänzt durch den 1559 erschienenen *Index librorum prohibitorum* (Verzeichnis verbotener Bücher), der ältere lokale Verbotskataloge – sie gab es um 1550 u. a. für die Universitäten von Köln, Paris und Löwen – übernahm und ersetzte und, dem Anspruch der Kirche gemäß, universalisierte: Was im Index verzeichnet war, sollte auf alle Zeit der Welt bei Strafe der Exkommunikation von niemandem mehr gedruckt, verbreitet oder aufbewahrt werden. Das betraf 603 Autoren, deren Werke generell verboten waren – zu ihnen gehörten u. a. Luther und

Quelle in den Publikationsprozess eingriff, indem der Autor seinen Text einer geeigneten Institution – den Doktoren einer Universität, der Inquisition – zur Prüfung vorzulegen hatte und der Text erst nach erfolgreicher Prüfung gedruckt werden durfte. Für die Universität Köln ist ein solches Vorgehen seit dem letzten Viertel des 15. Jahrhunderts nachweisbar. Als dann im Jahre 1515 im unmittelbaren Vorfeld der Reformation Papst Leo X. (1475 – 1521) in einer Bulle eine Zensur häretischer Schriften gefordert und als er 1520 in einer

Erasmus von Rotterdam –, es betraf 117 Autoren, von denen man einige Titel verbot, und es betraf 61 Drucker, deren gesamte Produktion als verboten galt; außerdem galt das Verbot für alle Bibeln in den Landessprachen. Für die praktischen Belange der Bücherzensur wurde 1571 eine Indexkongregation eingerichtet, die u. a. „expurgierte", also durch Vorzensur gereinigte Texte bereitstellen sollte. Damit hatte die Zensur ihr institutionelles und mediales Verfahren gefunden: Indexkongregation und kaiserliche Bücherkommission griffen auf Bücherlisten zurück, die das Verbotene (so der *Index librorum prohibitorum*) oder das Genehmigte (so der von der Frankfurter Bücherkommission geprüfte *Index*) enthielten und den Buchmarkt zu filtern erlaubten. Sei dieser Filter nun ein positiver oder ein negativer, so oder so war er ein Namensfilter (Verfassername, Druckername), der alphabetisch sortiert und damit funktional scharf gemacht wurde, um die hinter dem Namen stehende Person haftbar machen zu können.[101]

Die Überlagerung der inhaltlichen mit den kommerziellen Aspekten des Buches führte freilich nicht nur zu den skizzierten Schutz- und Kontrollmaßnahmen, sondern auf der typographischen Ebene auch zur Entwicklung des Titelblatts. Es begann unscheinbar damit, dass das gedruckte Buch ab der Mitte der 1460er Jahre nicht mehr direkt mit dem Text einsetzte, sondern mit einer vorgeschalteten leeren Seite oder einem leeren Blatt. Auf dieses leere Blatt werden ab den 1480er Jahren einfach gestaltete oder durch Holzschnitte ergänzte Titel gedruckt, um den Inhalt des Buches kurz anzuzeigen, die sogenannten Label-Titel. Rasch kommen in den 1490er Jahren auf dem nun allgemein gebräuchlich werdenden Titelblatt weitere Angaben wie Druckername, Druckermarke, Erscheinungsjahr oder Erscheinungsort hinzu; und um 1520 ist das Titelblatt mit Impressum fester Bestandteil des Buches. Es spricht einiges dafür, dass diese Entwicklung im Wesentlichen durch das Bedürfnis der Drucker und Buchhändler motiviert war, die in der Regel in Fässern transportierten ungebundenen Bücher leichter identifizieren und dadurch die Warenwirtschaft besser organisieren zu können (wie viele Exemplare welcher Bücher wurden verpackt? wie viele geliefert?). Schon bald aber muss deutlich geworden sein, dass dieser Organi-

sationsvorteil mit einem Werbeeffekt einherging, indem dank des Titelblatts nicht nur der individuelle Buchtitel angegeben werden konnte, sondern über Gestaltungsmerkmale wie den Titelholzschnitt auch seine Zugehörigkeit zu einer bestimmten Textsorte wie Schulbuch, Flugschrift oder Satire und über die Druckermarke auch der qualitative Anspruch des Drucks. Mit anderen Worten: Das Titelblatt legte Verantwortlichkeiten fest – wer hat den Text geschrieben? wer hat ihn wo und wann gedruckt? – und wurde dank dieser Festlegungen zum Inhalts- und Qualitätsindikator. Ebendaran konnte dann die Bücherzensur anknüpfen, indem sie die Angaben auf dem Titelblatt als Filter für Erlaubtes oder Verbotenes benutzte und diese Angaben daher zwingend vorschrieb.[102]

In den Zensurbestimmungen findet die Entwicklung des Buches zur Handelsware ihren Abschluss: Was die Drucker und die Buchhändler mit dem Impressum beabsichtigt hatten – einen Indikator für die Authentizität des Textes und damit für seine Qualität und seinen handelbaren Wert zu bieten –, wurde kurze Zeit später zu einem Instrument der Zensur. Sie leitete den Wert der Bücher nicht mehr aus ihren inneren Qualitäten ab, sondern aus ihrer politisch-religiösen Nützlichkeit, die man anhand der im Impressum firmierenden Namen erhob. Wer seit der Zeit um 1500 Bücher schrieb, stand mit seinem Namen nicht mehr für den Innenraum, der auf Gott hin transparent werden und daher zur Kontemplation des Gelesenen auffordern wollte – so hatte zuletzt Johannes Trithemius (1462 – 1516) in seinem 1492 gedruckten *De laude scriptorum* (Lob der Schreiber) argumentiert –; und er stand auch nicht mehr im Raum adeliger Repräsentation, die den eigenen Namen durch die verschwenderische Pracht des Buches repräsentiert sehen wollte, wie es für den Herzog von Urbino noch selbstverständlich gewesen war. Wer jetzt Bücher schrieb, stand vielmehr im Raum zunehmender konfessioneller Auseinandersetzungen und Verhärtungen, in denen der Name des Autors ebenso wie der Name des Druckers zu etwas Justiziablem werden konnte. Man warf zwar mit dem gedruckten Buch immer noch einen Anker in die Welt und den Fluss der Zeit, aber in den konfessionellen Konflikten drohte der Fluss der Zeit schwarz und die Welt grundlos zu werden.

6. Das industrielle Buch

Einhundert Jahre nach Gutenberg lag nicht nur all das, was zuvor handschriftlich in Kodizes überliefert worden war, in gedruckter Form als Buch vor, vielmehr hatte sich das Buch als ein Medium für ganz verschiedene Anliegen bewährt. Man konnte in ihm die Texte der antiken Autoren ebenso lesen wie die neuesten Predigten, Kirchenlieder, Volksbücher oder Ritterromane; es taugte als Schulbuch oder als theologisches und wissenschaftliches Fachbuch, mit oder ohne Abbildungen; und wer wissen wollte, wie die Welt, die alte und die neu entdeckte, aussah, zog seit Gerhard Mercator (1512 – 1594) Karten und Atlanten zu Rate, dank deren Längen- und Breitengraden er seinen Standort in der Welt exakt bestimmen konnte. Diese Diversifikation des Mediums Buch war verbunden mit seiner Transformation zur Ware, die wie alle anderen Waren auf einem Markt getauscht werden konnte, aber der Markt für Bücher war spätestens seit dem 17. Jahrhundert nur noch bedingt ein gemeinsamer europäischer. Denn die auf die Reformation folgende Konfessionalisierung aller Lebensbereiche führte zu einer sich lange Zeit vertiefenden religiös-kulturellen Kluft, die den protestantischen Norden Europas vom katholischen Süden trennte, bis schließlich in der Kontaktzone des Heiligen Römischen Reichs sich die Spannungen im Dreißigjährigen Krieg (1618 – 1648) entluden. In dessen Folge gelang es den Territorialfürsten im Reich, aus der Überblendung politischer Ansprüche mit konfessionellen Anliegen stabile Territorialstaaten zu errichten, in denen einerseits die Macht des Kaisers sich beschränkt sah und andererseits der Einfluss der Städte und ihres Bürgertums zurückgedrängt wurde, um einem ständisch verfassten Fürstenstaat Platz zu machen. Das Bürgertum stellte in diesem Staat nun die Beamtenschaft, die auf der Basis einer immer umfänglicher werdenden Gesetzgebung die fürstliche Herrschaft nach innen sicherte. Das ergab eine Nähe zur Macht, in der das Bürgertum seine neue Rolle als die einer „Funktionselite" begreifen und gegen die angestammten Rechte des Adels ausspielen konnte, um in dieser Konkurrenz schließlich ein bürgerliches Selbstbewusstsein zu entwickeln.[103]

Für das gedruckte Buch hieß das, dass es sich in dem Moment, da es zu einem universalen Medium geworden war, zugleich zunehmend nationalisierte. Diese Nationalisierung zeigte sich zunächst daran, dass Frankfurt am Main seinen seit dem frühen 16. Jahrhundert erprobten Status als gesamteuropäisches Buchhandelszentrum verlor und stattdessen die Rolle eines nach Süden hin in die katholischen Reichsgebiete und das katholische Europa wirkenden Handelszentrums übernahm; Leipzig dagegen entwickelte sich von etwa 1600 an zum Buchzentrum der protestantischen Reichsteile und des protestantischen Nordeuropas. Mit dieser konfessionell-ökonomischen Spaltung verband sich eine sprachlich-kulturelle, denn die religionspolitischen Verschiebungen hatten auch zu einer Neugewichtung des Lateinischen als intellektueller Verkehrssprache geführt: Während man in den katholischen Ländern am Lateinischen als Sprache der Theologie und der Wissenschaften zunächst noch festhielt, war in den protestischen Ländern der für die Bekehrung der Bevölkerung notwendige volkssprachliche Impuls längst auch auf die theologischen und wissenschaftlichen Veröffentlichungen übergesprungen und sorgte für eine stetige Erhöhung des volkssprachlichen Anteils an den Büchern. Dieser Prozess lässt sich für das Reich gut nachzeichnen, wo der Anteil der deutschsprachigen Bücher von 29 Prozent im Jahre 1600 auf 62 Prozent im Jahre 1700 anstieg und im Jahre 1800 96 Prozent erreicht, womit die lateinischen Bücher fast vollständig verdrängt waren. Für die beiden Städte Frankfurt und Leipzig bedeutete das, dass Frankfurt nicht nur zum Umschlagplatz der ka-

tholischen, sondern eben auch der lateinischen Bücher wurde, während sich Leipzig zum Handelsplatz für protestantische und volkssprachliche Literatur entwickelte. Damit war der Grundstein für den Aufstieg Leipzigs zur bedeutendsten Buchmessestadt des Reichs gelegt, geför-

Kartographische Projektion von Luxemburg und Trier aus Gerhard Mercator: Atlas sive cosmographicae meditationes de fabrica mundi et fabricati figura, 1595 in Duisburg erschienen, dort Karte ct. Kartenformat: 45 × 34 cm. Kartenmaßstab: 1:500 000. Die Karten des Atlas wurden im Auftrag der Käufer von Hand koloriert.

Fol. 3r aus dem Theuerdank, Augsburger Druck aus dem Jahr 1519.

daran ablesen, dass in Leipzig im Jahre 1739 auf eine Bevölkerung von 28 000 Einwohnern 20 Buchhandlungen, 15 Druckereien, 22 Buchbinder, 11 Kupferdrucker, acht Kupferstecher und drei Schriftgießereien kamen.[104]

Diese „bibliopolitische Spaltung" Deutschlands und Europas war auf der typographischen Ebene am unterschiedlichen Gebrauch von Antiqua- und Frakturschriften zu erkennen. Erfunden wurde die Fraktur am Wiener Hof Kaiser Maximilians I. (1459–1519), wohl für den 1513 hergestellten *Weißkunig*, eine unvollendet gebliebene Biographie des Kaisers, um dann in einer allerdings abgewandelten Form für den 1517 in Nürnberg gedruckten *Theuerdank* und die Schriften Albrecht Dürers benutzt zu werden. Das machte die Fraktur im deutschsprachigen Raum von Beginn an zu einer imageträchtigen Schrift. Als dann die Reformation, deren Schriften anfangs in einer besonderen Wittenberger Type gedruckt worden waren, zur Fraktur überging, konnte man nun auch schriftpolitisch den Eigensinn des Heiligen Römischen Reichs gegenüber Rom betonen und den reformierten Territorien typographisch eine eigene Identität geben. Das wirkte über die in den reformierten Ländern zügig eingerichteten Schulen – das dort unterrichtete Lesen reformatorischer und also in Fraktur gesetzter Schriften und das dort unterrichtete Schreiben in deutscher Kurrentschrift – in die Breite und führte dazu, dass die katholischen Reichsgebiete, als auch sie zunehmend in Bildung und Schulen investierten, die Fraktur als eingeführte deutsche Schrift vorfanden und übernahmen. Das Resultat dieser Entwicklung war eine europäische Schriftspaltung, bei der die romanisch-katholischen Länder für den Druck Antiquaschriften und die deutschsprachigen, angelsächsischen und skandinavischen Länder Frakturschriften bevorzugten.[105]

In diesen typographischen Großräumen von Antiqua und Fraktur führte die Etablierung ständischer Fürstenstaaten freilich auch dazu, dass das Buch zu einem höfischen Repräsentationsmedium wurde. Das Gewicht eines Fürsten und seines Staates war daran ablesbar, wie aufwendig-repräsentativ er seine Bücher binden ließ, um sie in ihrer ästhetischen Vollkommenheit zur Geltung zu bringen. Dabei kamen natürlich Moden zum Tragen, sei es, dass man sich am Pariser

dert von der kursächsischen Bücherkommission, welche die ökonomische Chance erkannte und im Verein mit einer liberalen Zensur dafür sorgte, dass Leipzig auch als Verlagssitz attraktiv wurde und am Ende des 17. Jahrhunderts als bedeutendste deutsche Buchhandels- und Verlagsstadt etabliert war. Man kann das schlaglichtartig

Bucheinband aus der Bibliothek Ludwigs XIV. mit dem Lilienwappen der Bourbonen.

BIBLIOTHECA
AUGUSTA DUCALIS.

DEO
et
POSTE
RITATI

Quando omnes pa∫sim deliberant et loquuntur, optimum á mutis
et mortuis consilium est: Homines quoq́ ∫i taceant, vocem invenient
libri, et quæ nemo dicit, prudens antiquitas ∫uggerit.

Herzog August der Jüngere in seiner Bibliothek in Wolfenbüttel. Kupferstich von Conrad Buno, ca. 1650.

Hof orientierte, der seinerseits orientalische Einflüsse aufnahm, sei es, dass man auf die ökonomisch prosperierenden Handelsmetropolen Italiens sah. Wichtig war allerdings auch, die möglichst vollkommenen Bücher in einer möglichst vollkommenen Bibliothek zu sammeln, wobei es zunächst nicht darum ging, ob das Gesammelte auch unmittelbar nützlich war. Vielmehr kam es auf das Seltene und Kuriose an, das aus der Vorzeit auf die Zeitgenossen gekommen war und als seltener Text oder seltene Ausgabe nun in der Bibliothek stand, während gleich daneben im Kuriositätenkabinett oder in der Raritätenkammer seltene Naturalien, Münzen oder Bilder gesammelt wurden. Sowenig es bei den gesammelten Münzen, Bildern und Naturalien auf ihren Gebrauch ankam, sowenig kam es bei den Büchern darauf an, dass sie gelesen wurden. Es genügte, sie der Bibliothek als Sammlung einverleibt zu haben, wo sie in schönen Einbänden und systematisch nach Themen gruppiert die hierarchische Gliederung der Welt zum Ausdruck brachten, vom Naturreich bis zur menschlichen Gesell-

schaft, die vom regierenden Fürst in derselben Weise geordnet und regiert wurde, wie Gott die Welt insgesamt ordnete und regierte.

Wenn aber repräsentatives Sammeln von Büchern zuletzt kein Selbstzweck war, sondern Ausdruck der Beherrschung von Welt, dann zeigte sich in den Büchern diese Beherrschung in doppelter Weise. Zum einen konnte man in Büchern die Vielfalt des Empirisch-Welthaltigen notieren und damit verfügbar machen; und zum anderen ließ sich dank der Bücher die festgehaltene und verfügbar gemachte Vielfalt der Welt durch Kataloge nach beliebigen Zwecken ordnen. Damit aber war es möglich, dank der Kataloge auf einen bestimmten Themenbestand in der Bibliothek und von diesem Themenbestand schließlich auf die Welt zuzugreifen. Als daher im 17. Jahrhundert der Staat dieses Empirisch-Welthaltige zunehmend als wirtschaftliche Ressource zu entdecken und auszubeuten begann, wurden aus den in den Bibliotheken gesammelten Büchern nützliche Bücher, deren Lektüre nicht einfach Welt zeigen, sondern aufschließen und dem Staat dienstbar machen sollte.[106]

Da in diesen Staat nun aber das Bürgertum als bürokratisch-juristische Funktionselite eingebunden war, veränderte sich auch der Blick der Bürger auf das Buch. Man sah nun immer mehr, dass die großen Folianten, in denen sich ein ständisches Repräsentationsbedürfnis ebenso Ausdruck verschaffen konnte wie ein wissenschaftlicher Geltungsanspruch, im Grunde ein äußerst unpraktisches Buchformat darstellten. Denn wenn die Themen der Bücher auf Praktisch-Nützliches zielten, was sollte man dann mit Büchern, deren Folioformat alles andere als leicht handhabbar und damit praktisch war? Natürlich konnte man noch eine Zeitlang versuchen, das Problem durch Hilfstechniken wie dem Bücherrad zu umgehen; aber die eigentliche Lösung des Problems bestand darin, das Format der Bücher zu verkleinern. Das lag im Kontext der Zeit schon deshalb nahe, weil in der langen Epoche der ökonomischen Stagnation, die in Europa um 1620 einsetzte und um 1740 endete und im Reich durch die Auswirkungen des Dreißigjährigen Krieges noch verschärft wurde, das kleinere und tendenziell billigere Buch höhere Absatzchancen hatte. Das kleinere Buch war aber nicht nur ökonomisch chancenreicher, es kam auch dem religiösen Bedürfnis der Zeit stärker entgegen. Denn als der Staat anstelle der in Konfessionen zerfallenden christlichen Religion die Sicherung von Einheit und Frieden übernehmen musste, ergab sich aus der nicht mehr zu beseitigenden Pluralität der Bekenntnisse die Notwendigkeit nicht nur zur zwischen- und innerstaatlichen Tolerierung der konfessionellen Unterschiede, sondern auch zur Trennung von öffentlicher Ordnung und religiösem Bekenntnis. Das Bekenntnis aber fand seinen Grund nun mehr als je zuvor im Gewissen der Gläubigen, das zwar vor und über aller staatlichen Ordnung stehen mochte, aber als individuelles Gewissen innerhalb des Staates keine unmittelbaren Durchsetzungsansprüche mehr stellen konnte. Gestärkt fand sich das Gewissen im protestantischen Raum natürlich durch Luthers Schriftprinzip, das für die Vermittlung der Heilsbotschaft im Wesentlichen die Lektüre der Heiligen Schrift für ausreichend hielt, wodurch zunächst der Bibel, dann aber dem Buch

Bücherrad aus Agostino Ramelli: Le diverse et artificiose machine. Paris 1588, S. 317r.

überhaupt die Rolle eines Gewissensmediums zufiel: Wer las, konnte in der Auseinandersetzung mit dem Gelesenen seine ganz eigenen Ansichten über Gott und die Welt entwickeln und sein Gewissen schärfen. Und er konnte das jetzt besonders gut in einem eher kleinformatigen Buch, das sich seit dem spätmittelalterlichen

in der langen europäischen Stagnationsphase ökonomisch und kulturell prosperierende Länder und Zentren wie die Niederlande, England oder Frankreich, wo der Hof von Versailles kulturelle Maßstäbe setzte. Mit den in diesen Ländern hergestellten Büchern konnte das meiste, was im Reich gedruckt wurde, nicht mithalten, denn hier zwangen die wirtschaftlichen Probleme zu einer billigeren Produktion, bei der man auf schlechtem Papier mit oftmals abgenutzten und schadhaften Lettern drucken musste und auch die Sorgfalt bei der Ausmerzung von Druckfehlern zu wünschen übrig ließ. Zum anderen aber blieb es dabei, dass auch die kleineren Bücher ihren unterschiedlichen Rang durch Formatunterschiede herausstellten. So gebrauchte man das Quartformat gerne für Texte, deren repräsentativen Status man betonen wollte, seien das nun für eine eher adlige Klientel verfasste höfisch-heroische Romane wie Daniel Casper von Lohensteins (1635 – 1683) *Arminius*, der postum 1689 erschien, oder historiographische und theologische Werke wie der *Commentarius historicus et apologeticus de Lutheranismo* (1688) von Ludwig von Seckendorff (1626 – 1692), der als Bibliothekar, politischer Beamter, Kanzler der Universität Halle und nicht zuletzt als Mitglied der „Fruchtbringenden Gesellschaft" eine einflussreiche Persönlichkeit war. Die kleineren Formate Oktav und Duodez fanden hingegen für die nicht-höfische Literatur Verwendung, also etwa für religiös-erbauliche Texte wie Johann Arndts (1555 – 1621) *Von wahrem Christentumb*, das im Jahre 1610 in vier Oktavbänden erschien, oder für Schelmenromane wie Grimmelshausens (1622 – 1676) erfolgreichen *Simplicissimus*

Hans Jakob Christoffel von Grimmelshausen: Der Abenteuerliche Simplicissimus Teutsch. Monpelgart [d.i. Nürnberg]: Fillion [d.i. Felßecker], 1669 [1668], S. 147. Duodezbändchen, ca. 8,5 × 14,2 cm. Ungleichmäßiger Druck auf schlechtem Papier.

Stundenbuch mit der Individualität der Selbst- und Welterfahrung verbunden hatte; nur dass dieser individuelle Erfahrungsraum nun immer weniger von amtlichem Bekenntnis und dogmatischer Theologie besetzt erschien. Mit anderen Worten: Das kleinformatige Buch entwickelte sich vom Gewissensmedium zum Medium der individuellen Weltaneignung und Selbstbehauptung.[107]

In diese allgemeine Tendenz spielten natürlich differenzierende Faktoren hinein. Zum einen gab es auch

Format	Falzung des Bogens	Blatt-zahl	Seiten-zahl	Abmessung etwa
Folio (2º)	1×	2	4	21 × 33 cm
Quart (4º)	2×	4	8	22 × 29 cm
Oktav (8º)	3×	8	16	14 × 22 cm
Duodez (12º)	4×	12	24	8 × 12 cm

Buchformate

Teutsch, der 1668 als Duodezbändchen gedruckt wurde. Und schließlich war auch das kleinere und tendenziell billigere Buch nicht wirklich billig. Für Lohensteins *Arminius* – mit 1300 Quart-Seiten freilich ein Riesenwerk – musste ein städtischer Beamter immerhin einen Monatslohn opfern; für Grimmelshausens *Simplicissimus* bezahlte Ferdinand Albrecht I. von Braunschweig und Lüneburg (1636 – 1687) im Jahre 1671 24 Groschen, was heute, vorsichtig und nur versuchsweise gerechnet, einem Betrag zwischen 60 und 90 Euro – von der Kaufkraft her wahrscheinlich einer noch höheren Summe – entspricht. Und selbst Erbauungsbücher, die man preiswert ausgestattet hatte, um einen möglichst hohen Absatz zu erzielen, kosteten leicht den Gegenwert von zwei Hasen oder einigen Kilo Butter und waren damit keine billigen Bücher für jedermann.[108]

Wir dürfen uns daher über die Anzahl der Leser in dieser Zeit keine allzu großen Illusionen machen. Zwar waren durch die zuerst in den protestantischen Ländern geförderten Schulen und die in immer mehr Ländern eingeführte allgemeine Schulpflicht – die freilich bis zum 19. Jahrhundert kaum durchgesetzt wurde – mehr Menschen als je zuvor in Kontakt mit Schrift gekommen und in der Lage, ihren Namen zu schreiben oder einen Text, den sie aus der Schule kannten, in wiederholter Lektüre zu lesen. Über diese Fähigkeiten mögen etwa fünf Prozent der vielleicht 15 Millionen Menschen verfügt haben, die um das Jahr 1700 auf dem Gebiet des Reiches wohnten. Substanzielle Lese- und Schreibkenntnisse waren aber nach wie vor auf den Adel, die städtischen Oberschichten, die akademisch Gebildeten und die (wenigen) Absolventen von Lateinschulen beschränkt, auf jene also, die auch in der Lage waren, sich überhaupt Bücher in nennenswerter Menge kaufen zu können. Das waren im gesamten Reich kaum mehr als etwa 100 000 Personen oder nicht einmal 0,7 Prozent der Bevölkerung. Dieser Personenkreis las neben der Bibel vor allem berufsbezogene Bücher, und das hieß nach Lage der Dinge: Man las Juristisches, wenn man ein staatliches oder städtisches Amt innehatte; man las Theologisches, wenn man ein kirchliches Amt bekleidete; man las Ökonomisches, wenn man Ländereien zu bewirtschaften hatte; und wer dann noch Zeit zum Le-

sen hatte, las die Klassiker der Antike oder Erbauliches, gelegentlich auch einen neueren Roman.[109]

Um die Mitte des 18. Jahrhunderts aber änderten sich die Dinge, und sie änderten sich rasch. Zum einen nahm die Menge der in den Messkatalogen angezeigten Bücher zu: Waren in der zweiten Hälfte des 17. Jahrhunderts jährlich etwas über 800 Neuerscheinungen und in der ersten Hälfte des 18. Jahrhunderts jährlich etwa 1100 Novitäten angezeigt worden, sprang die Zahl der Neuerscheinungen in der zweiten Hälfte des 18. Jahrhunderts rapide nach oben, so dass gegen Ende des Jahrhunderts im deutschen Sprachraum (ohne Österreich) rund 5000 Bücher im Jahr neu auf den Markt kamen. Zum anderen veränderte sich auch die thematische Ausrichtung der Novitäten, wobei die nachdrücklichste Verschiebung zwischen der Theologie und der Belletristik stattfand: Lag der Anteil der Theologie an den Neuerscheinungen 1740 noch bei 38,5 Prozent, war er 1770 auf knapp 25 Prozent gefallen, und im Jahre 1800 befassten sich nur noch etwa 13,5 Prozent der Neuerscheinungen mit Theologischem. Ganz umgekehrt verhielt es sich mit der Belletristik, die von sechs Prozent im Jahre 1740 auf 16,5 Prozent im Jahre 1770 und auf etwas über 21 Prozent im Jahre 1800 stieg, wobei innerhalb der schönen Literatur wiederum der Roman starke Zuwächse zu verzeichnen hatte und im Jahre 1800 knapp 12 Prozent des Buchangebots ausmachte. Nimmt man nun noch hinzu, dass im selben Zeitraum die Anzahl der Autoren von vielleicht 2000 auf fast 11 000 und die Anzahl der Leser von rund 100 000 auf möglicherweise 300 000 Personen stieg – wie Jean Paul für die Belletristik wohl etwas freihändig und zu hoch geschätzt hat –, wird man in der Tat von einer „Leserevolution" sprechen müssen. Sie hatte ihren Grund im Wesentlichen darin, dass das Bürgertum im Zuge der Aufklärung auf Bildung setzte, die, anders als die Bildungsanstrengungen des Adels, nicht auf die gesellschaftliche Absicherung eines Standes zielte, sondern darauf, dass die Gebildeten in der Sphäre der Öffentlichkeit über das „Gemeine Beste" zu debattieren und zu entscheiden in der Lage sein sollten.[110]

Dazu griff man auf das Buch zurück, aber auch auf die in großer Zahl neu gegründeten und zum Teil in großer Auflage gedruckten Zeitungen und Zeitschrif-

Erste Seite aus Pierre Bayles Dictionnaire historique et critique (1697). Unterhalb des Haupttextes finden sich Fußnoten mit Erklärungen, Zitaten, Gegenargumenten. In den Marginalien werden Quellennachweise und Verweisungen auf andere Artikel des Lexikons angegeben. Seite verkleinert.

ten. Beides waren keine neuen Medien. Sie gingen vielmehr auf die Briefkorrespondenz höfischer Kanzleien und Handelshäuser zurück, die man ohne das briefliche Beiwerk gesammelt und schließlich gedruckt hatte und im Kreis der Verbündeten, Geschäftspartner und Freunde zirkulieren ließ. Seit dem Beginn des 17. Jahrhunderts – zuerst mit der in Straßburg einmal im Monat erscheinenden *Relation: Aller Fürnemmen und gedenckwürdigen Historien* und der seit 1609 in Wolfenbüttel erscheinende *Aviso, Relation oder Zeitung*, dann mit der seit 1650 täglich in Leipzig erscheinenden *Einkommenden Zeitung* – dienten die Zeitungen als ein Medium zur Verbreitung von Neuigkeiten (das ist die Grundbedeutung des Wortes „Zeitung"). Die in größeren Zeitabständen erscheinenden Zeitschriften bedienten dagegen besondere Interessenschwerpunkte: von gelehrten Untersuchungen (*Journal des Sçavans* in Paris, *Philosophical Transactions of the Royal Society* in London, beide ab 1665) über aufklärerisch-moralische Fragen (*Die Discourse der Mahlern*, Zürich 1721 – 1723) bis hin zur Mode (*Cabinet des Modes*, Paris 1785 – 1793) konnte alles zum Gegenstand einer Zeitschrift werden. Dadurch wurde das lesende bürgerliche Publikum nicht nur daran gewöhnt, unterschiedliche Themen in rasch wechselnder Lektüre aufzunehmen, sondern durch die Rückwirkung der wechselnden Zeitungs- und Zeitschriftenlektüre betrachtete es schließlich auch das Buch als ein Medium, das ihm half, seinen Standort in der Welt zu finden: indem man Neues über die Welt erfuhr, diese Erfahrungen mit anderen in gemeinsamer Lektüre teilte, darüber in Gesellschaft sprach und diskutierte – die Plattform dafür boten die nun überall auf Vereinsbasis entstehenden Lesegesellschaften –, aus der Diskussion über das Gelesene gemeinsame Wertvorstellungen entwickelte und bei alldem sich zugleich als Bürger der Welt, als Staatsbürger und als Individuum reflektierte.[111]

Diese im Medium des Buches stattfindende Welt- und Selbstreflexion spannte sich zwischen zwei Polen auf, der Enzyklopädie als Instrument der Weltwahrnehmung und -aneignung und dem Roman als Medium bürgerlicher Selbstvergewisserung. Dabei war für die Enzyklopädie konstitutiv, dass sie die Gegenstände der

Welt auf der Basis ihrer natürlichsprachigen Benennung in eine alphabetische Reihenfolge brachte. Es war das Prinzip der Wörterbücher, das die Enzyklopädie hier belieh, aber zugleich überbot, indem es eben nicht mehr um die Ordnung der Wörter zwecks Feststellung des Umfangs einer Sprache ging, sondern um die Ordnung der Gegenstände, über die man unterrichtet sein wollte. Das weit ins 18. Jahrhundert wirkende Modell war dabei Pierre Bayles (1647 – 1706) zweibändiges *Dictionnaire historique et critique* aus dem Jahr 1697, das nicht nur Informationen über historische Personen bot, sondern zum ersten Mal auch die sich durchaus widersprechenden Quellen für diese Informationen angab, was die Leser in die Lage versetzte, sich auf der Basis der Quellen ein eigenes Urteil zu bilden. Das war ganz im Sinne der Aufklärung gedacht, aber es fand Ausdruck in einem Layout, das um der Komplexität der Bezüge willen auf die Seitengestaltung der glossierten Kommentare des Mittelalters zurückgriff und dadurch erneut Vielstimmigkeit inszenierte. Dabei ist es nicht geblieben, denn das alphabetische Ordnungsprinzip erlaubte, immer mehr Gegenstände in die Nachschlagewerke aufzunehmen und diese damit immer welthaltiger zu machen, so dass die zunehmende Welthaltigkeit schließlich auch eine zunehmende Objektivität suggerierte, die sich in der Zurückdrängung der vielerlei Meinungen über die Welt niederschlug. Als daher im Jahre 1728 Ephraim Chambers (1680 – 1740) in London seine *Cyclopaedia: or, an universal dictionary of arts and sciences* veröffentlichte, war die Enzyklopädie – Chambers' Werk gab der Gattung den Namen – erstens ein Nachschlagewerk für alles geworden, was als nachschlagenswert galt; sie war zweitens ein Nachschlagewerk geworden, das den Zusammenhang der Gegenstände der Welt über Querverweisungen innerhalb der Enzyklopädie reproduzierte (so gab es etwa unter dem Eintrag „Chaos" u. a. ein „siehe Welt", „siehe Gott" und ein „siehe Komet"); und drittens war die Enzyklopädie nun ein Nachschlagewerk, das weniger an einer kontroversen Debatte als an der Präsentation verlässlichen Wissens – Chambers sprach von „Soundness" – interessiert war. Dabei ging es freilich nicht einfach um eine möglichst vollständige Darstellung dessen, was gerade als Wissen galt. Es ging

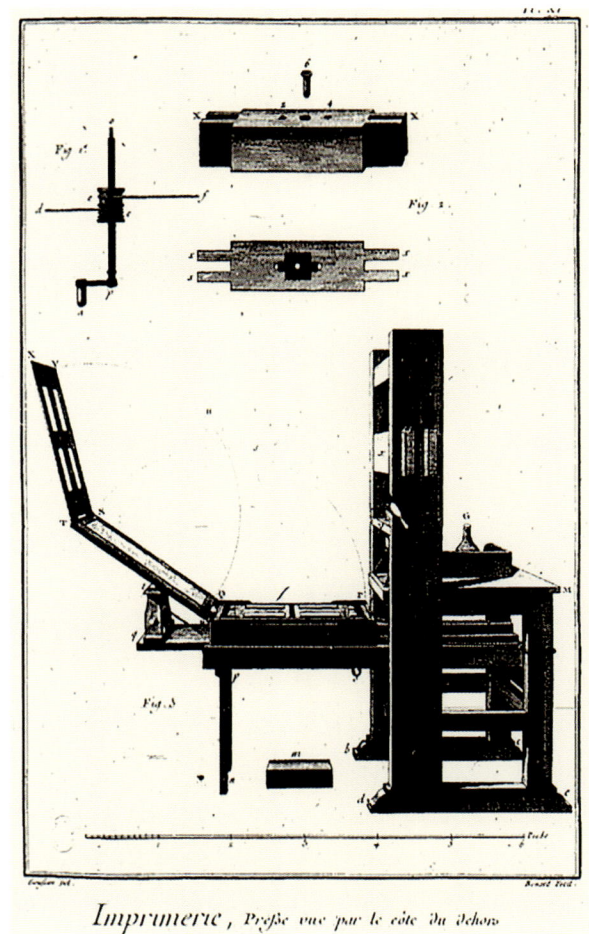

Aufbau einer Druckerpresse. Aus der Encyclopédie ou Dictionnaire raisonné des sciences, des arts et des métier, Tafelband 6 zum Thema „Imprimerie", Tafel XI.

Chambers und seinen Nachfolgern vielmehr um „Bildung" (*learning*), die, wie Denis Didérot (1713 – 1784) in der ab 1751 in 35 Foliobänden erscheinenden, äußerst erfolgreichen *Encyclopédie ou Dictionnaire raisonné des sciences, des arts et des métiers* erläuterte, die nachfolgenden Jahrhunderte tugendhafter und glücklicher machen würde. Auch das war natürlich mit aufklärerischem Optimismus geschrieben, der mehr Wissen mit einem höheren Grad an Selbstbestimmung gleichsetzte, die gegen die falschen Autoritäten der Tradition – vor allem die Kirche – in Stellung gebracht wurde. Aber es zielte zugleich darauf, das sich rasch ausweitende empirische Feld handwerklich-technischen Wissens und Könnens

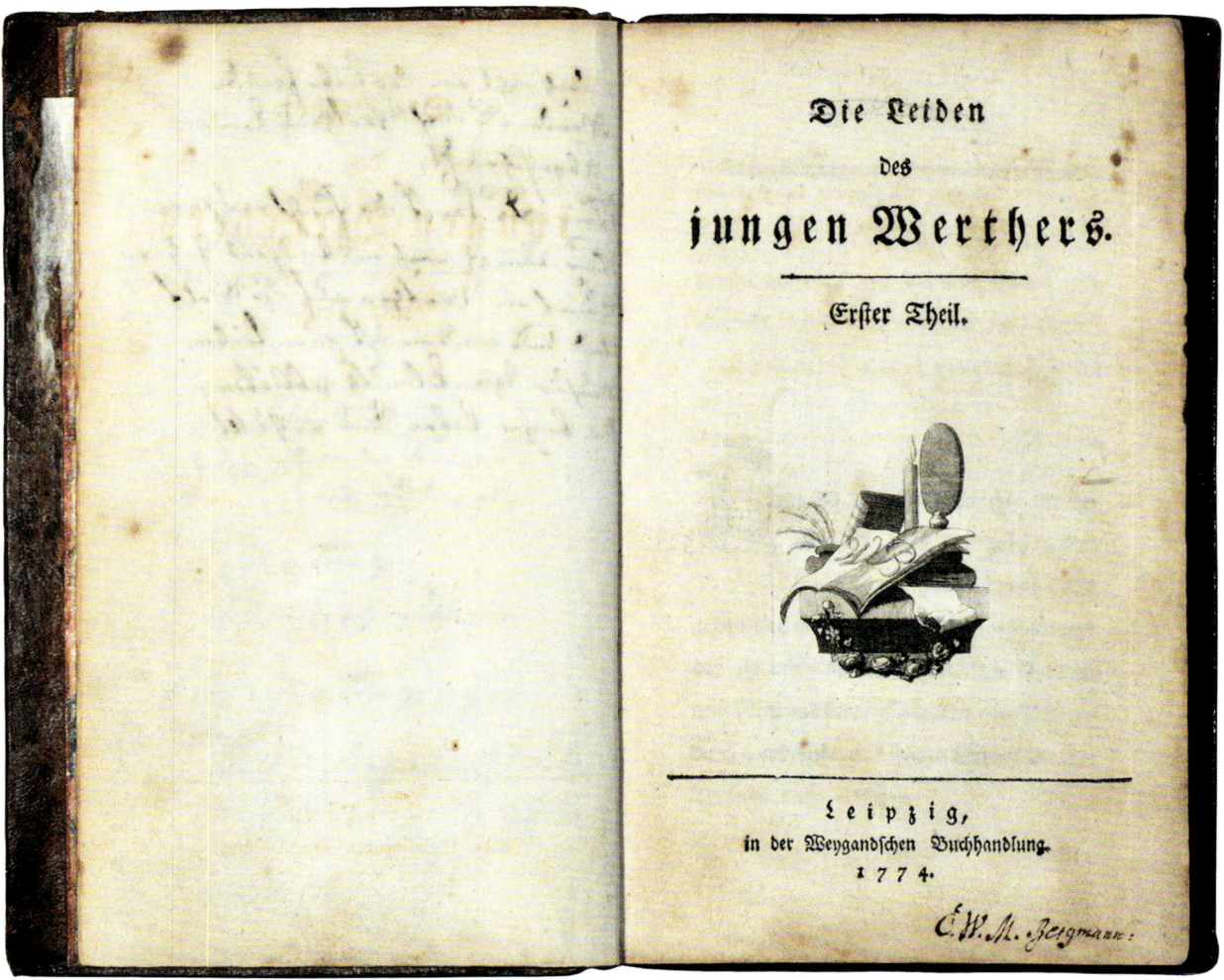

Titelblatt der Erstausgabe von Goethes Die Leiden des jungen Werthers.

durch entsprechende Einträge in der Enzyklopädie kontrollier- und abrufbar zu machen, so dass es im Hinblick auf seine Nützlichkeit geprüft, beurteilt und reproduziert werden konnte. Das erklärt den breiten Raum, den handwerklich-technisches und Alltagswissen in der *Encyclopédie* einnahmen, besonders nachdrücklich dokumentiert in ihren berühmten Bildbänden. Sie präsentierten einen neuen, nämlich visuellen Zugang zu unmittelbar nützlichem Wissen, für dessen Geltung weniger wichtig war, was irgendeine Autorität dazu zu sagen hatte. Wichtiger war vielmehr die im Visuellen aufscheinende Selbstevidenz des Wissens, das sich in handwerklichem Können verwirklichte. Angesichts dieser Selbstevidenz trat auch die Rolle der für eine En-

zyklopädie schreibenden Autoren zurück. Sie zeichneten in der *Encyclopédie* ihre Beiträge nicht mit Namen, sondern mit einer Autorensigle, und in dem von 1732 bis 1754 in Deutschland in 64 Bänden erscheinenden *Grossen vollständigen Universal-Lexicon Aller Wissenschaften und Künste* von Johann-Heinrich Zedler (1706 – 1751) waren die Beiträge gar völlig anonym verfasst. Wie erfolgreich das Konzept der Enzyklopädie war, kann man daran erkennen, dass die im Folioformat erscheinende *Encyclopédie* alsbald nicht nur nachgedruckt wurde, sondern in Genf und Neuchâtel Quart- und in Lausanne und Bern Oktavausgaben erschienen, deren Auflagen deutlich höher waren als die der Originalausgabe und die in ihrem kleineren Format den Besitzanspruch des bürgerlichen Lesers auf das enzyklopädische Wissen medial darstellten.[112]

Der Roman sekundierte dieser Ausweitung von Weltwahrnehmung und -aneignung, indem er die Welt- mit der Selbstwahrnehmung verband und gegen die Sphäre des Hofes die Sphäre des Bürgers akzentuierte, in der es möglich sein sollte, ganz „selbst" zu sein. Dass man in diesem Selbst nun eine Welt finden wollte, war aber nicht nur eine Spitze gegen die um einen Fürstenhof zentrierte ständische Gesellschaft, in der das Selbstgefühl sich aus der Höhe des Standes ergab, dem man zugehörte. Vielmehr suchte man im Selbst den Indifferenzpunkt von Ich und Welt, den Ort, an dem sich die Welt gleichsam von innen her aufschließen und zu erkennen geben würde. Von daher war die „Fülle des Herzens", die Johann Wolfgang von Goethe (1749 – 1832) in seinem 1774 erschienenen Roman *Die Leiden des jungen Werthers* so wirkmächtig beschworen hat, gleichbedeutend mit der Fülle der Welt. Aber es war eine Fülle jenseits des Alltags, heiße er nun „Hof" oder (bürgerliche) „Geschäfte"; es war eine Fülle, die auf Kunst setzte und in der Lektüre des Romans die Erfahrung ebendieser Fülle verhieß. Die Frühromantiker haben das verschärft, indem sie die romantische Poesie als „progressive Universalpoesie" propagierten, die alles umfassen sollte, was je nur poetisch werden könnte. Das hieß, die Wirklichkeit einem Prozess endloser poetischer Potenzierung zu unterwerfen, bei dem „die Willkür des Dichters kein Gesetz über sich leide", wie es Friedrich Schlegel (1772 – 1829) in den *Athenäums-Fragmenten* formuliert hat. Freiheit also als Freiheit in der Dichtung und als Freiheit zur Dichtung – und als Freiheit der Lektüre, die im Roman die wahre Welt und das wahre Selbst findet und sich im Roman darüber trösten lassen kann, dass Selbst und Welt nicht immer dieser Wahrheit entsprechen. Dass der Roman diesen Trost im Oktav- oder gar Duodezformat spendete, machte ihn zu einem medialen Nachfolger des Predigt-, Gesangs- und Stundenbuches. Aber es war eine Nachfolge, die die ritualisierte Andacht in der religiösen Gemeinde ersetzte durch die private Lektüre in freier Natur und durch den Austausch über das Gelesene in selbstgewählter Gesellschaft. Auf dieser Basis bildeten sich schließlich Dichtergemeinden,

die sich um das Werk eines Autors in derselben Weise versammelten wie die religiöse Gemeinde um den Altar: Dort auf dem Tisch lag der Roman als ein „Freund", und die Botschaft des Autors ließ sich von den Lesern dank des Oktav- oder Duodezformats leicht in die Welt tragen.[113]

Kein Zweifel also: Das Buch, in dem sich Welt und Selbst begegnen konnten, war ein erfolgreiches Medium, so erfolgreich, dass die Zeitgenossen schließlich bei den Buchlesern eine „Lesesucht" und „Lesewut" diagnostizierten. Der Erfolg des Buches hing freilich davon ab, dass es als Ware auf dem Markt auch verfügbar war, und das war bis ins 18. Jahrhundert hinein nur bedingt der Fall. Denn bis dahin dienten die Buchmessen in Frankfurt und Leipzig dazu, die Neuerscheinungen zu tauschen, wobei man als Maß den gedruckten Papierbogen zugrunde legte, der zwischen den einzelnen Verlagen im Prinzip im Verhältnis 1:1 getauscht wurde. Das war ökonomisch naheliegend, denn durch den Tausch umging man die Schwierigkeiten, die bei der Umrechnung der vielen im Reichsgebiet und international geltenden Münzsysteme aufgetreten wären. Zugleich erlaubte der Tauschverkehr den Verlagen, dass sie mit vergleichsweise geringem Kapitaleinsatz – sie mussten nur die Kosten der eigenen Produktion decken – Zugriff auf die während der Messen tauschbare Produktion an Büchern erhielten und die eingetauschten Titel dann zu Hause in der Funktion eines Buchhändlers verkaufen konnten. Auf diese Weise gelangten zwar viele der auf den Messen getauschten Bücher in die entfernteste Provinz, aber ob sie dort auch verkäuflich waren, war eine ganz andere Frage. Zumeist konnte nur ein Teil der eingetauschten Bücher verkauft werden, und das hieß in der Praxis, dass die Lagerbestände mit den getauschten und unverkäuflichen Büchern beständig wuchsen, bis man sich nicht mehr anders zu helfen wusste, als sie über Buchauktionen zu versteigern.

Um die Mitte des 18. Jahrhunderts ging man daher auf Initiative des Buchhändlers Philipp Erasmus Reich (1717 – 1787) dazu über, die neuen Bücher auf der Leipziger Buchmesse nicht mehr zu tauschen, sondern sie ohne Rückgaberecht und gegen Einräumung eines Rabatts von 25 Prozent bar zu bezahlen. Dadurch wurde

Gustav Tauberts Bild „Alles liest alles" aus dem Jahr 1832 zeigt ein Lesecafé in Berlin.

zwar das Problem der immer größer werdenden und zugleich an Wert verlierenden Lagerbestände strukturell beseitigt, aber der von Reich initiierte Übergang vom Tausch- zum Geldverkehr (Nettohandel) benachteiligte die nicht-sächsischen Verlage. Diese mussten nämlich auf den rabattierten Preis, den sie in Leipzig für ein Buch zu bezahlen hatten, noch die Transportkosten, die Spesen für die Leipziger Messe und nicht zuletzt, dank des Geldverkehrs, nun auch die Währungskosten aufschlagen. Hinzu kam, dass sich der Preis der Bücher durch den Übergang zum Geldverkehr generell verteuerte: Der Tauschhandel hatte mit hohen Auflagen kalkuliert, die man nur langsam absetzen musste, um die Unkosten hereinzubringen; im Geldverkehr aber musste man, wenn man das Risiko gering halten wollte, eher zu klei-

nen Auflagen greifen, die sich schnell verkaufen ließen, und dadurch verteuerte sich das einzelne Buchexemplar merklich. Kein Wunder also, dass man vor allem in den südlichen Teilen des Reiches am Tauschverkehr festhielt und sich vor allem darauf verlegte, das Fast-Monopol der Leipziger Verleger durch Nachdrucke auszuhebeln. Das beispielsweise in Karlsruhe von dem Nachdrucker Christian Gottlob Schmieder (1750 – 1827) nachgedruckte Buch war billiger als die in Leipzig bestellte Originalausgabe und ermöglichte Schmieder einen Gewinn, den er als Zwischenhändler für das aus Leipzig bestellte Buch niemals gehabt hätte. Dadurch etablierte sich in Konkurrenz zum Leipziger Buchmarkt eine regelrechte Nachdruck-Ökonomie, die über das Vertriebsnetz der Buchhändler-Verleger Neuerscheinungen vor allem im Süden des Reichs zu einem vergleichsweise günstigen Preis anbieten konnte. Das hat nicht nur Nachdruck-Größen wie Schmieder in Karlsruhe oder Johann Thomas von Trattner (1717 – 1798) in Wien hervorgebracht, der über 26 Druckerpressen, eine eigene Schriftgießerei, Buchbinderei und Kupferdruckerei sowie über zahlreiche Filialen und Depots in Österreich, Ost- und Südosteuropa und Kontaktleute in Magdeburg und Wolfenbüttel verfügte. Die Nachdruck-Ökonomie hat vor allem dazu geführt, dass die damals neue Literatur, die wir heute in die Schubladen von „Klassik" und „Romantik" stecken, auch in jenen Gegenden, die zuvor von der „Lesewut" noch nicht angesteckt waren, als eine – jedenfalls für die Nachdrucker – ökonomisch profitable Ware verbreitet werden konnte.

Historisch durchgesetzt hat sich weder der von Reich gewollte Nettohandel noch der unregulierte Nachdruck. Durchgesetzt hat sich vielmehr der Konditionshandel (Bedingtverkehr), bei dem der Buchhändler die vom Verlag oder einem Kommissionär in vorher vereinbarter Menge gelieferten Neuerscheinungen bis zu einem bestimmten Termin – in der Regel der nächsten Ostermesse – wieder zurückgeben oder bis zu einem weiteren Abrechnungstermin „disponieren" kann. Das war in gewisser Weise ein Kompromiss zwischen dem alten Tauschhandel, bei dem man die Zahlungstermine und damit das Risiko fast beliebig in die Zukunft schieben konnte, und dem Geldverkehr, der auf sofortige Barzahlung pochte und damit das unternehmerische Risiko dem Buchhändler auflud. Und es war ein Kompromiss, der den Nachdruck allmählich unnötig machte, weil der im Konditionshandel eingeräumte Rabatt – üblich waren 33 Prozent – es den Buchhändlern ermöglichte, auf ihre Kosten zu kommen und einen Gewinn zu machen. Und zuletzt war es ein Kompromiss, der die Rolle des Verlegers nun endgültig von der Rolle des Buchhändlers trennte. Der Verleger musste sich jetzt nicht mehr wie zu den Zeiten des Tauschverkehrs auch um den Verkauf der (getauschten) Bücher kümmern, sondern kalkulierte seine Deckungsauflage – also die Mindestmenge der Bücher, die er benötigte, um die Unkosten einzuspielen – und belieferte den Buchhändler, der seinen Absatz kalkulierte und das Unverkaufte nach einem Jahr an den Verleger remittierte. Damit war im Wesentlichen jene Vertriebsform für das Buch eingeführt, die auch heute noch besteht.[114]

Das Buch als Ware war freilich nicht nur von den ökonomischen Kalkulationen und Spekulationen der Verleger und Buchhändler abhängig, die mit diesem Produkt um des Gewinnes willen die Lesesucht ihrer Zeitgenossen nährten. Es war als eine Ware vielmehr ganz besonders davon abhängig, dass es die Ebene des bloßen Gebrauchswerts überstieg und einen exklusiven Wert repräsentierte, den die Aufklärer als „Bildung" namhaft gemacht hatten. Für diesen Wert standen die Dichter ein, deren Werke als Dokumente eines zu bildenden und auf Freiheit orientierten wahren Selbst gelesen werden konnten. Sobald die Autoren verstanden hatten, dass sie die Quelle eines Wertes waren, von dem sich der ökonomische Tauschwert des Buches ableitete – und dieses Verständnis brach sich in der zweiten Hälfte des 18. Jahrhunderts Bahn –, mussten sie auch ein Interesse daran haben, dass ihnen ein angemessener Teil des Tauschwerts zufiel. Das aber hieß, dass sie auf

Blick in eine Buchbinderei. Lithographie aus dem 19. Jahrhundert.

dem Buchmarkt, der den Tausch- durch den Geldverkehr ersetzt hatte, ihre Rechte als Urheber ihrer Werke gegen die Verwertungsinteressen der Verlage und der Nachdrucker durchsetzen und sichern mussten. Die klassische, von den Philosophen Immanuel Kant (1724–1804) und Johann Gottlieb Fichte (1762–1814) entwickelte Argumentationsfigur trennte zu diesem Zweck das gedruckte Buch als eine Sache von seinem Inhalt als einer spezifischen Form der Gedanken (der Art und Weise ihrer Verbindung, der sprachlichen Wendungen und Fügungen): Was der Verleger als Käufer eines Manuskripts oder der Leser als Käufer eines Buches erwerbe, sei ein materieller Gegenstand, nicht aber der Inhalt des Buches, weil der sich nicht gegen Geld tauschen lasse, sondern die mühsame Aneignung durch Lektüre erfordere; dabei werde die Form der im Buch zu findenden Gedanken der Denkform des Lesers unterworfen und also verändert, so dass das vom Autor Gedachte und Geschriebene niemals als solches vom Leser angeeignet werden könne; es bleibe auf immer das geistige Eigentum des Autors. Damit war das Urheberrecht als ein Persönlichkeitsrecht begründet, d. h. als ein Recht, das die Herrschaft über ein literarisches oder wissenschaftliches Werk an die Person des Autors bindet und dem Eigentumsrecht an Manuskript oder Buch als materiellen Gegenständen vorgeordnet ist. Seither gilt der Rechtsschutz nicht dem Buch als einer Ware, sondern der geistigen Leistung des Urhebers, der alleine darüber entscheiden kann, ob und in welchem Umfang und zu welchen Bedingungen sein geistiges Eigentum von einem Verleger verwertet werden darf. Die Rechtsprechung ist diesem Argument bald gefolgt, zunächst im „Badischen Landrecht" von 1809, in dessen Paragraph 577 es hieß: „Das Schrifteigentum erstreckt sich nicht nur auf die Handschrift, sondern auch auf deren Inhalt; es enthält daher das Recht, über die Vervielfältigung durch Abschrift oder Abdruck nach Gutdünken zu entscheiden." Im Jahre 1837 folgte dann Preußen mit dem „Gesetz zum Schutze des Eigenthums an Werken der Wissenschaft und Kunst gegen Nachdruck und Nachbildung", in dem die Schutzfrist auf 30 Jahre nach dem Tod des Autors festgesetzt wurde. Diese Regelung übernahm der Deutsche Bund im Jahre 1845; das Deut-

sche Reich ersetzte sie 1934 durch eine 50jährige und die Bundesrepublik Deutschland 1965 durch eine 70jährige Schutzfrist.[115]

Die neue Ökonomie des geldförmigen Konditionshandels und der Ausbau des Urheberrechts zu Beginn des 19. Jahrhunderts beendeten das „Nachdruckzeitalter" und etablierten einen Buchmarkt, wie wir ihn heute für selbstverständlich halten: Autoren, die ohne Brotberuf, ohne Versorgungsstelle an einem der Fürstenhöfe und ohne eigenes Vermögen nur von ihrem Schreiben zu leben versuchen und sich daher mit dem Adjektiv „frei" schmücken dürfen, schreiben für ein anonymes Publikum Bücher; zwischen den Autoren und dem Publikum vermitteln die Verlage, indem sie aus Manuskripten verkäufliche Bücher zu machen versuchen und die Autoren über das Honorar am Verkaufserlös der Bücher beteiligen. Das Publikum, für das die Autoren gegen Geld schreiben, ist jetzt aber nicht mehr das aufgeklärte bürgerliche Publikum, für das sich in der Lektüre die Selbst- mit der Welterfahrung verbindet, das im geselligen Gespräch über das Gelesene den „öffentlichen Gebrauch der Vernunft" erprobt und diesen Vernunftgebrauch wiederum „vor dem ganzen Publikum der Leserwelt" in Buchform ausbreitet, wie Immanuel Kant das in seinem 1784 erschienenen Aufsatz zur *Beantwortung der Frage: Was ist Aufklärung?* ausgeführt hatte. Vielmehr zeigte sich jetzt, dass die „Leserevolution" des 18. Jahrhunderts keineswegs zu einer Stärkung der bürgerlichen Selbstbestimmung geführt, sondern lediglich das Buch als eine Ware etabliert hatte, die man wie andere Waren auch gegen Geld konsumieren konnte. Kurz, aus der „Leserevolution" war der „Lesekonsum" eines anonymen Publikums geworden, das sich nicht mehr in der auf Geselligkeit zielenden Lesegesellschaft einfand, sondern in der kommerziellen Leihbibliothek, aus der es Romane entlieh, deren Lektüre kleine Fluchten aus dem Alltag ermöglichte, oder Fachbücher und Nachschlagewerke, deren Lektüre auf berufliches Fortkommen zielte.[116]

Der Lesekonsum nahm allerdings erst im 19. Jahrhundert Fahrt auf. Man hat geschätzt, dass der Anteil wirklich lesefähiger Personen – also von Personen, die sich den Lesekonsum finanziell und intellektuell überhaupt leisten konnten – von etwa 10 Prozent im Jahre 1800 (das sind Jean Pauls 300 000 Romanleser) auf rund 25 Prozent im Jahre 1850 stieg und erst in der Zeit vor dem Ersten Weltkrieg etwa zwei Drittel der Bevölkerung umfasste. Dieser Anstieg verdankt sich sicherlich der allmählichen Durchsetzung der Schulpflicht, was sich u. a. daran zeigt, dass es in den ersten Jahrzehnten des 19. Jahrhunderts zu einer Gründungswelle von Kinderbuchverlagen kam, die das Kind als Buchleser und -konsument zu entdecken begannen. Die Ausweitung des Buchmarktes – im Jahre 1805 verzeichneten die Messkataloge 4181 Neuerscheinungen, 1845 waren es 13 008 und im Jahre 1900 24 792 Titel – verdankt sich aber auch der Umstellung der Buchproduktion von der seit Gutenberg eingeführten und auf handwerklichen Verfahren beruhenden Drucktechnik auf industrielle Verfahren.[117]

Ansatzpunkt der Industrialisierung des Buches war der Kern der Gutenbergischen Erfindung, das Handgießinstrument, das die Produktion von bleiernen Lettern einer Normung unterworfen und aus der Normung das Potenzial zur seriellen Herstellung der Lettern gewonnen hatte. Die auf dieser technischen Basis mögliche Massenproduktion von Lettern war freilich, bedingt durch den handwerklichen Kontext, in den Gutenbergs Erfindung eingebettet war, noch bescheiden: Man hat kalkuliert, dass ein versierter Schriftgießer etwa 600 Lettern am Tag gießen konnte. Hinzu kam, dass das Handgießinstrument das Potenzial zur Massenproduktion auch deshalb nicht ausschöpfen konnte, weil der Normungsprozess nicht weit genug ausgriff: Die von einer Druckerei hergestellten Lettern waren durch die in dieser Werkstätte zum Einsatz kommenden Gießinstrumente und typographischen Vereinbarungen zwar alle einheitlich, aber damit war der Produktionsprozess eben nur in dieser einen Druckwerkstatt normiert; eine andere Druckerei konnte ganz anderen Konventionen folgen und tat es auch. Abhilfe schaffte hier erst die auf die Franzosen Pierre Simon Fournier (1712 – 1768) und François Ambroise Didot (1730 – 1804) zurückgehende Einführung des typographischen Punktes – er misst gerundet 0,376 Millimeter – als Maßeinheit für den Schriftgrad, d. h. die Größe einer Schrift. Als man dann

im 19. Jahrhundert dazu überging, die Herstellung der Lettern sukzessive zu maschinisieren (Handgießmaschine 1838, Komplettgießmaschine 1862, Schnellgießmaschine 1884) und dabei den Ausstoß an Lettern zu erhöhen – im Jahre 1885 stellte die Komplettgießmaschine der Firma Küstermann & Co. 50 000 Lettern am Tag her –, da erwies sich der typographische Punkt und das auf ihm beruhende typographische System als das geeignete Mittel, um den maschinellen Produktionsprozess werkstatt- und firmenübergreifend zu normieren. Dank dieser am Ende des 19. Jahrhunderts vollzogenen Normierung konnte das Typenmaterial der verschiedenen

Ottmar Mergenthalers „Linotype".

Königs Zylinderdruckmaschine aus dem Jahr 1814.

Schriftgießereien auf Setzmaschinen unterschiedlicher Hersteller eingesetzt werden.[118]

Und Setzmaschinen brauchte es, um die für die zunehmenden Textmengen in immer größerer Zahl benötigten Lettern rationell setzen zu können. Das erwies sich als technisch ebenso schwierig wie die Maschinisierung des Letterngusses. Denn natürlich ging und geht es beim maschinellen Satz, wie zuvor beim Handsatz und den kalligraphischen Handschriften des Mittelalters,

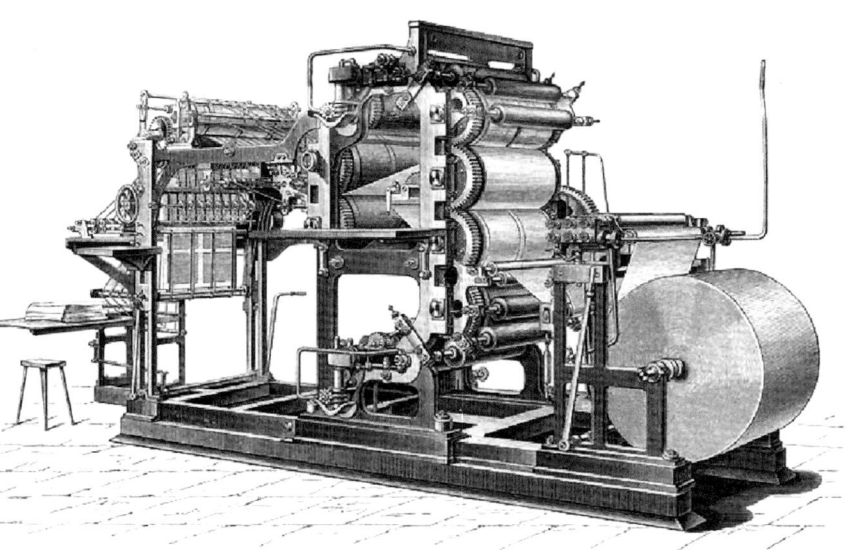

Rotationsdruckmaschine der Maschinenfabrik Augsburg.

nicht einfach um die Aneinanderreihung von Lettern zu Zeilen und Absätzen, sondern darum, die Aussageabsicht eines Textes in eine möglichst perfekte Balance zu seiner technischen Form – dem Layout, dem realisierten Satz – zu bringen. Industriell einsatzfähig waren die Setzmaschinen daher erst nach der Mitte des 19. Jahrhunderts, beginnend mit Karl Kastenbeins 1869 patentierter Setzmaschine, vor allem aber mit Ottmar Mergenthalers (1854–1899) zwischen 1883 und 1886 entwickelter „Linotype", die nicht die gegossenen Lettern zu Zeilen setzte, sondern die Matrizen, die dann zeilenweise gegossen wurden. Die von Tolbert Lanston (1844–1913) erfundene und ab 1897 einsatzfähige „Monotype" erfasste den Satz schließlich auf Lochstreifen, über die sie den Letterguss und ihren automatischen Satz sehr flexibel steuerte, so dass der Satz eines Buches dank der Lochstreifen auf jeder anderen „Monotype" jederzeit exakt reproduziert werden konnte.[119]

Parallel zur Maschinisierung des Letterngusses und des Satzes verlief die Maschinisierung der Druckerpresse. Dazu wurde am Ende des 18. Jahrhunderts das Holz, aus dem die Druckerpresse ursprünglich bestand, durch Eisen ersetzt, und der Tiegel wurde nicht mehr mit einem durch Muskelkraft gezogenen Bengel auf das Papier gepresst, vielmehr fand die Kraftübertragung jetzt effizienter durch ein System von Schwungrädern und Kurbeln statt. Die eigentliche technische Innovation lag jedoch zu Beginn des 19. Jahrhunderts, als Johann Friedrich Gottlob König (1774–1833) den flachen Tiegel zunächst durch einen und dann durch zwei rotierende Zylinder ersetzte, unter denen die Druckform durchlief, und schließlich die Maschine so konstruierte, dass beide Seiten eines Blatts zugleich bedruckt werden konnten („Komplettmaschine" ab 1814). Dass König für den Betrieb seiner Druckerpresse von Beginn an nicht auf Muskelkraft, sondern auf Dampf setzte, sorgte für eine zusätzliche Beschleunigung des Druckvorgangs – seit König spricht man von „Schnellpressen" – und fügte die Druckerpresse perfekt in den Industrialisierungsprozess des 19. Jahrhunderts ein, bei dem die menschliche Arbeitskraft in großem Stil von der Maschine ersetzt wurde. Eine weitere Beschleunigung brachte die Rotationsmaschine, bei der nun auch

Amerikanische Riesenschnellpresse in New York.

die Druckform auf einen rotierenden Zylinder montiert und das von einer Rolle laufende Papier zwischen den rotierenden Zylindern hindurchgeführt wurde, wodurch schon 1836 eine Druckleistung von 12000 Blatt in der Stunde erzielt werden konnte.[120]

Dieser enorme Papierverbrauch war nicht mehr mit dem konventionellen Verfahren der Papierherstellung zu befriedigen, bei dem man Blatt für Blatt mit einem Sieb aus der mit Hadern gefüllten Bütte schöpfte. Auch hier benötigte man eine industrielle Lösung, deren erster Schritt in der 1798 von dem Franzosen Nicholas-Louis Robert (1761–1828) erfundenen und in England technisch perfektionierten Langsiebmaschine bestand, bei der das Fasermaterial auf ein über Walzen laufendes

Schüttelsieb aufgebracht und dann durch Presswalzen geglättet und getrocknet wurde, was bis zu fünf Meter lange Papierbahnen möglich machte. Blieb freilich das Problem, dass die für die Papierherstellung benötigten Hadern nicht immer und überall in ausreichenden Mengen zur Verfügung standen. Das Problem löste Friedrich Gottlob Keller (1816–1895) durch das von ihm in den Jahren 1843/44 erfundene Holzschliffverfahren, das es erlaubte, entrindetes Holz durch Schleifsteine so zu zerfasern, dass ein weicher, zur Papierherstellung geeigneter Holzstoff entstand. Als es dann nach der Mitte des 19. Jahrhunderts in Großbritannien, den Vereinigten Staaten und Deutschland gelang, die Fasern des Holzes durch chemische Verfahren aufzuschließen und einen

Die Rollenoffset-Maschine Sunday 4000 gehört zur Produktpalette der Heidelberger Druckmaschinen AG.

Zellstoffbrei herzustellen, war ein nahezu unbegrenzt und billig zur Verfügung stehender Rohstoff für die Papierherstellung gewonnen.[121]

Zu ergänzen ist nur noch, dass natürlich auch die Herstellung des Bucheinbandes industrialisiert wurde (1855 Radschneidemaschine für Buchblöcke, 1849 Falzmaschine, 1873 Drahtheftmaschine), dass dank der Tiefdruckverfahren (Kupferstich, Stahlstich) die Bücher mit gedruckten einfarbigen Abbildungen und dank der Flachdruckverfahren – das erste war die von Alois Sennefelder (1771 – 1834) in den 1790er Jahren entwickelte Lithographie, auf die in der zweiten Hälfte des 19. Jahrhunderts der Offset- und der Lichtdruck folgten – auch mit gedruckten Farbabbildungen ausgestattet werden konnten. Damit hat das Buch im Prinzip jenen produktionstechnischen Stand erreicht, den es bis zu seiner Digitalisierung beibehalten sollte: Es war als marktförmige

Ware ein konsumierbarer Massenartikel geworden, der industriell hergestellt wurde.[122]

Dieser Transformationsprozess des Buches zur Konsumware verdichtete sich symbolisch im „Klassikerjahr" 1867 und seinen Folgen. Als nämlich der Deutsche Bund im Jahre 1845 die urheberrechtliche Schutzfrist von 30 Jahren nach dem Tod des Autors einführte, hatte dies eine unterschiedliche Geltungsdauer des Schutzes zur Folge, je nachdem, ob ein dem Bund angehörendes Land eine solche 30jährige Schutzfrist schon vor dem Jahr 1845 gekannt hatte oder nicht. Daher legte man nun als Stichtag für die 30jährige Schutzfrist bundeseinheitlich den 9. November 1867 fest, so dass die Werke der vor dem 9. November 1837 verstorbenen Autoren am 9. November 1867 bundesweit gemeinfrei wurden. Welche Wirkung das hatte, lässt sich am Schicksal des Cotta-Verlages ablesen. Johann Friedrich Cotta

(1764 – 1832) war es gelungen, im Grunde alle wichtigen deutschsprachigen Autoren der Zeit an seinen Verlag zu binden, und da die Verlagsproduktion durch das geltende Urheberrecht geschützt war, hatte er seinen Autoren stattliche Honorare zahlen und selbst ein Vermögen verdienen können. Dabei hatte Cotta die drucktechnischen Möglichkeiten der Zeit stets genutzt: Die in seinem Verlag im Jahre 1815 erscheinenden *Sämmtlichen Werke* Schillers druckte er in einer Auflage von 6000 Exemplaren auf Papieren unterschiedlicher Qualität (u. a. 125 Exemplare auf teurem Velinpapier und 1800 Exemplare auf billigem grauen Papier), um die verschiedenen Käuferschichten anzusprechen. Die 1835/36 erschienene zwölfbändige und illustrierte *Taschenausgabe* der Werke Schillers druckte man bei Cotta hingegen bereits auf Schnellpressen in 100 000 Exemplaren, die in einem Zeitraum von sieben Jahren auch abgesetzt wurden. Natürlich hatten auch Cottas Verlegerkollegen schon vor dem Klassikerjahr technisch aufzurüsten begonnen, um in größerer Stückzahl billiger produzieren zu können, und sie hatten damit jene Spirale in Gang gesetzt, die sich bis heute dreht: Die Verlage buhlen um lukrative Autoren, denen sie hohe Honorare zahlen; aber auf dem sich ausweitenden und der Konkurrenz unterworfenen Markt ist der Buchpreis ein wichtiger Verkaufsfaktor, weshalb man die Bücher so günstig wie möglich und das heißt: industriell in hoher Auflage herstellt. Und das eben zeigte sich im Klassikerjahr, als die Verlage sich beeilten, Cotta als dem bislang konkurrenzlosen, weil urheberrechtlich geschützten Klassikerverlag mit billigen Klassikerausgaben in seinem ureigensten Marktsegment Konkurrenz zu machen und dazu die Druckerpressen anwarfen: Der Reclam-Verlag startete seine bis heute erfolgreiche „Universal-Bibliothek" 1867 mit einer Ausgabe von Goethes *Faust*, von der 20 000 Exemplare in wenigen Monaten verkauft waren, Gustav Hempels (1819 – 1877) „Nationalbibliothek sämtlicher deutscher Classiker" ging gar mit 150 000 Exemplaren an den Start. Cotta unterlag dieser Konkurrenz schließlich und verschwand als eigenständiger Verlag vom Markt.[123]

Der industriell belieferte Buchmarkt war indessen schon nach wenigen Jahren mit Klassikerausgaben gesättigt, und auch bei den Neuerscheinungen kehrte

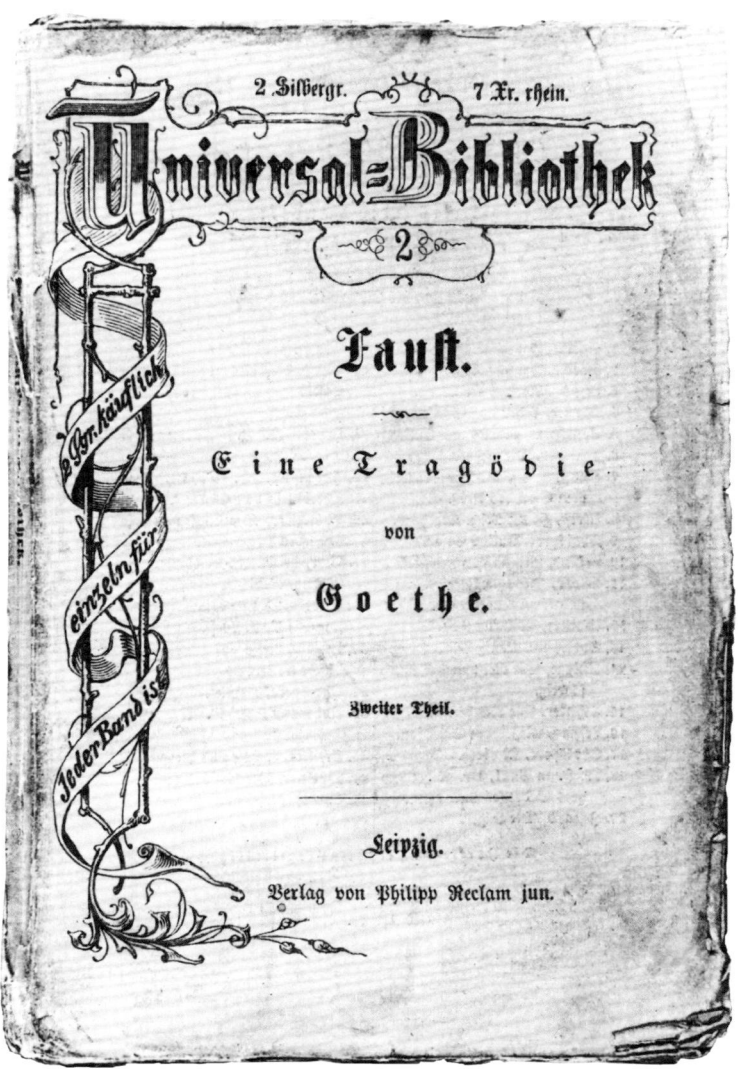

Umschlag des zweiten Bandes der Faust-Ausgabe, die 1867 in Reclams Universal-Bibliothek erschien.

nach dem Klassikerjahr die Marktnormalität zurück. Die durchschnittlichen Auflagenzahlen großer und bekannter Autoren lagen wieder zwischen 2000 und 3000 Exemplaren und die unbekannter oder als sperrig geltender Autoren wie Hölderlin weit unter 1000 Exemplaren. Die Rückkehr zur Normalität im Verlagsgeschäft heißt jedoch nicht, dass dadurch der Zug zum Lesekonsum aufgehalten worden wäre. Das Klassikerjahr beschleunigte vielmehr die Integration der Klassiker in den Konsumprozess, indem man sie in preiswerten Reihen verfügbar machte, die von Kolporteuren heft-

Band 141 (1910) der Heftromanserie Berühmte Indianer Häuptlinge.

chenweise an der Haustür vertrieben wurden. Hauptverkaufsobjekt der Kolportage waren aber nicht die Klassiker, sondern billig gemachte Unterhaltungsromane und populäre Zeitschriften wie die *Gartenlaube*, die in der Mitte der 1870er Jahre eine Auflage von über 380 000 Exemplaren erreichte. Daran konnten die Zeitungen mühelos anschließen, indem sie den Nachrichtenteil um Reportagen, Unterhaltungsseiten und vor allem Fortsetzungsromane erweiterten und damit den Lesekonsum weiter anheizten, und das in Auflagen, die ganz

exorbitant über den durchschnittlichen Auflagen für Bücher lagen und bis heute liegen: Der 1883 gegründete *Berliner Lokal-Anzeiger* hatte eine Durchschnittsauflage von 150 000 Exemplaren am Tag, und die 1898 gegründete *Berliner Morgenpost* kam im Jahre 1900 bereits auf eine Tagesauflage von 250 000 Exemplaren, 1930 dann auf 400 000 Exemplare. Das aber heißt, dass der immer breitere Leserschaften erfassende Lesekonsum medial weniger vom Buch abgedeckt wurde als von der Presse, die sich als Boulevardpresse schließlich ganz der Unterhaltung widmete.[124]

Am Ende des 19. Jahrhunderts war das Buch daher in eine Unterhaltungsindustrie eingefügt, die ihre industriell hergestellten Erzeugnisse über verschiedene Vertriebskanäle – den Buchhandel fürs Buch, das Kiosk für den Heftchenroman (als Nachfolger für den Kolportagevertrieb), die Zeitung für den Fortsetzungsroman – an den Mann brachte. Das bedeutete das Ende der Leihbibliothek, die den Lesekonsum in Zeiten knapper Bücher und geringer Einkommen getragen hatte. An ihre Stelle trat ein Vertriebsnetz für eine Massenware, die als Konsumgut keine Bürger mehr zu gemeinsamer Lektüre und Gespräch versammeln und auch keine Dichtergemeinden mehr stiften wollte, sondern das textuelle Konsumbedürfnis anonymer Leser durch die maschinelle Belieferung mit Texten befriedigte. Für das Massenbuch bedeutete das, dass es außer als populäres Sachbuch nun vor allem als populärer Roman in Erscheinung trat (und tritt), der von Schreibstars – sie dienen auf dem Markt als Identifikationsfigur und damit als Markenzeichen – wie Karl May (1842 – 1912), Ludwig Ganghofer (1855 – 1920), Hedwig Courths-Mahler (1867 – 1950) oder Johannes Mario Simmel (1924 – 2009) produziert und von Verlagen in Großauflagen – die Weltauflage der Simmel'schen Werke liegt bei 73 Millionen – auf den Markt geworfen wurde (und wird).[125]

Der konsumierenden Lektüre stand eigentlich nur noch die Zensur im Weg, die zumeist als Vorzensur in die Marktprozesse eingegriffen hatte. Nach der gescheiterten Märzrevolution von 1848 vertauschte man die politische Begründung für die Zensurmaßnahmen mit der moralischen und die Vor- mit der Nachzensur, die mittels des Strafrechts gegen unliebsame Bücher und

Lesendes Großbürgertum am Ende des 19. Jahrhunderts: Das Bildnis „Dame in Blau" von Konstantin Andrejewitsch Somow entstand zwischen 1897 und 1900.

Autoren vorging. Seither konnte man im Prinzip frei schreiben und drucken, musste allerdings damit rechnen, wegen Gotteslästerung (Oskar Panizza 1895 wegen seines Dramas *Das Liebeskonzil*), Majestätsbeleidigung (der *Simplicissimus* 1898 wegen seiner Artikel zur Palästinareise Wilhelms II.) oder Pornographie (die „Lex Heinze" aus dem Jahre 1900) vor Gericht gestellt zu werden. Das ließ dem Markt genug Spielraum, seine Schreibstars aufzubauen und die Massenlektüre zu bedienen. Dass gelegentlich ein Buch kassiert wurde und wird (zuletzt 2003 Maxim Billers Roman *Esra*), fiel, aufs Ganze gesehen, ökonomisch nicht mehr ins Gewicht und brachte sogar zusätzliche Werbeeffekte, die den Autor und seinen Verlag bekannt machten.[126]

Vorderdeckel der dritten Prachtausgabe aus dem Jahre 1890 von
Friedrich Wilhelm Webers Epos Dreizehnlinden.

Hat man den Weg des Buches zu einer geldmarkt-
förmigen Ware verstanden, versteht man auch, dass es
um das Jahr 1900 in seiner Eigenschaft als Ware in zwei
gegensätzlichen Ausprägungen auftrat. Auf der einen
Seite lag es als billig produzierte Massenware vor, die am
qualitativ unteren Ende in die Groschenhefte überging;
auf der anderen Seite aber standen großformatige, illustrierte und teure Prachtausgaben, die das wohlhabende
Bürgertum gerne im Salon auf einem Tisch oder noch
besser auf einem Pult aufgeschlagen präsentierte. Das
ist natürlich eine Reminiszenz an die mittelalterlichen
Folianten, die in den Klosterbibliotheken an Lesepul-

ten gelesen wurden. Aber es ist als Reminiszenz eine ins
Leere laufenden Geste, denn das wohlhabende Bürgertum des Kaiserreichs war nur noch selten am kulturellen
Wert des Buches und schon gar nicht an seiner religiösen Rückbettung interessiert, wohl aber daran, seinen in
der Industrialisierungsphase erworbenen Reichtum zur
Schau zu stellen. Der prächtige Foliant war daher wenig
mehr als der Versuch, den Reichtum auf dem Umweg
über den Besitz von Prachtwerken auch als einen kulturellen Wert zu präsentieren. In beiden Fällen aber, als
billiges Massenbuch wie als teures Klassenbuch, blieb
das Buch kommerzielle Ware. Und dazu gehörte auch,
dass es nun, dank des Buchumschlags – er entsteht im
frühen 19. Jahrhundert zuerst in England und wird in
Deutschland ab den 1890er Jahren adaptiert –, mit einer
werbenden Verpackung ausgestattet wurde, die die Aufmerksamkeit der Käufer auf die Ware lenken sollte.[127]

Gegen die Kommerzialisierung opponierte in England der Handwerker, Künstler und Typograph William
Morris (1834 – 1896). Er wollte – seinerseits beeinflusst
durch die Schriften des Kunsthistorikers und Sozialphi-
losophen John Ruskin (1819 – 1900) – das künstlerische
Schaffen wieder mit der handwerklichen Kompetenz
zusammenbringen, die durch den Industrialisierungsprozess marginalisiert worden war. Das hatte in vielen
Lebensbereichen und auch auf dem Buchmarkt dazu
geführt, dass qualitativ minderwertige Produkte hergestellt wurden, weshalb Morris 1891 die Kelmscott Press
gründete, die in der Anknüpfung an handwerkliche
Standards wieder schöne Bücher drucken sollte. Dabei
war sich Morris bewusst, dass die Qualität der Bücher
aus dem Zusammenspiel von Drucktype und Satzspiegel
und den verwendeten Materialien hervorging. Es war daher konsequent, dass er eigene Drucktypen entwarf, mit
denen er an die Ästhetik mittelalterlicher Handschriften
ebenso anschloss wie durch die reiche Ornamentik der
Bücher, die er auf einer Handpresse auf eigens hergestell-
tem Hadernpapier in kleiner Auflage druckte. Die Typo-
graphie- und Buchhistoriker sind sich einig: Was Morris
mit der Kelmscott Press leistete, gehört zum Schönsten,
was jemals gedruckt wurde; und von diesem Schönsten
das Beeindruckendste sind sicherlich die 1896 veröffent-
lichten *Works of Geoffrey Chaucer*.[128]

Morris' Beispiel hat weltweit Schule gemacht, auch in Deutschland, wo eine Reihe kleiner Werkstätten seine Ideen aufnahm: Die im Jahre 1900 gegründete Steglitzer Werkstatt versuchte ebenso wie die Leipziger Janus-Presse (1907), die Darmstädter Ernst-Ludwig-Presse (1907), die Bremer Presse (1911) und die Weimarer Cranach-Presse (1913) – sie alle schlossen schon durch den Namen „Presse" an die Kelmscott Press an –, dem schönen Buch wieder einen kulturellen Platz zu erobern. Auf der Seite des Publikums kam dem das buchkünstlerische Interesse entgegen, das sich in der Gründung bibliophiler Gesellschaften niederschlug, 1899 der Gesellschaft der Bibliophilen und 1911 der Maximilian Gesellschaft. Das blieb zunächst insofern eine elitäre Angelegenheit, als die auf Handpressen gedruckten Bücher in vorzüglicher Ausstattung natürlich teuer waren und nicht für ein Massenpublikum berechnet waren, was sich auch darin zeigt, dass die Gesellschaft der Bibliophilen, in der sich im deutschsprachigen Raum das potenzielle Publikum der Pressen organisierte, zu Beginn des Ersten Weltkrieges auf gerade einmal 1200 Mitglieder kam. Aber es ging den kleinen Werkstätten wie zuvor William Morris auch nicht um Massenabsatz, sondern darum, ein kulturelles Gegen-Zeichen zu setzen. Das wurde von jenen Verlagen aufgenommen, die sich als Kulturverlage zu positionieren versuchten und es als ihre „schönste und wichtigste Mission" betrachteten – ich zitiere ein bekanntes Diktum des Verlegers Samuel Fischer (1859 – 1934) –, „dem Publikum neue Werte aufzudrängen, die es nicht will". Das war die Linie, der Verleger wie Kurt Wolff (1887 – 1963) und Eugen Diederichs (1867 – 1930) folgten, der mit der Steglitzer Werkstatt zusammenarbeitete und in dessen Verlag das Werk Ruskins in deutscher Übersetzung erschien. Und es war die Linie, auf der es dem 1901 gegründeten Insel-Verlag gelang, die auf Morris zurückgehenden buchästhetischen und gesellschaftlichen Anliegen tatsächlich breitenwirksam werden zu lassen: Mit den Bänden der 1912 begonnenen „Insel-Bücherei" erhält der Käufer für wenig Geld mustergültig gedruckte anspruchsvolle Texte, bis heute.[129]

Natürlich konnte es nicht ausbleiben, dass die von der Kelmscott Press initiierte Buchkunst alsbald in Frage gestellt wurde. In der Zeit von Adolf Loos (1870 – 1933) und Bauhaus (1919 gegründet) hieß es nun: Wenn die Schönheit eines Gegenstandes sich daraus ergibt, dass seine Form seiner Funktion folgt, dann ist alles, was dieser rein funktionalen Form nicht entspricht, überflüssiger Tand. Und diesen Tand beseitigte man, indem man das Ornament als funktionalen Störfaktor beseitigte, in Architektur und Design ebenso wie im Buch, um sich in der Buchgestaltung ganz auf die Typographie zu stützen, die nun auch auf der Mikroebene der Buchstaben schnörkellos und also ohne Serifen zu sein hatte. Das war die Geburtsstunde der „Neuen Typographie", die mit den Groteskschriften – so heißen die serifenlosen Schriften – die Ästhetik des Buches verbessern und zugleich seine Lesbarkeit erhöhen wollte. Dass der revolutionäre Impetus, mit dem das vorgetragen wurde,

Schutzumschlag aus dem Jahr 1919.

Prolog zu den Canterbury Tales des Kelmscott Chaucer. 1896 in der Kelmscott Press von William Morris erschienen. Abbildung stark verkleinert.

nicht weit reichte, kann man daran erkennen, dass die Vertreter der „Neuen Typographie" sich nicht scheuten, etwas zu tun, was für Ruskin und Morris moralisch unmöglich gewesen wäre: Sie entwarfen Plakate für die Werbeindustrie. Offenbar ist die rein funktionale Form eben nicht *per se* revolutionär, wie man damals dachte, sondern wegen ihrer Eliminierung von Schnörkel und Ornament von Grund auf maschinenkonform und daher in die industrielle Logik vollkommen integrierbar. So gesehen war es konsequent, dass ein revolutionärer Geist wie Jan Tschichold (1902–1974) sich schon in den 1930er Jahren von der „Neuen Typographie" wieder abwandte und sich erneut auf die Suche nach den klassischen Gesetzen der Typographie machte, um für die Nachwelt festzuhalten: „Gute Typographie heißt nicht modische Typographie; modische oder modisch sich gebärdende Typographie ist nicht immer gut. Gute Leistungen sind selten."[130]

Möglicherweise hätte das Pendel noch einige Male zwischen dem industriell gefertigten und dem handwerklich-schönen Buch ausgeschlagen, wenn nicht die nach dem Ersten Weltkrieg in Deutschland einsetzende Hyperinflation die Geldvermögen entwertet und damit das Bürgertum als kulturtragende Schicht marginalisiert hätte. In dieser Situation war an eine gesellschaftliche Transformation durch handwerklich herausragende Bücher nicht mehr zu denken. Stattdessen setzte sich der Industrialisierungsprozess darin fort, dass auf der einen Seite die Produzenten und die Konsumenten von Literatur sich genossenschaftlich organisierten, um den Nötigungen von Kapital und Maschine wenigstens noch irgendetwas Qualitatives entgegenzusetzen; zu nennen wäre hier der bereits 1909 gegründete Schutzverband Deutscher Schriftsteller als Autorengenossenschaft und die 1924 gegründete Büchergilde Gutenberg als Lesergenossenschaft. Auf der anderen Seite passte sich das Distributionssystem der Verlage den industriellen Marktmechanismen dadurch an, dass es sich intern in Management, Lektorat, Werbeabteilung und Herstellung zu differenzieren begann, um zugleich extern nach Zusammenschlüssen zu suchen, die konsequenterweise in einer Trustbildung endeten. Ein solcher Trust war der Ullstein-Verlag mit seinen Zeitungen, seiner Nachrichten- und Bildagentur, seinem Buchverlag und seiner Druckerei. Dadurch verfügte Ullstein über die Instrumente, die ihm die Verwertung eines Produktes zu optimieren und den größten Bucherfolg der Zeit zu erzielen erlaubten: Erich Maria Remarques Roman *Im Westen nichts Neues* erschien zunächst als Vorabdruck in der zu Ullstein gehörenden *Vossischen Zeitung* und dann 1929 in dem ebenfalls zu Ullstein gehörenden Propylä-

en-Verlag als gebundenes Buch, gedruckt in Ullsteins Druckerei.

Eine Grenze erreichte die Ökonomisierung des Buches in der nach dem Börsenkrach von 1929 einsetzenden Weltwirtschaftskrise, die die Massenmärkte zusammenbrechen ließ und in Europa faschistischen Regimen den Boden bereitete. In Deutschland machte ab 1933 die nationalsozialistische Diktatur mit der Freiheit des Marktes ein Ende, indem sie die genossenschaftliche Selbstorganisation der Schriftsteller als Zwangsorganisation in Form der Reichsschrifttumskammer fortführte und diese dem Propagandaministerium unterstellte, in das Distributionssystem durch Berufsverbote für Buchhändler und die „Arisierung" von Verlagen eingriff – Ullstein traf es schon 1934 – und natürlich durch eine umfassende Zensur dafür sorgte, dass nur weltanschaulich Genehmes den Buchmarkt erreichte und in

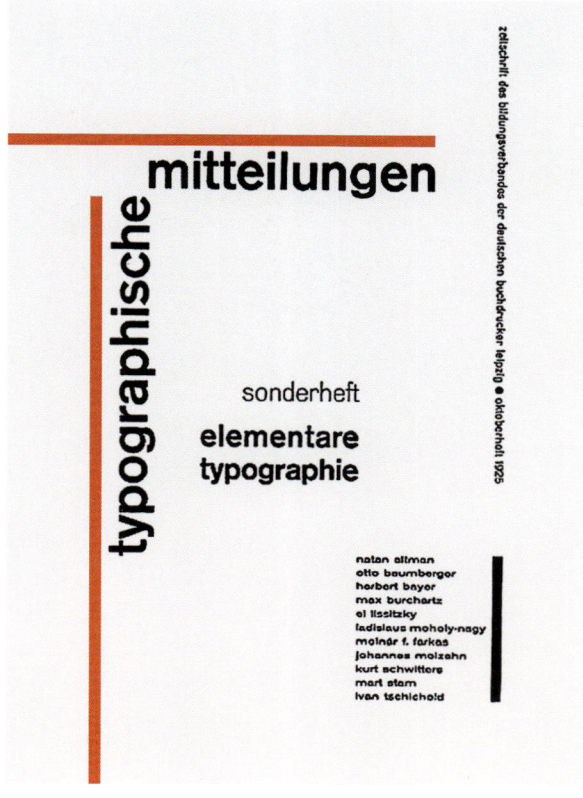

Oktoberheft 1925 der Typographischen Mitteilungen, dem Organ des Verbandes der Deutschen Typographischen Gesellschaft. Entwurf von Jan Tschichold.

den öffentlichen Bibliotheken zur Verfügung gestellt wurde. Die 1939 einsetzende Kriegswirtschaft war dann eine offene Planwirtschaft zur Verwaltung immer knapper werdender Ressourcen, zu denen auch das für die Buchproduktion unerlässliche Papier gehörte. Damit wurde die verbleibende Buchproduktion ebenso gelenkt wie mit der 1941 verfügten Gründungssperre für Verlage und der 1943 verfügten Zwangsschließung von zwei Dritteln der Verlage.[131]

Nach dem Krieg setzte sich in Deutschland die Marktlenkung zunächst fort. Denn zum einen bestand aufgrund der im Krieg zerstörten Industrieanlagen weiterhin ein Ressourcenmangel, der Eingriffe in den Markt nötig machte; zum anderen aber waren die Alliierten an Marktprozessen anfangs nicht sonderlich interessiert, weil sie damit beschäftigt waren, die Bevölkerung im Westen Deutschlands zu Demokraten und im Osten zu

Kommunisten zu erziehen. Ein Ende der Marktlenkung zeichnete sich im Westen im Jahre 1948 mit der Währungsreform ab, die die Kaufkraft stabilisierte und damit wieder Marktmechanismen zu etablieren erlaubte. Die Folge davon war freilich, dass die durch den Nationalsozialismus und den Krieg gestörten Konzentrationsprozesse im Verlagswesen wieder auflebten und damit das industrielle Massenbuch seinen Siegeszug fortsetzte, indem es sich zum modernen Taschenbuch wandelte.

Natürlich reicht die Geschichte des Taschenbuchs zurück bis zu den von Aldus Manutius im Oktavformat gedruckten Büchern und weiter noch bis zum kleinformatigen Stundenbuch des Mittelalters. Das kleine Oktavformat war seit dem 18. Jahrhundert zum bevorzugten Format der Romane geworden, aber auch zum Format der „Taschenbuch" genannten Sammelbände, womit man im Unterschied zum heutigen Taschenbuch ein fest gebundenes, nur eben kleinformatiges Buch meinte. Nun aber, im Jahre 1946, machte sich der Rowohlt-Verlag daran, auf Rotationspressen Bücher im Zeitungsformat zu drucken: „Rowohlts Rotations Romane" starteten im Jahre 1946 mit Auflagen, die zwischen 100 000 bis 150 000 Exemplaren lagen. Die Entscheidung für dieses Produktionsverfahren war den Umständen geschuldet, denn die alliierten Bombardements hatten Leipzig als nationales Buchhandels- und Buchdruckzentrum fast vollständig ausgelöscht, und auch sonst waren im Jahre 1946 viele Druckereien und ihre Druckmaschinen noch zerstört. Rotationspressen für Zeitungen aber waren überall zu finden und also für den Druck von Romanen das Mittel der Wahl. Hinzu kam, dass man durch den Druck im Zeitungsformat auch leichter an das knappe Papier kam, das bevorzugt Zeitungsdruckereien zugeteilt wurde. Als Rowohlt nach Aufhebung der planwirtschaftlichen Restriktionen im Jahre 1950 vom Zeitungs- auf das Taschenbuchformat umstellte und die nun „rororo-Taschenbücher" getaufte Reihe immer noch im Rotationsdruck und mit einer billigen Klebebindung erfolgreich auf den Markt warf, da wurde mit dem modernen Taschenbuch eine Buchform eingeführt, die, indem sie produktionstechnisch den Rotationsdruck der Zeitungen übernahm, den seit der Zeit um 1900 von den Zeitungen bedienten Lesekonsum aufs Buch zurücklenkte. Damit etablierte

Tucholsky Schloss Gripsholm als „Rowohlts Rotations Roman" im Zeitungsformat, erschienen 1946.

Rowohlt das Taschenbuch als dominante Buchform, was sich daran ablesen lässt, dass innerhalb der Belletristik, die mit etwas über 35 Prozent den größten Umsatzanteil am Buchmarkt hat, über 70 Prozent der Bücher als Taschenbuch erscheinen. Wir haben uns daher längst daran gewöhnt, dass wir in den Buchhandlungen zunächst und zumeist auf Stapel von billigen Taschenbüchern stoßen. Und wer dennoch einmal in einer Buchhandlung zu einem gebundenen Buch greift, wird feststellen, dass diese Art von Buch, die im Branchenjargon als „hardcover" firmiert, in der Tat sich zumeist nur noch durch den steifen Pappendeckel als Einband vom „softcover"-Taschenbuch unterscheidet. Im Übrigen aber kommt es so trist daher wie dieses: Kein Leineneinband verspricht Haptik, keine Fadenheftung verheißt Dauer, kein Farbschnitt schützt vor Sonnenlicht, und kein Lesebändchen markiert den momentanen Ort des Lesevergnügens oder gar der Aufklärung.[132]

Die Tendenz ist unübersehbar: Das moderne Taschenbuch, das auf der produktionstechnischen Basis der Zeitung entstand, wird wie die Zeitung zur Wegwerfware. Als Wegwerfware muss es auch nicht mehr so tun, als habe es noch mit Kunst und Aufklärung zu tun, sondern kann sich gerade wegen seines grell-bunten Einbandes als standardisiertes Massenprodukt bruchlos in das instrumentelle Besteck der Unterhaltungsindustrie einfügen. Diese will nicht wissen, was es mit dem Buch als einem materiell-geformten Zeichenträger auf sich hat, sondern interessiert sich nur noch für die Tauglichkeit des Taschenbuchs als eines medialen Vehikels für konsumierbaren „content". Der aber, so meint man, ist jederzeit vom materiell-geformten Gegenstand namens „Buch" ablösbar und kann, je nach kommerzieller Lage, auch über andere Vertriebskanäle vermarktet werden – etwa als Hörbuch, als Film, als Videospiel –, wobei einzig seine massenhafte Verkäuflichkeit zählt.[133]

Wie es scheint, wirkt ausgerechnet der Druck, der von den digitalen Medien und dem Internet ausgeht, diesem warenästhetischen Trend insofern entgegen, als die Rückbesinnung auf die Geschichte des Buches und seine medialen Eigenheiten da und dort ein neues Qualitätsbewusstsein schafft, aus dem heraus dem Buch ein Stück jener Eigenschaften zurückgegeben wird, die es im

Die Bände der edition suhrkamp: Seit 1963 erscheinen jährlich 48 Bände als Taschenbücher mit einem farbigen Umschlag, der dem Lichtspektrum folgt.

Zuge seiner Industrialisierung verloren hat: Die oft vernachlässigte Typographie wird wieder stärker beachtet, Illustrationen finden ihren Weg zurück ins Buch; gelegentlich sieht man sogar Farbschnitt und Fadenheftung, Lesebändchen und einen Leineneinband. Die Anhänger der digitalen Medien halten das freilich für ein Pfeifen im Walde, das die Tendenz der Geschichte, die auf eine Verlagerung von bislang buchförmigem „content" ins planetare Netz des Digitalen weist, nicht brechen wird. Die Zukunft, so sagen sie uns, gehöre nicht dem Buch als einem materiellen Medium, sondern dem digitalen Buch als einer überall aus dem Netz abrufbaren Zeichenfolge, die sich bequem mit allem verbinden kann, was sich überhaupt digitalisieren lässt. Dadurch, so sagt man uns weiter, würde sich endlich erfüllen, was man seit der Aufklärung versprochen hat: dass die Dinge sich selbstevident aufschließen, indem sie sich uns medial so zeigen, wie sie sind, multisensorisch und dreidimensional. Sie sprächen dann ganz ohne Wörter von sich selbst, in einer Weise, wie kein Buch und kein Mensch von ihnen sprechen kann.

7. Das digitale Buch

Der Verdacht, Schrift und Buch seien zur Speicherung des menschlichen Denkens – der Fülle des Gedachten und der Denkprozesse – nicht geeignet, reicht bis zu Platon (428/27–348/47 v. Chr.) zurück, der darauf hingewiesen hat, dass Schriftzeichen an sich bedeutungslos seien, solange sie nicht durch miteinander sprechende und denkende Menschen mit Bedeutung aufgeladen werden. Das Christentum hat diesen Verdacht aufgenommen und dem Abendland vermittelt, als es sich vom Apostel Paulus († ca. 62 n. Chr.) sagen ließ, dass der Buchstabe töte, der Geist aber lebendig mache. Das war gegen ein Verständnis von Ethik und Religion gesagt und geschrieben, das aus dogmatisch interpretierten kanonischen Texten ableiten wollte, was richtigerweise zu tun sei, so dass die Opposition von lebendigem Geist und totem Buchstaben darauf hinausläuft, auf der Ebene von Buchstabe und Schrift das Tote vom Lebendigen zu scheiden und für ein „Buch des Lebens" zu optieren, das vor jenem Tod bewahrt, der in dogmatisch interpretierten Texten wohnt.[134]

Die Alternative von lebendigem Text (mit lebendigem Geist) versus totem Buchstaben blieb medientechnisch lange Zeit ohne Konsequenzen, weil man keine Mittel hatte, die lebendigen Texte gegenüber den toten auszuzeichnen. In beiden Fällen handelte es sich um Texte in der medialen Form von Tontafel, Papyrus- oder Pergamentrolle, Kodex oder gedrucktem Buch, bei denen man alleine durch Lektüre und Studium herausfinden konnte, wie es um ihre Lebendigkeit bestellt war. Erst am Vorabend der Aufklärung begann sich die Situation zu ändern, als im Jahre 1680 der Philosoph, Historiker und Bibliothekar Gottfried Wilhelm Leibniz (1646 – 1716) seinem Landesherrn Herzog Ernst August (1629 – 1698) vorschlug, nicht nur eine Bibliothek aus „Kern = Büchern" zusammenzustellen, die in drei oder vier Zimmern Platz hätte und jeden Wissbegierigen in die Lage versetzen sollte, sich über alle wichtigen Gegenstände zu informieren; vielmehr wollte Leibniz auch Kataloge anlegen, welche die in den „Kern = Büchern" zu findenden Gedanken und Argumente sachlich ordnen und dadurch Indizes zu den „Materien" sein sollten, die in den Büchern zerstreut seien. Leibniz beabsichtigte also nicht nur eine Reduktion der Menge der existierenden Bücher auf jene, in denen überhaupt Sachhaltiges (und nicht Falsches) zu den Gegenständen der Welt zu finden ist, sondern auch eine modulare Auflösung der sachhaltigen Bücher in die von ihnen behandelten „Materien" und deren Verzeichnung in Sachkatalogen. Sie sind das medientechnische Pendant zu der von Leibniz entworfenen „Inventionskunst", die eine regelgeleitete Ableitung komplexer Sätze aus einfachen und wahren Sätzen als mathematischen Kalkül durchführen wollte. Um wahre und kontrollierbare Aussagen über die Gegenstände der Welt treffen zu können, sollte es genügen, das Insgesamt der wahren Aussagen zu erheben – sie werden in den „Kern = Büchern" gespeichert und in den Katalogen indexiert –, um sodann auf der Basis eines Kalküls die indexierten Aussagen miteinander zu korrelieren und das Ergebnis der Korrelation wiederum in den Büchern nachzuschlagen. Dass man bei diesem

Verfahren überhaupt noch auf Bücher zurückgriff, war natürlich den medientechnischen Verhältnissen der Zeit geschuldet: Leibniz hatte nur Bücher, um die auf einfache Aussagen reduzierten komplexen Sachverhalte zu notieren und zu indexieren. Aber das Neue kündigte sich darin an, dass er auf der Ebene der Bücher zwischen Speichermedien (den „Kern = Büchern") und Indizes (den Katalogen) unterschied und auf der Basis eines Kalküls den Zugriff auf die Speicher über die Indizes steuern wollte. Damit läuft Leibniz' Vorschlag im Grunde darauf hinaus, auf der medialen Basis des Buches Datenbanken aufzubauen – Datenbanken, die nur Sachhaltiges enthalten, Wahres per Kalkül zu errechnen erlauben und daher unbelastet von den toten Buchstaben der wissenstechnisch überflüssigen Bücher sind.[135]

Da Leibniz' Landesherr nicht daran dachte, den Vorschlag seines Untergebenen aufzugreifen, und da Leibniz nichts tat, um seine Ideen der Öffentlichkeit mitzuteilen, fuhr man fort, die Zunahme der Büchermenge und das Wachstum der Bibliotheken durch die Eliminierung der überflüssigen Bücher zu bekämpfen. So träumte der französische Schriftsteller Louis-Sébastien Mercier (1740 – 1814) von einer Zeitreise, die ihn in das Jahr 2440 führte, in dem die Königliche Bibliothek in Paris nur noch aus einem kleinen Raum mit wenigen Büchern bestand. Man hatte nämlich, so erfuhr der Zeitreisende, von den bedeutenden Büchern Zusammenfassungen erstellt, die Zusammenfassungen nach den „wahren Prinzipien der Moral" korrigiert und das Ganze gedruckt, alles andere aber zu einem ungeheuren Turm von Babel geschichtet und verbrannt. Dabei habe man, wie dem Reisenden erklärt wird, im Grunde dasselbe Verfahren angewandt, das man bei der Destillation benutze, um die Essenz einer Pflanze zu erhalten: Durch Erhitzen scheide man die feinstoffliche Kraft – der französische Text spricht von „vertu" – vom Grob-Materiellen ab, um das Destillat in einer Phiole aufzubewahren, die Rückstände aber zu entsorgen. Und genau auf diese Weise habe man die Essenz der Bücher erhalten: Der destillatorische Bücherbrand war kein Akt der Zerstörung, sondern der Konzentration auf das Wesentliche; er behielt das Eigentliche zurück, das nicht in der unterschiedlichen Materialität der vielen Bücher liegt,

sondern in ihrer „virtus" – das eben ist der lateinische Kern des französischen „vertu": Kraft –, die sich von der groben Materie ablösen lässt und folglich als „virtuelle" Kraft und Essenz erhalten bleibt. Damit waren ein Konzept und ein Wort in die Welt gesetzt, die zweihundert Jahre später eine große Karriere machen sollten.

Bevor es dahin kam, musste freilich die Mediensituation eine andere werden. Das war um das Jahr 1900 der Fall, als man in den Bibliotheken genug Erfahrungen mit den sogenannten „Zettelkatalogen" gesammelt hatte. Diese verzeichneten auf Katalogzetteln von zumeist 12,5 × 7,5 cm – das entsprach in etwa dem damaligen Postkartenformat – zum einen die Verfasser der Bücher in alphabetischer Sequenz (das ergab den alphabetischen Verfasserkatalog), und zum anderen brachte man auf ebensolchen Katalogzetteln die in den Büchern und Aufsätzen behandelten Gegenstände auf der Basis einer Klassifikation des Wissens in eine systematische Ordnung (das ergab den Systematischen Katalog). Dabei stritt man freilich darüber, nach welchen Kriterien – und das heißt: nach welchem Vorverständnis vom Insgesamt der Wissenschaft und ihren Methoden – man eine solche systematische Ordnung für alle verbindlich einrichten sollte. Um dieses Problem zu lösen, machte sich der belgische Gelehrte Paul Otlet (1868 – 1944) auf der Basis der Dezimalklassifikation des Amerikaners Melvil Dewey (1851 – 1931) – die wiederum von Leibniz inspiriert war – an den Aufbau einer „Universellen Dezimalklassifikation". Sie brachte all das, was sich in Büchern und Zeitschriften an Fakten, Interpretationen, Statistiken und Quellenmaterial finden ließ, auf der Basis von Hunderter- und Zehnerblöcken in ein formales Ordnungssystem, das jeden, der mit der Klassifikation vertraut war, in die Lage versetzte, die (wie es nun plötzlich hieß) „Informationen" zu finden, die er benötigte; und zwar als Verweisungen auf die entsprechenden Abschnitte in Büchern und Aufsätzen. Damit war, wie Otlet meinte, der systematisch geordnete Katalog zum „Universalen Buch" des Wissens geworden, das jederzeit leicht erweitert werden konnte, indem man eine neue Information auf eine neue Karteikarte schrieb und an der richtigen Dezimalstelle im Katalog einsortierte. Man müsste dann nur noch alle nach dieser Methode arbeitenden Institutionen organisatorisch miteinander verbinden und eine Kooperationszentrale in Form eines Internationalen Bibliographischen Instituts einrichten, um schließlich auf globaler Ebene ein „Weltgedächtnis" zu implementieren. Ebendas beabsichtige Otlet mit dem von ihm und dem Politiker Henri La Fontaine (1854–1943) in Brüssel gegründeten „Mundaneum".

Natürlich war das von der Grundidee und Methodik her eine Wiederaufnahme des Leibniz'schen Projekts, aber es war eine Wiederaufnahme, die auf eine neue medientechnische Lösung zielte. Zum einen dadurch, dass der „Universelle Bibliographische Katalog", wie Otlet seinen Sachkatalog nannte, als Index alles Wissens nun in der Tat das Medium wechselte und zeigte, dass die funktional eleganteste Ordnung der in den Büchern zu findenden Gegenstände nicht auf der Ebene der Bücher lag, sondern in einem Metamedium. Dieses Metamedium war der bibliographische Universalkatalog auf der Basis normierter Katalogzettel, die am Vorabend des Ersten Weltkrieges bereits elf Millionen Einträge verzeichneten. Zum anderen aber lag der neue medientechnische Zugang darin, die Bücher als Speichermedien zu mikrophotokopieren und damit sowohl das aus der Zunahme der Buchmengen resultierende Platzproblem in den Bibliotheken in den Griff zu bekommen als auch die Distribution der Bücher zu verbilligen und ihre Konsultation zu erleichtern, womöglich, wie Otlet sich vorstellte, durch „Television". Da Otlet bei dieser Gelegenheit auch gleich noch die Beschränkung auf das Buch als Speichermedium aufgeben und Bilder, Tonmedien und Filme in den Wissensspeicher aufnehmen wollte, lief das alles darauf hinaus, eine Art hypermedialen Gedächtnisraum aufzubauen, dessen Prozessor aus den Karteikarten des „Universellen Bibliographischen Katalogs" bestand.[136]

„Weltgedächtnis" oder „Weltgehirn" dank Anwendung von Dezimalklassifikation und aktueller Technik; plus das Versprechen, auf dieser Basis und durch eine geeignete internationale Organisation der Gedächtnisinstitutionen den Weltfrieden zu befördern; plus die Ausweitung der Medienbasis über das Buch hinaus, um die Welt nicht nur zum Sprechen zu bringen, sondern sicht- und hörbar zu machen: All das galt in den 1920er und 1930er Jahren nicht als abwegige Idee eines belgischen Sonderlings, sondern als endlich an der Zeit und machbar und wurde von vielen begeistert aufgenommen und propagiert, vom britischen Romancier H. G. Wells (1866–1946), dessen Buch *World Brain* aus dem Jahr 1938 so etwas wie eine Popularisierung Otlet'scher Ideen darstellt, bis hin zu dem österreichischen Nationalökonomen Otto Neurath (1882–1945), der nicht nur einer der Begründer des für die Philosophie- und Wissenschaftsgeschichte wichtigen „Wiener Kreises" ist, sondern im Rahmen seines Engagements in der Volksbildung auch mit neuen Visualisierungstechniken für statistische Daten experimentierte. Trotz der beachtlichen Energie, mit der all das betrieben wurde: So richtig gezündet hat es nicht, was u. a. daran ablesbar ist, dass das „Mundaneum", in dem der bibliographische Universalkatalog untergebracht war, im Jahre 1934 schließen musste. Man darf vermuten, dass die Überzeugungskraft der von Otlet gefundenen medientechnischen Lösung für die von Leibniz ins Spiel gebrachte Datenbank dar-

Karteischränke des von Paul Otlet und seinen Mitarbeitern hergestellten „Universellen Bibliographischen Katalogs".

Entwurf für die Erweiterung der Königlichen Bibliothek in Paris. Federzeichnung von Étienne-Louis Boullée aus dem Jahre 1785. Louis-Sébastien Mercier wird diese Bibliothek auf ihre wahre Größe reduzieren: auf ein kleines Kabinett.

unter litt, dass der Wechsel vom Buch zum Zettelkatalog und damit zur Karteikarte das mit der Zunahme der Buchmengen und dem Wachstum der Bibliotheken verbundene Raumproblem nicht wirklich löste. Denn mit der Menge der Bücher und mit der Menge der in ihnen behandelten Gegenstände wuchsen auch die Zettelkataloge, die das alles verzeichnen und beherrschbar machen sollten, und je größer der Zettelkatalog, desto zeitaufwendiger und träger die Recherche, die sich des Zettelkatalogs als eines Prozessors für die Datensuche bedienen musste.

Der mediale Schlag gegen das Buch kam daher nicht von Otlet, sondern erst 1945 durch den amerikanischen Naturwissenschaftler und Wissenschaftsorganisator Vannevar Bush (1890 – 1974), der in der Zeitschrift *Atlantic Monthly* einen Artikel mit dem Titel „As we may think" (Wie wir denken könnten) veröffentlichte. Darin erläuterte er seine Ideen für eine Maschine namens „Memex" – ein Kurzwort für „*memory extender*" (Gedächtniserweiterer) –, die das Wissen nicht mehr dadurch zugänglich zu machen versuche, dass sie es in das starre Korsett einer vorgegebenen Systematik zwänge, sondern dadurch, dass sie die assoziativen Spuren, denen wir beim Denken folgen, technisch abbilden würde. Dazu wollte Bush die traditionellen Medien durch Mikrofilme ersetzen und dem Leser die Möglichkeit geben, die in den Mikrofilmen vorliegenden Dokumente durch beliebig vergebbare Schlagwörter miteinander zu verknüpfen – heute nennen wir das „taggen" – und durch eigene Anmerkungen und Kommentare zu ergänzen. Das sollte technisch so umgesetzt werden, dass der „Memex" in einem Schreibtisch Platz hätte, auf dessen Tischplatte die Dokumente angezeigt und bearbeitet werden könnten.[137]

Bushs Vorschlag fiel in eine günstige Zeit. In Großbritannien hatte der Mathematiker Alan Turing (1912 – 1954) gerade die theoretischen Grundlagen für eine Maschine erarbeitet, die man bald „Computer" nennen würde; und in den Vereinigten Staaten sorgte Bush in den wirtschaftlich prosperierenden Nachkriegsjahren mit seinen Beziehungen zu Wissenschaft (er war Präsident der Carnegie Institution in Washington), Politik (er war Berater von Präsident Truman) und Wirtschaft (er saß u. a. im Vorstand von AT & T) dafür, dass in

der im Entstehen begriffenen Informatik die Idee des „Memex" nicht verloren ging. Wir wundern uns daher nicht, dass die Metapher des „Schreibtischs" – in der englischen Form als „desktop" – ab den 1970er Jahren ihren Siegeszug auf den sich allmählich ausbreitenden „persönlichen Rechnern" (personal computer, PC) antrat und technisch umsetzte, was Bush konzipiert hatte: die Anzeige und Bearbeitung beliebiger Dokumente auf dem Bildschirm eines Computers. Für die noch fehlende weltweite Vernetzung der Computer sorgte dann ab Mitte der 1990er Jahre das Internet und die dort umgesetzte Idee, Texte oder Teile von Texten – und das meinte bald auch mehr als Texte, nämlich Töne, Bilder und Filme – über Verweisungen (Links) miteinander zu einem „Hypertext" zu verbinden und endlich jenes „Weltgedächtnis" herzustellen, von dem man so lange schon geträumt hatte.

Das fand seit den 1960er Jahren auch den zunehmenden Beifall technikfremder Disziplinen wie der Literaturwissenschaft und der Philosophie, die in einem literarischen Kunstwerk und bald auch in Texten aller Art keine (möglicherweise genialen) Autoren mehr am Werk sahen. Stattdessen sahen sie nur noch ein Gewebe von beliebig wählbaren und beliebig miteinander verknüpfbaren Leseeinheiten – der französische Literaturtheoretiker Roland Barthes (1915 – 1980) nannte sie „Lexien" –, in denen die Idee des Buches als eines von einem Autor verantworteten Schriftstücks zu Ende ging. Aber auch der Autor war jetzt nur noch ein unpersönlicher ominöser „Wille zur Wahrheit", so dass in dem Moment, als man diesen Willen aus den Texten – den großen literarischen und wissenschaftlich-philosophischen und den kleinen des Alltags – herauskürzte, nichts weiter als die „Schrift" als solche zurückblieb, in „Lexien" zerfallen und sich selbst endlos rekombinierend. Den Prozess einer sich selbst rekombinierenden Schrift nannte der französische Philosoph Jacques Derrida (1930 – 2004) kurzerhand „Spiel", das er noch von den Programmen der Kybernetik und den „elektronischen Datenverarbeitungs- und Lesemaschinen" gespielt fand.

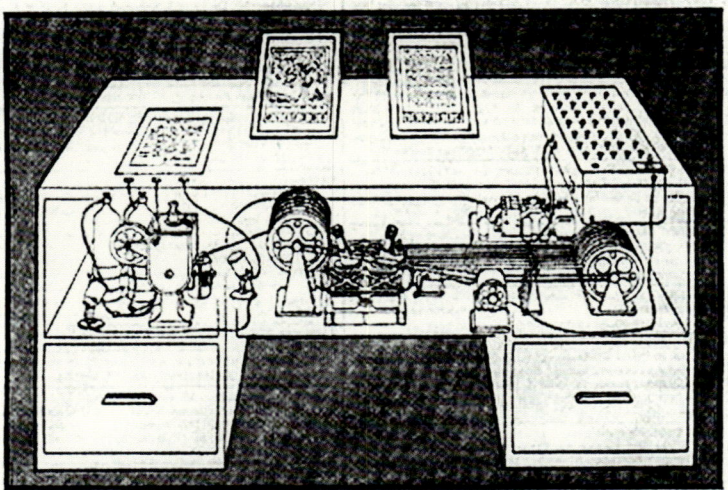

MEMEX in the form of a desk would instantly bring files and material on any subject to the operator's fingertips. Slanting translucent viewing screens magnify supermicrofilm filed by code numbers. At left is a mechanism which automatically photographs longhand notes, pictures and letters, then files them in the desk for future reference.

AS WE MAY THINK CONTINUED

index. Any given book of his library can thus be called up and consulted with far greater facility than if it were taken from a shelf. As he has several projection positions, he can leave one item in position while he calls up another. He can add marginal notes and comments, taking advantage of one possible type of dry photography, and it could even be arranged so that he can do this by a stylus scheme, such as is now employed in the telautograph seen in railway waiting rooms, just as though he had the physical page before him.

BUILDING "TRAILS" OF THOUGHT ON THE MEMEX—

Wie sich 1945 ein LIFE-Zeichner die erste Hypertextmaschine (Memex) vorstellte

Modellzeichnung von Vannevar Bushs „Memex".

All das war vor dem Siegeszug des Computers und des Internets geschrieben. Aber es war doch so geschrieben und gedacht, dass man nach deren Siegeszug sich zurücklehnen und zufrieden die wundersame „Konvergenz von kritischer Theorie und Technik" feststellen konnte. Die Welt schien endlich in Ordnung und das kritische Denken der Moderne im hypertextuellen Internet sein Telos gefunden zu haben.[138]

Verschweigen darf man an dieser Stelle nicht, dass einige besonders avanciert Denkende dieses technische Telos auch deshalb so faszinierend fanden, weil sie in ihm den Umschlagspunkt der bisherigen Geschichte von einem naturalen zu einem technomorphen Prozess zu erkennen glaubten. Im Internet als diesem Umschlagspunkt würde die Politik mit der Technik – verstanden als evolutionäre Fortsetzung der Natur – eine Synthese eingehen und einen ganz neuen Erfahrungsraum schaffen, den „Cyberspace", der sich wie die von dem französischen Jesuitenpater und Paläontologen Pierre Teilhard de Chardin (1881 – 1955) prognostizierte „Noosphäre" (Geistsphäre) um die Erde legen und dem Geist eine eschatologische „neue Heimat" geben würde. Man müsste dann nur noch die humanen Geister in das technische Netzwerk des Cyberspace übertragen, um dort die Evolution heim ins Neue Jerusalem zu führen.[139]

Wie wenig man das für überzogen-abenteuerliche Ansichten halten darf, ergibt sich daraus, dass etwa die von Google initiierte Digitalisierung von Abermillionen von Büchern aus wissenschaftlichen Bibliotheken – in Deutschland gehört die Bayerische Staatsbibliothek zu Googles Kooperationspartnern – nicht nur den Aufbau eines „virtuellen Zettelkatalogs" beabsichtigt, wie Google erklärt, sondern dass es zuletzt um den Aufbau einer virtuellen Universalbibliothek geht, in der es dank der Vernetzung aller digitalisierten Texte genau noch *ein* Buch geben wird: den Einen Großen Hypertext auf den Servern von Google (wobei Google dann die Rolle der Einen Großen Universalbibliothek spielen würde). Was die „Netzcommunity" mehrheitlich nicht als Bruch des geltenden Urheberrechts und als Privatisierung der textuellen Überlieferung kritisiert – Google stellt die Texte ja „frei" ins Netz –, sondern als Erfüllung eines lange gehegten Traumes begrüßt. Da zu diesem Traum auch

die Fortsetzung der Evolution mit technischen Mitteln gehört, darf man sich nicht wundern, dass Google in Forschungen zur Lebensverlängerung investiert und Facebook und Apple ihren weiblichen Angestellten das Einfrieren ihrer Eizellen als Sozialleistung bezahlen, damit die Angestellten sich zu einem frei gewählten Zeitpunkt reproduzieren und also die Zeit ihrer Fruchtbarkeit nach eigenem Gutdünken verlängern können. Natürlich findet das noch diesseits der Schwelle zum Cyberspace statt, aber es ist doch jetzt schon eine Kreuzung von Biologie und Technik, als deren Horizont sich der noosphärische Cyberspace erkennen lässt.[140]

Bevor wir uns in den Weiten dieses grandiosen Panoramas verlieren, ist es angebracht, einige Realien in Erinnerung zu rufen. Zu diesen gehört zunächst, dass das digitale Buch nicht die zeitgenössisch-technische Fortsetzung des gedruckten Buches ist. Jede Debatte, die auf dieser Ebene stattfindet und etwa die Vor- und Nachteile der E-Book-Reader gegen die Vor- und Nachteile des gedruckten Buches aufzurechnen versucht, verkennt, dass das digitale E-Book im Grunde kein Gegenstand ist, sondern ein elektronischer Text, der auf einem Ausgabegerät – einem Computerbildschirm oder eben einem E-Book-Reader – gelesen werden muss. Der Wechsel vom physischen zum digitalen Buch versetzt uns daher aus dem Reich der Dinge in das Reich der Daten, und genau aus diesem Grund muss man die Debatte um das digitale Buch als Debatte um die Datensätze führen, die den Ausgabegeräten aus dem Internet zugespielt werden. Diese Zuspielung ist nicht nur davon abhängig, dass eine Netzinfrastruktur technisch überhaupt verfügbar ist – das ist eine keineswegs triviale Bedingung –, sondern auch davon, dass Zuspielung und Empfang der Daten in einer politisch und juristisch sanktionierten Weise erfolgen. Das geschieht, anders als die Anhänger des Netzes sich selbst und anderen einzureden versuchen, keineswegs im Modus eines technisch-evolutionären Verzichts auf Eigentum und jenseits staatlicher Rahmenbedingungen. Vielmehr gestalten die international agierenden Verlagskonzerne vom Typ Elsevier und ihre digitalen Konkurrenten vom Typ Amazon oder Google die Zuspielung der Daten in der Regel als Datenmiete (und nicht als Kauf mit Eigentumsübergang), so dass sie die juristisch-ökonomische Datenherrschaft in der Hand behalten. Hinzu kommt, dass die Datenmiete von den Konzernen permanent überwacht wird, nicht nur, um die Rechtmäßigkeit des Datenabrufs sicherzustellen, sondern auch, um zu ermitteln, welche Texte von welchen Benutzergruppen in welchen Ländern besonders gerne und wie oft gelesen und welche Textpassagen am häufigsten aufgerufen werden. An dieser Stelle wird aus der juristischen Überwachung die Überwachung des Konsumverhaltens zwecks Herstellung von noch besser konsumierbaren Produkten, und das macht das E-Book für die Unterhaltungsindustrie zu einer perfekten Ware: Der „Käufer", der keiner ist, erhält eine immaterielle Ware, bei deren Gebrauch er sein Nutzungsverhalten offenbaren muss und dadurch Teil einer kommerziellen Kontrollstruktur wird, die jederzeit ins Politische ausgeweitet werden kann.[141]

Das ist kein entwicklungstechnischer Unfall, der auch hätte vermieden werden können. Denn zu den Realien des Digitalen gehört, dass tief in seinem Innern Algorithmen am Werk sind, die erfunden wurden, um genau das zu tun, was sie tun: Sie kontrollieren und steuern den Datenverkehr. Das geht im Falle der Bücher am besten, indem man lange und komplexe Texte in, wie Datentechniker und Informationswissenschaftler sagen würden, „diskrete" Einheiten zerlegt, die quantifiziert und normiert sind, um sie als quantifiziert-normierte Entitäten speichern und über Datenverbindungen senden zu können. Daher das Interesse schon bei Leibniz, die Texte in ihre einfachsten Aussagen zu zerlegen, denn nur so können sie als diskrete Einheiten gespeichert und durch Algorithmen zu komplexen Aussagen kombiniert und damit gleichsam wieder verlinkt werden. Datentechnik und semantische Reduktion gehen hier Hand in Hand: Das Buch interessiert nicht als Ganzes, und es interessiert auch nicht in seinen Kontexten, sondern nur im Hinblick auf die in ihm zu findenden einfachsten Aussagen, von denen man meint, sie würden unmittelbar mit Fakten korrelieren. Diese Korrelation kann man dann mit Otlet „Information" nennen – ein scheinbares Stück Wirklichkeit als diskretes Datum, gespeichert als einfachste Aussage.[142]

Von hier aus verstehen wir nicht nur, warum das Reich des Digitalen so obsessiv von Statistik besessen ist und noch der neueste Trend der universitären Geisteswissenschaften, die „Digital Humanities", sich daran macht, die überlieferte (schöne) Literatur für statistisch-algorithmische Verfahren dadurch aufzubereiten, dass sie in diskrete Entitäten zerlegt wird. Wir verstehen vielmehr auch – eine weitere bemerkenswerte Realie –, warum das Reich des Digitalen kein Interesse mehr am Buch als einem (Kunst-)Werk hat, für das die Synthese von materieller Form und Aussage konstitutiv ist. Schaut man nämlich darauf, wie ein beliebiger E-Book-Reader einen Text präsentiert, muss man feststellen, dass die typographischen Konventionen, die seit dem Mittelalter für den Kodex erarbeitet wurden, um lesenden Menschen die Lektüre zu erleichtern, mit einem Schlag außer Kraft gesetzt sind. Die Frage, welche Schrift für welchen Text am besten geeignet ist, die Laufweite der Typen, der Satzspiegel, die textaufschließenden Paratexte – all das ignoriert das digitale Buch in einer Weise, die man „souverän" nennen dürfte, wenn diese Ignoranz denn eine typographisch informierte wäre. Das ist sie freilich nicht und muss es auch nicht sein, denn das E-Book als ein überwachtes Konsumgut fügt sich perfekt in die Geschichte der Wegwerfwaren, die nicht durch ihre sinnlich-übersinnlichen Qualitäten beeindrucken, sondern dank eines möglichst geringen Preises möglichst massenhaft abgesetzt werden sollen. Dabei ist die Spekulation auf das Gewinnmaximum zugleich eine Spekulation auf das Qualitätsminimum, das für den reibungslosen Massenabsatz der Ware eben noch benötigt wird. Das E-Book ist für solche Spekulationen besonders geeignet, weil es nicht nur immaterielle Texte zu vermarkten erlaubt, sondern über den E-Book-Reader die Lektüre der immateriellen Texte als Dauerkonsum inszenieren kann, bei dem ein Text rückstandslos auf dem Anzeigegerät verschwindet, um einem neuen Text in einem neuen Konsumzyklus Platz zu machen.[143]

Es ist kein Wunder, dass in diesem medialen Umfeld eine konzentrierte Lektüre unmöglich ist. Das liegt nicht nur daran, dass das E-Book sich einer lesergerechten Typographie verweigert; es liegt nicht nur daran, dass das

Der Cyberspace als Raum der technischen Reproduktion, wie ihn der Film „The Matrix Reloaded" ins Bild setzt.

E-Book das technisch derzeit geeignetste Vehikel zur Beschleunigung des Lesekonsums ist; vielmehr liegt es gerade auch daran, dass das E-Book als digitaler Text nicht für sich selbst steht, sondern im Grunde nichts weiter ist als eine konsumierbare Lexie, die als solche mit allen anderen Lexien im Einen Großen Hypertext verbunden ist. Dort aber, in der hypertextuellen Noosphäre, geht alles in einander über und soll es auch, um dem „User" (nicht dem Leser) das möglichst mühelose „Surfen" (nicht das Lesen) auf den Datenwellen zu ermöglichen. Der Modus

Der E-Book-Reader von Amazon mit
gedehnten Wortabständen und fehlerhaftem Blocksatz.

dieses Surfens aber ist die Leichtigkeit und der Spaß, mit
denen man von der einen auf die andere Welle wechseln
kann, ohne irgendwo länger verweilen zu müssen. Man
lässt sich ablenken und fühlt sich wohl dabei, nicht mehr
bei sich sein zu müssen.[144]

Die konsumistische Ablenkung aber ist genauso wie
die kommunikative Transparenz, die im hypertextuellen Cyberspace zur Herrschaft gelangen soll – alle sind
mit allen in Kontakt und können jederzeit gesehen und
bewundert werden –, die Vorderseite der Medaille, auf
deren Rückseite alle einander beobachten und Kon-
sum und Kommunikation von Algorithmen überwacht
werden. Daher ist die Münze, die hier in Umlauf gesetzt wird, nicht die Münze der Freiheit, sondern die
eines medialen Totalitarismus, der von jedem Surfer
um der Transparenz willen die Selbstpreisgabe verlangt
und das preisgegebene Selbst kontrolliert. Als Teilhard
de Chardin in den 1950er Jahren davon sprach, dass

die evolutionären „Kräfte der Vergeistigung“, die zur
Noosphäre führen sollen, durch die „technisch-soziale
Totalisierung“ ausgelöst und verstärkt würden, mag das
noch halbwegs unschuldig und positiv geklungen haben.
Heute wissen wir, dass diese Totalisierung keineswegs
von den möglicherweise menschenfreundlichen Kräften
einer biologischen Evolution vorangetrieben wird, sondern von politischen Akteuren, die am Geist kein son-
derliches Interesse haben und eines ganz gewiss nicht
sind: unschuldig.[145]

Es scheint, als würden wir in digitalem Kostüm in
jene Zeit zurückversetzt, die zunächst in Zählsteinen,
dann in Tontafeln und Papyri die Medien administrativer Kontrolle fand: Was vor rund 5000 Jahren im Rahmen sich ausbildender Territorialstaaten als analoge
statistische Erfassung begann, wird heute technisch in
Form einer digitalen Datenbank realisiert, die als kommerzielle Unternehmung ohne Rücksicht auf territoriale
Grenzen ihre Daten global erhebt und vertreibt. Wollte man daraus aber schließen, dass im noosphärischen
Cyberspace das Buch gleichsam zu seiner Bestimmung
gefunden habe und datentechnisch endlich realisiert
werde, was sich einst in Mesopotamien und Ägypten
im Keim der analogen Datenverarbeitung ankündig-
te, wäre man freilich im Irrtum. Denn die Geschichte
des Buches ist nicht identisch mit der Geschichte der
Datenverarbeitung und fällt mit dieser nur so lange zusammen, als die Datenverarbeitung über keine eigenen
Medien verfügte und folglich im Rahmen einer Buchführung abgewickelt werden musste, bei der alle Daten
in Büchern erfasst und bilanziert wurden.

Nachdem aber die Datenverarbeitung in Karteikarte,
Lochkarte, Lochstreifen, magnetischen und elektronischen Datenträgern ihre Eigenmedien gefunden hat,
kann sich das Buch wieder als das zeigen, was es vor
und parallel zur Datenverarbeitung war und ist: ein Medium, in dem Personen ihre Welt bedeutsam werden
lassen. Dazu genügt es nicht, Zeichen zu gebrauchen.
Entscheidend ist vielmehr, dass die Menschen ihre Zeichen einem Medium anvertrauen können, dessen materielle Dauerhaftigkeit selbst ein Zeichen setzt. Denn
im Medium als einem materiellen Gegenstand sind die
Schriftzeichen Elemente einer sinntragenden Form, die

die Zeichen nicht einfach nur sichtbar macht, sondern als feststehende an die nächste Generation weiterzugeben erlaubt. Man muss daher Bücher als von Menschen gemachte Werke begreifen, als materielle Erinnerungszeichen der Vergangenheit, die es wert sind, bewahrt und tradiert zu werden.[146] Sie sprechen wie die von den Archäologen untersuchten Artefakte aus der Vergangenheit in die Zukunft, um dem flüchtigen Jetzt eine Bedeutung zu geben, die über das, was gerade ist, hinausweist bis an die Grenzen von Raum und Zeit. Sie sprechen

als Werke von Personen, die ihre Werke als Werk ihrer Hände kennzeichnen, durch Abdruck ihrer Hände, durch Nennung ihres Namens. Dabei erfahren sich die Personen im Herstellen und Wahrnehmen der Werke als Schöpfer, die in ihren Werken und im Sprechen über ihre Werke einen gemeinsamen Kulturraum bilden, einen Kulturraum, der als Raum zeichenhafter Artefakte eine Grenze hat, die die Grenze der Gemeinschaft ist und dessen, was sie im Hier und im Dort für bedeutsam hält. So war es und so ist es bis heute – dank des Buches.

Hand und Buch bilden ein evolutionäres Ensemble. „Mit seinen Händen nicht denken können bedeutet einen Teil seines normalen und phylogenetischen Denkens verlieren", schrieb der Anthropologe André Leroi-Gourhan schon 1964. Und er fügte hinzu: „Das Problem des Umfangs persönlicher Kunst ist ebenso bedeutsam für die Zukunft von homo sapiens wie das Problem seiner motorischen Verarmung." Albrecht Dürers „Händestudie" entstand 1506.

Anmerkungen

1. Die Zahlen zum deutschen Buchhandel habe ich entnommen Börsenverein: *Buch und Buchhandel in Zahlen 2014*. Weiteres Material im Internet unter der URL http://de.statista.com, dort besonders das unter der URL http://de.statista.com/statistik/studie/id/10912/dokument/buchmarkt--statista-dossier-2012/ verfügbare Dossier.

2. Zum Folgenden die Übersichten bei Schrenk: *Die Frühzeit des Menschen*, Bosinski: *Die Entwicklung des Menschen* und Weniger: »Von der Entstehung des Neandertalers«. Zu den gravierten Knochen von Bilzingsleben Steguweit: *Gebrauchsspuren an Artefakten*, S. 115–134.

3. Zur Frage der Entstehung des *Homo sapiens*, dessen älteste Formen wohl vor 400 000 Jahren entstanden, Hershkovitz u. a.: »Middle Pleistocene dental remains« und Schrenk: *Die Frühzeit des Menschen*, S. 104–122. Zu den Funden in der nachfolgend genannten Blombos-Höhle Henshilwood: *Holocene prehistory of the Southern Cape*.

4. Der Topos von der »kreativen Explosion«, der »explosionsartigen Zunahme« der Höhlenmalerei bzw. der »kulturellen Explosion« im Jungpaläolithikum ist weit verbreitet, siehe Pfeiffer: *The creative explosion*, Donald: »Hominid enculturation and cognitive evolution«, S. 8 oder Weniger: »Von der Entstehung des Neandertalers«, S. 74. Die paläolithische Höhlenmalerei ist in zahlreichen Bildbänden gut dokumentiert, darunter Leroi-Gourhan: *Prähistorische Kunst* und Vialou: *Frühzeit des Menschen*. Über alle Aspekte der Höhlenmalerei und ihre Erforschung informiert Lorblanchet: *Höhlenmalerei*. Die Chauvet-Höhle ist über eine Internetsite gut erschlossen: http://www.culture.gouv.fr/culture/arcnat/chauvet/en/index.html. Ergänzendes Material bei Chauvet/Deschamps/Hillaire: *Chauvet Cave*. Zum »Löwenmenschen« Bosinski/Wehrberger: *Der Löwenmensch*.

5. Meine Ausführungen folgen Leroi-Gourhan: *Hand und Wort*, S. 237–270 (ebd., S. 247 die Rede von der »strahlenförmigen Organisation« der Zeichen) und den Arbeiten von d'Errico: »An new model«, d'Errico u. a.: »Archaeogical evidence«, d'Errico: »Palaeolithic origins of artificial memory systems«. Zum Verhältnis von abbildenden zu abstrakten Zeichen Leroi-Gourhan: *Prähistorische Kunst*, S. 555–585, Pfeiffer: *The creative explosion*, S. 152 und Lorblanchet: *Höhlenmalerei*, S. 64 f. Zur Klassifikation der Zeichen Ruspoli: *Die Höhlenmalerei von Lascaux*, S. 154–160.

6. d'Errico/Cacho: »Notation versus decoration«, S. 185 bringt eine Übersicht über die verschiedenen Deutungen dessen, was hier eigentlich notiert worden sei. Für astronomische Notationen hat sich vor allem Alexander Marshack ausgesprochen: Marshack: *The roots of civilization*. Eine Zusammenstellung der verschiedenen Deutungen der berühmten Szene im »Schacht« von Lascaux – ein am Boden liegender Mann wird von einem Bison angegriffen – findet sich bei Rappenglück: *Eine Himmelskarte aus der Eiszeit?*, S. 25–28.

7. Zur semiotischen Begrifflichkeit von Ikon, Index und Symbol Peirce: *Phänomen und Logik der Zeichen*. Zur Interpretation der Punktzeichen als Kotspuren Guthrie: *The nature of paleolithic art*, S. 270 f.

8. Zum Begriff des »Mythogramms« und des »Graphismus« Leroi-Gourhan: *Hand und Wort*, S. 237–249. Der Hinweis auf die chinesische Schrift ebd., S. 255–260.

9. Zu den Höhlen als rituellen Orten und Klangkörpern Lorblanchet: *Höhlenmalerei*, S. 200–210 und Pfeiffer: *The creative explosion*, S. 174–190.

10. Über das Lernen in Situationen gemeinsamer Aufmerksamkeit Tomasello: *Die kulturelle Entwicklung des menschlichen Denkens*. Dass die Bild-Zeichen in den Höhlen eine sprachliche und semiotische Meta-Ebene darstellen, hat Malafouris: »Before and beyond representation« betont; ähnlich Lowe: »Personal experience and belief«.

11. Der im Text skizzierte Begriff der Person orientiert sich an Spaemann: *Personen*.

12. Mein Abriss der Neolithisierung und ihrer Folgen in Mesopotamien stützt sich auf Zimmermann: »Neolithisierung und frühe soziale Gefüge«, Schmidt: »Von den ersten Dörfern zu frühurbanen Strukturen«, Neumann: »Mesopotamien« und die Überblicke bei Van De Mieroop: *A history of Ancient Near East* und Edzard: *Geschichte Mesopotamiens*.

13. Über Göbekli Tepe und seine Entdeckung Schmidt: *Sie bauten die ersten Tempel*. Zur Neolithisierung des heutigen Anatoliens vgl. den Ausstellungsband Badisches Landesmuseum: *Vor 12000 Jahren in Anatolien*. Das Problem der frühen neolithischen Zeichen diskutieren Köksal-Schmidt/Schmidt: »Perlen, Steingefäße, Zeichentäfelchen« und Schmidt: *Sie bauten die ersten Tempel*, S. 198–226. Zum Problem der Kerben auf eiszeitlichen mobilen Zeichenträgern und ihre Klassifikation als Proto-Schrift siehe die Debatte um das Rentiergeweih von La Marche in d'Errico: »A new model and its impacts for the origin of writing« und Marshack/d'Errico: »La Marche Antler revisited«.

14. Meine gedrängte Darstellung der Schriftentstehung folgt Schmandt-Besserat: *How writing came about* und Nissen/Damerow/Englund: *Informationsverarbeitung vor 5000 Jahren*. Kritisch dazu Robinson: *Writing and script*, S. 6–8. Zum Problem der Schrifterfindung durch die Sumerer kritisch Whittaker: »The dawn of writing and phoneticism«. Zur Keilschrift Edzard: »Keilschrift«. Eine umfassende Schriftgeschichte bieten Haarmann: *Universalgeschichte der Schrift* und Stein: *Schriftkultur*. Eine chronologisch geordnete und schauenswerte Sammlung von Schriften bei Hussmann: *Das kleine Buch der Schrift*.

[15] Die Details der bürokratischen Kontrolltechniken bei Nissen/Damerow/Englund: *Informationsverarbeitung vor 5000 Jahren* und Hudson/Wunsch: *Creating economic order.*

[16] Ich folge Radner: *Die Macht des Namens.*

[17] Die Übersetzung der Tafel aus Nissen/Damerow/Englund: *Informationsverarbeitung vor 5000 Jahren*, S. 145. Angaben zum Fundort der Tafel und zur Erstpublikation des Textes ebd., S. 215. Zum Formular s. a. Schmandt-Besserat: *How writing came about*, S. 105. Weiteres Material in Sallaberger: *Ur III-Zeit.*

[18] Zur Anzahl der Dokumente aus der Ur-III-Periode Sallaberger: *Ur III-Zeit*, S. 128 und (mit etwas niedrigerer Schätzung) Van De Mieroop: »Why did they write on clay?«. Zur Mobilität von Medien vgl. die Unterscheidung von »lokostatischen« und »lokomobilen« Medien bei Ehlich: »Funktion und Struktur schriftlicher Kommunikation«, S. 30.

[19] Zur Listentechnik Küster: *Geordnetes Weltbild.* Zu den frühen Archiven die Übersicht in Jochum: *Geschichte der abendländischen Bibliotheken*, S. 22 – 26; Details bei Brosius: *Ancient archives and archival traditions.*

[20] Zur gesellschaftlichen Funktion der Schreiber und ihrer Titulatur siehe den Art. »Schreiber«.

[21] Zur ägyptischen Geschichte Graefe: »Das Alte Ägypten«, Van De Mieroop: *A history of Ancient Egypt* und Bommas: *Das Alte Ägypten.* Immer noch instruktiv Friedel: *Kulturgeschichte Ägyptens und des alten Orients* und Erman: *Ägypten* (dort S. 125 f. zu den Titulaturen). Die Details zur frühdynastischen Verwaltung Ägyptens bei Wilkinson: *Early dynastic Egypt.*

[22] Eine sehr gute Einführung in die ägyptische Schrift bietet Davies: »Egyptian hieroglyphs«. Zu den frühesten Schriftzeugnissen in Ägypten Dreyer: *Das prädynastische Königsgrab U-j* und darauf aufbauend Morenz: *Bild-Buchstaben und symbolische Zeichen.* Dazu kritisch bisweilen Baines: *Visual and written culture in ancient Egypt.* Eine Diskussion der Theorien zur Entstehung der Hieroglyphen bietet Schenkel: »Wozu die Ägypter eine Schrift brauchten«. Eine Geschichte der hieroglyphischen Schriftkunst in Forman/Quirke: *Die Macht der Hieroglyphen.* Das Standardwerk zum Hieratischen ist Möller: *Hieratische Paläographie.*

[23] Zur Narmer-Palette Schlott: *Schrift und Schreiber im alten Ägypten*, S. 104 – 113. Zur Einordnung ihres ikonographischen Programms Baines: *Visual and written culture in ancient Egypt*, S. 281 – 297 und zu ihrer historischen Signifikanz Wilkinson: »What a king is this«. Zum Thema der Ordnung Assmann: *Ma'at.*

[24] Meine Interpretation der Djoser-Pyramide stützt sich auf Friedman: »The underground relief panels« und Friedman: »Notions of cosmos«. Über die Schrift-Funktion der Verewigung Schlott: *Schrift und Schreiber im alten Ägypten*, S. 95 – 118 und Davies: »Egyptian hieroglyphs«, S. 39.

[25] Zu den Pyramiden- und Sargtexten Bickel/Mathieu: *Textes des pyramides & textes des sarcophages* und Barta: *Die Bedeutung der Pyramidentexte.* Das »Totenbuch« ist auf Deutsch übersetzt von Hornung: *Das Totenbuch der Ägypter*; umfangreiche und hervorragende Abbildungen dazu bei Hawass/Vannini: *Bilder der Unsterblichkeit.*

[26] Zum Tempel des Neferirkare und seiner Papyri Schlott: *Schrift und Schreiber im alten Ägypten*, S. 79, Van De Mieroop: *A history of Ancient Egypt*, S. 63 f. und ausführlich zu den Papyri Posener-Kriéger: *Les archives du temple funéraire.* Zum ägyptischen Aktenformular Helck: *Altägyptische Aktenkunde.*

[27] Die klassische Quelle zur Papyrusherstellung ist Plinius Secundus: *Naturkunde*, XIII,77. Zu den Papyrusformaten für Akten Helck: *Altägyptische Aktenkunde.* Knappe moderne Übersichten über die Papyrusherstellung bieten Schlott: *Schrift und Schreiber im alten Ägypten*, S. 62 – 76 und Blanck: *Das Buch in der Antike*, S. 56 – 62; ausführlich Diringer: *The book before printing*, S. 125 – 140. Immer noch nützlich ist die ältere Darstellung von Gardthausen: *Das Buchwesen im Altertum*, S. 45 – 90.

[28] Das Quellenmaterial zu Imhotep und seiner Rezeption in Wildung: *Imhotep und Amenhotep.*

[29] Zum literarischen Status der altorientalischen Literatur siehe für Ägypten Bd. 1 von Burkard/Thissen/Quack: *Einführung in die altägyptische Literaturgeschichte* und Helck: »Zur Frage der Entstehung der ägyptischen Literatur«; für Mesopotamien Brisch: *Tradition and the poetics of innovation.*

[30] Meine Darstellung stützt sich auf den Art. »Schreiber«, Visicato: *The power and the writing*, Nissen/Damerow/Englund: *Informationsverarbeitung vor 5000 Jahren*, S. 147 – 152 und die ältere, aber immer noch wunderbare Darstellung zu den Schreibern und ihren Texten im 5. Kapitel von Oppenheim: *Ancient Mesopotamia.*

[31] Zur »Schule« in Mesopotamien siehe die Art. »Schreiber« und »Schule«. Außerdem die Monographie von Gesche: *Schulunterricht in Babylonien* und die Detailstudie von Robson: »The tablet house«. Zur mesopotamischen Listenliteratur Edzard: *Geschichte Mesopotamiens*, S. 131 – 135 und Küster: *Geordnetes Weltbild*, S. 81 – 118. Über die ganz ähnlich gelagerten ägyptischen Verhältnisse Schlott: *Schrift und Schreiber im alten Ägypten*, S. 118 – 129 u. S. 201 – 208.

[32] Zu den schreibkundigen Frauen Art. »Schreiber«, S. 263 u. 267 f. Der Begriff »Traditionsstrom« bei Oppenheim: *Ancient Mesopotamia*, S. 13.

[33] Die Herausbildung eines »literarischen Kanons« durch die Abschreibepraxis der Schreiber hat Oppenheim: ebd., S. 13 f. beschrieben.

[34] Zum Buch *Kemit* Burkard/Thissen/Quack: *Einführung in die altägyptische Literaturgeschichte*, Bd. 1, S. 191 – 193 und Schlott: *Schrift und Schreiber im alten Ägypten*, S. 205 f. Ein kurzer Auszug aus dem Buch *Kemit* in Brunner: *Altägyptische Weisheit*, S. 368 f. Die *Lehre des Cheti* zitiert nach ebd., S. 165 (VIII,8 u. IX,2) und Burkard/Thissen/Quack: *Einführung in die altägyptische Literaturgeschichte*, Bd. 1, S. 193 (II,d – e). Zu den mesopotamischen Schultexten Volk: »Edubba'a und Edubba'a-Literatur«.

[35] Eine ausführliche Beschreibung des Papyrus Rhind mit weiteren Abbildungen bei Robins/Shute: *The Rhind mathematical papyrus*. Über die Entstehung und die Hintergründe des Gilgamesch-Epos George: *The Babylonian Gilgamesh epic*, Bd. 1, S. 3 – 70. Zu Sîn-lēqi-unninni ebd. S. 28 – 33. Zu Esagil-kīn-apli Geller: *Ancient Babylonian medicine*.

[36] Das Kolophon zitiert nach Milkau/Schawe: »Der alte Vorderorient«, S. 40. Eine Übersicht über mögliche altorientalische Bibliotheken in Otten: »Die Bibliotheken im Alten Orient«. Zusammenfassend hierzu und zum Folgenden Jochum: *Kleine Bibliotheksgeschichte*, Kap. I und II und Jochum: *Geschichte der abendländischen Bibliotheken*, Kap. 2 und 3. Über Hattuša und das Reich der Hethiter Schachner: *Hattuscha*.

[37] Zur Qualität der Tafeln Tiglat-Pilesers I. Weidner: »Die Bibliothek Tiglatpilesers I.«, S. 203; zur Qualität der Tafeln in Assurbanipals Bibliothek Bezold: »Bibliotheks- und Schriftwesen im alten Ninive«, S. 264 u. 266 f. Detailreiche neuere Analysen der Bibliothek Assurbanipals und seines Vorgehens beim Zusammentragen der Sammlung bieten Parpola: »Assyrian library records« und Frame/George: »The Royal Libraries of Niniveh«. Vorbehalte gegen den Begriff des »Kanonischen« im Zusammenhang mit Assurbanipals Bibliothek hat Lieberman: »Canonical and official cuneiform texts«.

[38] Grundlegend für die Geschichte der ägyptischen Bibliotheken ist Burkard: »Bibliotheken im alten Ägypten«. Zum historischen Kontext Jochum: *Kleine Bibliotheksgeschichte*, Kap. II und Jochum: *Geschichte der abendländischen Bibliotheken*, S. 27 – 31.

[39] Zum Problem der Kulturbeziehungen zwischen Orient und Griechenland jetzt Burkert: *Die Griechen und der Orient*. Dort S. 62 f. Ausführungen zum Unterschied zwischen griechischer Literatur und orientalischer Schulliteratur. Dass die griechische Alphabetschrift dank ihrer oft herausgestellten leichteren Erlernbarkeit ein maßgeblicher Differenzfaktor für die kulturelle Entwicklung von Altem Orient und griechischer Welt war, wie Burkert ebd., S. 23 – 27 ausführt, wird mit guten Argumenten bestritten von Coulmas: *Die Wirtschaft mit der Sprache*, S. 273 – 277. Zur Entstehung des griechischen Alphabets Tropper: »Entstehung und Frühgeschichte des Alphabets«. Über die wenigen auktoriellen Werke der mesopotamischen Literatur Glassner: »Who were the authors before Homer in Mesopotamia?«

[40] Dass der *Pentateuch* unter der Regentschaft von Ptolemaios II. (308 – 246 v. Chr.) auf Veranlassung von Demetrios von Phaleron ins Griechische übersetzt worden sei, geht auf den sog. »Aristeasbrief« zurück, der wahrscheinlich im 2. Jahrhundert v. Chr. entstand. Sein historischer Gehalt ist bis heute umstritten, die Mehrheitsmeinung hält die Ausführungen der Epistel für legendär. Der Brief ist in deutscher Übersetzung mit gutem Kommentar verfügbar: Aristeas: *Der König und die Bibel*. Siehe auch die Ausführungen in der älteren englischen Übersetzung Aristeas: *Aristeas to Philocrates*. Den Aristeasbrief für historisch valide hält Collins: *The library in Alexandria*.

[41] Zur Arbeit der alexandrinischen Philologen ist immer noch lesenswert Wendel: *Die griechisch-römische Buchbeschreibung*. Neuere Standardwerke sind Pfeiffer: *Geschichte der Klassischen Philologie* (dort der zweite Teil des Buches) und Blum: »Kallimachos und die Literaturverzeichnung«.

[42] Das ptolemäische Alexandrien samt dem Museion ist ausführlich dargestellt bei Fraser: *Ptolemaic Alexandria*. Zur pergamenischen Bibliothek Hoepfner: »Die Bibliothek Eumenes' II.«. Zum Problem der Lese- und Schreibkenntnisse in Griechenland und der Epoche des Hellenismus Harris: *Ancient literacy*, S. 96 – 104 u. S. 114 f. Zum »Buchhandel« bzw. seinem Fehlen ebd., S. 126 und Blanck: *Das Buch in der Antike*, S. 113 – 120.

[43] Zum literarischen Publikum und der Funktion der Bibliotheken siehe die Bemerkungen bei Cavallo: »Vom Volumen zum Kodex«, bes. S. 107. Über die römischen Freizeitvergnügungen, zu denen auch die Literatur gehörte, André: *Griechische Feste, römische Spiele*, hier S. 179 – 183 u. S. 267 – 273. Zur Quote der Lese- und Schreibfähigen in der Epoche des Römischen Reiches Harris: *Ancient literacy*, S. 149 – 284. Zum Bibliothekarischen Jochum: *Geschichte der abendländischen Bibliotheken*, S. 47 – 54.

[44] Über die Formate der Papyrusrollen Plinius Secundus: *Naturkunde*, Bd. 13, XXIII, 74 – 79.

[45] Ich folge hier Blanck: *Das Buch in der Antike*, S. 75 – 86 und Gardthausen: *Das Buchwesen im Altertum*, S. 136 – 151.

[46] Zum Einfluss der ägyptischen Papyrusmalerei auf die griechische Weitzmann: *Ancient book illumination*, S. 6 und auf dessen Basis Diringer: *The illuminated book*, S. 29 f.

[47] Plinius Secundus: *Naturkunde*, Bd. 35, II, 11 u. Bd. 25, IV, 8.

[48] Zum *Vergilius Vaticanus* Wright: *The Vatican Vergil*; ebd. S. 91 – 100 zum Rückgriff auf ältere Abbildungen. Der Kodex ist als Faksimile publiziert: Vergilius Maro: *Vergilius Vaticanus*.

[49] Ammianus Marcellinus: *Das römische Weltreich vor dem Untergang*, XIV,6,18. Zu den Zuständen in Rom allgemein ebd., XXVII, 4,6 – 35.

[50] Über die lateinische Literatur der Spätantike Herzog: *Restauration und Erneuerung*, § 500 f. und Albrecht: *Geschichte der römischen Literatur*, Bd. 2, S. 1015 – 1038. Die Zahl von 28 öffentlichen Bibliotheken nennt die *Notitia urbis regionum XIIII* (Verzeichnis der Stadtbezirke), die zwischen 334 und 357 n. Chr. entstand. Sie ist abgedruckt in Jordan: *Forma urbis Romae*, S. 49 – 54; die Anzahl der Bibliotheken ebd., S. 53.

[51] Zu den mesopotamischen und ägyptischen Notizbüchern aus Holztafeln siehe die Bemerkungen bei Edzard: *Geschichte Mesopotamiens*, S. 568 und Schlott: *Schrift und Schreiber im alten Ägypten*, S. 62. Belegstellen für die klassische griechische und die lateinische Literatur bei Roberts/Skeat: *The birth of the codex*, S. 11 – 14. Zu den hölzernen Schreibtafeln als Verwaltungsinstrumente in Rom Posner: *Archives in the ancient world*, S. 160 – 185. Ich folge in meiner weiteren Darstellung Roberts/Skeat: *The birth of the codex*, S. 15 – 34.

[52] Die Eigenwerbung findet sich in Martialis: *Epigramme* I, 2; Bemerkungen zu Klassikerausgaben in Form von Pergamentkodizes ebd., XIV (*Apophoreta*), 184, 186, 188, 190, 192.

[53] Die Statistik zur Durchsetzung des Kodex ist entnommen aus Roberts/Skeat: *The birth of the codex*, S. 37. Ebd., S. 51 f. und Brown: »The triumph of the codex«, S. 180 zum Weitergebrauch der Papyrusrolle.

[54] Die Herstellung von Pergament und seine Eigenschaften sind detailliert beschrieben in Ryder: »The biology and history of parchment« und Fuchs: »Des Widerspenstigen Zähmung«. Eine Analyse der mittelalterlichen Quellen zur Pergamentherstellung bietet Gullick: »From parchment to scribe«. Zur Herstellung eines Kodex allgemein Jakobi-Mirwald: *Das mittelalterliche Buch*, S. 120 – 125, Trost: *Skriptorium*, S. 10 – 19 und Hauschild: *Skriptorium*. Zu den spätantiken Kodizes Turner: *The typology of the early codex*. Das Standardwerk zu den Bindetechniken der Kodizes ist Szirmai: *The archaeology of medieval bookbinding*.

[55] Details bezüglich des spätantiken Kodex bei Turner: *The typology of the early codex*, S. 73 – 79.

[56] Zur Arbeit der mittelalterlichen Schreiber ausführlich Parkes: *Their hands before our eyes*.

[57] Zur Kompaktheit des Kodex Martialis: *Epigramme* XIV, 186 (in der Übersetzung von Barié/Schindler): »Welch kleines Pergament faßt den gewaltigen Maro [= Vergil]«; ebd., 190: »Zusammengedrängt auf winzigen Häuten ist der gewaltige Livius; den vollständigen kann meine Bibliothek nicht fassen.« Zur Berechnung des Materialverbrauchs Skeat: »The length of the standard papyrus roll«.

[58] Zur Pergamentqualität in Abhängigkeit von Tierart, Alter, Geschlecht und Ernährung Gullick: »From parchment to scribe«, S. 147 und Moog: »Häute und Felle zur Pergamentherstellung«, S. 177. Zu den Kosten von Pergament Jakobi-Mirwald: *Das mittelalterliche Buch*, S. 116 und Ryder: »The biology and history of parchment«, S. 25; mit anderer Tendenz Roberts/Skeat: *The birth of the codex*, S. 46 ff. Über die Kosten des *Codex Amiatinus* Gameson: »The costs of the Codex Amiatinus«.

[59] Roberts/Skeat: *The birth of the codex*, Kap. 10 (zu den Gründen für den Medienwechsel) u. Kap. 8 zur Dominanz des Papyruskodex im frühen Christentum.

[60] Zum Übergang zwischen der Spätantike und dem Frühmittelalter und der Christianisierung des römischen Imperiums Prinz: *Von Konstantin zu Karl dem Großen* und Veyne: *Als unsere Welt christlich wurde*.

[61] Ich stütze mich auf Cameron: *The last pagans of Rome* und, für die literaturgeschichtlichen Aspekte, auf die Einleitung in Herzog: *Restauration und Erneuerung*.

[62] Zu P52 ausführlich Roberts: *An unpublished fragment*. Zur Datierung Aland/Hannick/Junack: »Bibelhandschriften«, S. 119 f. Zur Textqualität der spätantiken Luxusausgaben Cameron: *The last pagans of Rome*, S. 456 u. 466. Im Gegensatz zu Cameron hält Wright: *The Vatican Vergil*, S. 78

den *Vergilius Vaticanus* nicht für eine Luxusausgabe. Zu den technischen Aspekten der Schrift dieses Kodex ebd., S. 76 – 79.

[63] Zu den Subskriptionen und den spätantiken Editionen Cameron: *The last pagans of Rome*, bes. die Kap 12 u. 13 und die folgenden. Die konkreten Tradierungsprozesse der lateinischen Literatur sind beschrieben in Reynolds: *Texts and transmission*.

[64] Meine kurze Skizze der in der Völkerwanderung sich umgestaltenden Welt des Römischen Reiches stützt sich auf Pohl: *Die Völkerwanderung*. Die Probleme der frühmittelalterlichen Staatsbildung werden diskutiert in Pohl/Wieser: *Der frühmittelalterliche Staat*. Zur Entstehung des Mönchtums und der Klöster Frank: *Grundzüge der Geschichte des christlichen Mönchtums* und Lilienfeld: »Mönchtum II. Christlich«.

[65] Zur Christianisierung Irlands und der irischen Mission Bischof u. a.: *Einführung in die Geschichte des Christentums*, S. 84 – 87 und Padberg: *Die Christianisierung Europas*, S. 67 – 72. Siehe auch die Beiträge im ersten Band von Löwe: *Die Iren und Europa im früheren Mittelalter*.

[66] Der Klassiker zur Entstehung der Worttrennung und des stillen Lesens ist Saenger: *Space between words*. Dazu Parkes: »Klösterliche Lektürepraktiken«. Zur Entstehung der Interpunktionszeichen Parkes: *Pause and effect*. Zum mittelalterlichen Schulunterricht Frenz: »Eine Klosterschule von innen«. Zum Lesen und Schreiben im Mittelalter allgemein siehe die Quellensammlung von Steinmann: *Handschriften im Mittelalter*.

[67] Über den Zusammenhang zwischen neuer Textgestalt, stillem Lesen und Meditation Brown: »The triumph des codex«, S. 182.

[68] Zur Entdeckung des *Codex Sinaiticus* Böttrich: *Der Jahrhundertfund*; zu seiner Entstehung Skeat: »The Codex Sinaiticus«.

[69] Zum *Book of Kells* Farr: *The book of Kells* und Meehan: *Das Book of Kells*. Zum Zweifel bezüglich der Position der ornamentalen Kreuzseite ebd., S. 24.

[70] Das kleine Gedicht aus dem *Priscian*-Kodex ist zitiert nach Ochsenbein/Schmuki/Euw: *Irische Buchkunst*, S. 8. Zu der Frage, inwiefern die irische Ornamentik orientalische Motive beleiht, Euw: »Von Geist und Kunst der alten Iren«. Zum Innenraum der mittelalterlichen Kirche Wenzel: *Hören und Sehen, Schrift und Bild*, Kap. III.

[71] Knappe Darstellungen der irischen und der angelsächsischen Mission bei Frank: *Grundzüge der Geschichte des christlichen Mönchtums*, S. 35 – 65 und Prinz: »Grundzüge der Entfaltung des abendländischen Mönchtums«; ausführlich Padberg: *Mission und Christianisierung*.

[72] Ich folge Brown: »Introduction« (zum Besuch Karls in Monte Cassino ebd., S. 21), McKitterick: »Script and book production« und McKitterick: *The Carolingians and the written word*. Zur karolingischen Minuskel Bischoff: *Paläographie des römischen Altertums*, S. 151 – 160 und Schmid:

»Schriftreform«. Zu Leben und Werk Karls des Großen Fried: *Karl der Große.*

73 Zur Anzahl der überlieferten Manuskripte Brown: »Introduction«, S. 34. Eine Übersicht über die Überlieferungsgeschichte der lateinischen Klassiker bei Reynolds: *Texts and transmission.* Zu den textuellen Innovationen McKitterick: »Script and book production«.

74 Mehr zu den sehr knapp skizzierten historischen Hintergründen bei Körntgen: *Ottonen und Salier* und Althoff: *Die Ottonen.*

75 Zur ottonischen Buchmalerei das Standardwerk von Mayr-Harting: *Ottonische Buchmalerei,* dem ich in großen Zügen folge. Ergänzend Grebe: *Goldenes Mittelalter.*

76 Das Diktum Innozenz' III. zitiert bei Duby: *Die Zeit der Kathedralen,* S. 236. Über den Investiturstreit und seine Hintergründe Näheres bei Hartmann: *Der Investiturstreit.*

77 Zu den Riesenbibeln Fichtenau: »Neues zum Problem der italienischen ›Riesenbibeln‹«.

78 Über die Entwicklung der Bibelglossen De Hamel: *Glossed books of the Bible.*

79 Meine kurze Skizze der geistesgeschichtlichen Neuerungen fußt auf Lutz-Bachmann/Fidora: »Kognitive Ordnungen im lateinischen Mittelalter« und Huth: »Verwissenschaftlichung und Rationalität«. Zu den mittelalterlichen Universitäten und dem Verfahren der *quaestio* Miethke: »Die mittelalterliche Universität«. Zum kultur- und sozialgeschichtlichen Hintergrund der hier und im Folgenden dargestellten buchtechnischen Transformationen Lülfing: *Johannes Gutenberg,* Kap. III.

80 Zum Peciensystem Bataillon/Guyot/Rouse: *La production du livre universitaire* und Weichselbaumer: »Die Pecienhandschriften«. Zum System der Abkürzungen Bischoff: *Paläographie des römischen Altertums,* S. 207 – 223.

81 Zur Ausdifferenzierung der Aufgaben bei der Buchherstellung De Hamel: *Glossed books of the Bible,* S. 85. Eine zeitgenössische Quelle für die Ausdifferenzierung des Schreibens ist Bonaventura (1221 – 1274): *In primum librum sententiarum,* prooemium, quaestio IV, conclusio (Opera omnia. Bd. 1. Hrsg. von A. C. Peltier. Paris: Vives, 1864, S. 20): *Aliquis enim scribit alienam materiam nihil addendo, vel mutando; et iste mere dicitur scriptor. Aliquis scribit aliena addendo, sed non de suo: et iste compilator dicitur. Aliquis scribit et aliena, et sua; sed aliena tanquam principalia, et sua tanquam annexa ad evidentiam; et iste dicitur commentator. Aliquis scribit et sua, et aliena; sed sua tanquam principalia, aliena tanquam annexa ad confirmationem; et talis debet dici aucor.* »Jemand schreibt einen fremden Stoff ab, ohne etwas dazuzutun oder zu verändern – den nennt man eigentlich Schreiber. Jemand schreibt, indem er Fremdes zusammenfügt, aber nichts Eigenes – den nennt man Kompilator. Jemand schreibt sowohl Fremdes als auch Eigenes; aber das Fremde als Hauptsache und das Eigene als Zusatz, um die Sache einleuchtend zu machen – und den nennt man Kommentator. Jemand schreibt sowohl Eigenes als auch Fremdes, aber das Eigene als Hauptsache, das Fremde als Zusatz, um die Sache zu bestätigen – einen solchen muss man Autor nennen.«

82 Über die Manessische Liederhandschrift Mittler/Drös: *Codex Manesse.* Zur Disziplinierung des Adels Duby: *Die Zeit der Kathedralen,* S. 435 – 453. Zur Buchgestalt der volkssprachlichen deutschen Literatur des 12. und 13. Jahrhunderts Wolf: *Buch und Text.*

83 Das oft zitierte Diktum da Montefeltros bei Burckhardt: *Die Kultur der Renaissance in Italien,* S. 224. Ich bin in meinem Abriss der Grundtendenzen der Renaissance Walther: »Renaissancen und kulturelle Entwicklung« verpflichtet. Zum Potenzial der Neugierde am Beginn der Neuzeit Blumenberg: *Der Prozeß der theoretischen Neugierde* und Krüger: *Curiositas.*

84 Zu den technischen Innovationen seit dem 12./13. Jahrhundert Popplow/Reith: »Technischer Wandel«. Die Literatur zu Johannes Gutenberg ist abundant. Ich stütze mich auf Kapr: *Johannes Gutenberg* und Füssel: *Johannes Gutenberg.*

85 Zur Geschichte des Papiers Sandermann: *Papier* und Müller: *Weiße Magie.*

86 Dazu Kapr: *Johannes Gutenberg,* S. 130 – 135.

87 Zur Debatte um die möglicherweise in Straßburg entstandene »Sibyllenweissagung« ebd., S. 89 – 96 (pro) und Schanze: »Das Fragment vom Weltgericht« (contra).

88 Zur Vorgeschichte und Technik der Druckerpresse Wolf: *Geschichte der Druckerpressen,* vor allem S. 46 – 60.

89 Zur Produktionslogik des Handgießinstruments Giesecke: *Der Buchdruck in der frühen Neuzeit,* S. 135 – 153. Zu den Folgen und zum geistesgeschichtlichen Kontext Weber: »Buchdruck«.

90 Meine Liste der frühen Drucke Gutenbergs folgt Füssel: *Johannes Gutenberg,* S. 54 – 65. Zur »Sibyllenweissagung« siehe oben Anm. 87.

91 Zum *Mainzer Psalter* Mazal: *Der Mainzer Psalter.* Die Liste der Druckereien ist Füssel: *Johannes Gutenberg,* S. 146 entnommen.

92 Die umfassendste Darstellung zu Kobergers Unternehmen ist Hase: *Die Koberger.* Eine Einführung in die *Schedel'sche Weltchronik* bietet Füssel: *Die Welt im Buch.* Die Details ihrer Herstellung beschreibt Reske: *Die Produktion der Schedelschen Weltchronik.* Eine Einordnung in den größeren geistesgeschichtlichen Kontext findet sich bei Jochum: »Textgestalt und Buchgestalt«.

93 Meine Ausführungen zu Aldus Manutius stützen sich auf Lowry: *The world of Aldus Manutius* und Davies: *Aldus Manutius.* Details zu den griechischen Editionen bei Sicherl: *Griechische Erstausgaben des Aldus Manutius.*

94 Das Diktum des Erasmus über die kursive Antiqua zitiert nach Lowry: *The world of Aldus Manutius,* S. 130. Es findet sich ebenso bei Davies: *Aldus Manutius,* S. 42. In beiden Fällen ohne Quellenangabe. Zu den Veränderungen des Buchformats Jochum: »Textgestalt und Buchgestalt«.

[95] Meine Skizze der Kooperationen und Beziehungen stützt sich auf Hilgert: »Johann Froben and the Basel University scholars«, Shaw: »A study of the collaboration between Erasmus of Rotterdam and his printer Johann Froben«; für die Darstellung des »Judenbücherstreits« und der Kontroverse um die *Dunkelmännerbriefe* auf Kühlmann: *Reuchlins Freunde und Gegner* und Price: *Johannes Reuchlin and the campaign to destroy Jewish books*. Zu Erasmus Jardine: *Erasmus, man of letters*.

[96] Einen Überblick über die Reformation gibt Lotz-Heumann: »Reformation und Konfessionalisierung«.

[97] Einführend zu den Flugschriften Schwitalla: *Flugschrift*. Siehe auch den Sammelband Köhler: *Flugschriften als Massenmedium*. Eine kurze Zusammenfassung mit Zahlen bei Weber: »Buchdruck«, S. 77 ff.

[98] Ich folge in meinen Ausführungen Füssel: »Luther und die ›Biblia Deutsch‹«, ergänzend Moeller: *Deutschland im Zeitalter der Reformation*, S. 90. Weitere Details und Abbildungen bei Volz: *Martin Luthers deutsche Bibel*.

[99] Die Schätzungen zur Gesamtproduktion von Büchern in der Inkunabelzeit gehen naturgemäß weit auseinander. Ich orientiere mich an Kilgour: *The evolution of the book*, S. 98, Dopsch: »Epoche«, S. 14 und Erfen: »Literaturbetrieb«, S. 44. Im Anteil der Lesefähigen unter der Gesamtbevölkerung folge ich Wittmann: *Geschichte des deutschen Buchhandels*, S. 45.

[100] Zum Nachdruck und den Privilegien Gieseke: *Vom Privileg zum Urheberrecht*, S. 14–74 und Schmitz: »Reformation und Gegenreformation«, S. 292–301. Das Thema im juristischen Kontext knapp bei Ulmer: *Urheber- und Verlagsrecht*, S. 50–59.

[101] Zur Bücherzensur und zum *Index librorum prohibitorum* Schmitz: »Reformation und Gegenreformation«, S. 301–328 und Fuld: *Das Buch der verbotenen Bücher*, S. 119–123. Zur weiteren Entwicklung und den Details des *Index* Lackmann: *Die kirchliche Bücherzensur* und Wolf: *Index*. Siehe auch Giesecke: *Der Buchdruck in der frühen Neuzeit*, S. 445–455. Ein Überblick über die Geschichte der Bücherzensur insges. bei Breuer: *Geschichte der literarischen Zensur*.

[102] Meine Skizze zur Herausbildung des Titelblatts folgt Rautenberg: »Die Entstehung und Entwicklung des Buchtitelblatts«. Ergänzend Smith: *The title-page*.

[103] Zum *Atlas* Mercators Horst: *Die Welt als Buch*. Zur Geschichte der Geographie insgesamt Schüler: *Mapping the world*. Über die Konfessionalisierung und ihre Folgen Moeller: *Deutschland im Zeitalter der Reformation*, S. 172–184. Für einen Gesamtüberblick der Epoche Maurer: »Geschichte und gesellschaftliche Strukturen des 17. Jahrhunderts«. Die wissenshistorische Perspektive bringt Burke: *Papier und Marktgeschrei*, S. 175 ff.

[104] Die Daten zum steigenden Anteil des Deutschsprachigen an der Literaturproduktion sind entnommen aus Schön: *Der Verlust der Sinnlichkeit*, S. 38. Zur Etablierung Leipzigs

als Buch- und Verlagsstadt Wittmann: *Geschichte des deutschen Buchhandels*, S. 84–97 und Ammermann-Estermann: »Literarische Öffentlichkeit«, S. 109–112.

[105] Die Wendung von der »bibliopolitischen Zweiteilung« Deutschlands, die ich hier verwandelt aufnehme, stammt von Wittmann: *Geschichte des deutschen Buchhandels*, S. 94. Meine kurze Skizze zur Entwicklung der Frakturschrift folgt Kapr: *Fraktur*.

[106] Zu dieser Transformation Jochum: »Am Ende der Sammlung«.

[107] Ich folge Erbe: »Epoche« und Maurer: »Geschichte und gesellschaftliche Strukturen des 17. Jahrhunderts«.

[108] Zur Ausstattung der Bücher und zu den Buchpreisen im 16. Jahrhundert Ammermann-Estermann: »Literarische Öffentlichkeit«, S. 108, 113 und Cersowsky: »Buchwesen«, S. 181–183, 200 und das Nachwort S. 19 zu Grimmelshausen: *Der abentheuerliche Simplicissimus Teutsch*. Für die im Text erwähnte Umrechnung von Groschen in Euro habe ich mich des »Mittelalterrechners« bedient, siehe http://www.mittelalterrechner.de/cms/page/mar/html/Geld. Die von mir erwähnten Werke sind als Digitalisate zugänglich: Das Titelblatt von Lohensteins *Arminius* unter der URL http://www.gbv.de/dms/vd17/23/c0/23:247622R_002,400,300.gif; Senckendorffs *Commentarius historicus et apologeticus de Lutheranismo* über die URL http://books.google.es/books?id=YuVBAAAAcAAJ&hl=de&pg=PT4#v=onepage&q&f=false; Arndts *Von wahrem Christentumb* unter der URL http://www.deutschestextarchiv.de/book/show/arndt_christentum01_1610; und der *Simplicissimus Teutsch* unter der URL http://diglib.hab.de/drucke/lo-2309/start.htm?image=00001.

[109] Schätzungen zum Anteil der Lese- und Schreibfähigen, der »Alphabetisierten«, sind notorisch unsicher und umstritten. Dazu Schön: *Der Verlust der Sinnlichkeit*, S. 35–37 und die Darstellung bei Hinrichs: »Alphabetisierung«. Ich folge Wittmann: *Geschichte des deutschen Buchhandels*, S. 113–115 und Cersowsky: »Buchwesen«, S. 198 f.

[110] Für die Zahlen der Neuerscheinungen habe ich die Angaben bei Wittmann: *Geschichte des deutschen Buchhandels*, S. 83 f. u. S. 121 f. und bei Ungern-Sternberg: »Schriftsteller und literarischer Markt«, S. 134 f. kompiliert; ausführliches statistisches Material zur Buchproduktion im 18. Jahrhundert bei Kiesel/Münch: *Gesellschaft und Literatur im 18. Jahrhundert*, S. 180–203. Zur Leserevolution und ihren Folgen Wittmann: »Gibt es eine Leserevolution?« und Ungern-Sternberg: »Schriftsteller und literarischer Markt«, S. 133–147. Schätzungen zum Umfang des literarischen Publikums um 1800 bei Kiesel/Münch: *Gesellschaft und Literatur im 18. Jahrhundert*, S. 159–161.

[111] Zur Zeitung und der Zeitschrift und weiteren Medien der Zeit zwischen 1700 und 1800 Fischer/Haefs/Mix: *Von Almanach bis Zeitung*. Zum historischen Hintergrund der Entwicklung Habermas: *Strukturwandel der Öffentlichkeit*, S. 28–41. Zu den Lesegesellschaften Wittmann: *Geschichte des deutschen Buchhandels*, S. 206–210.

[112] Zur Enzyklopädistik siehe den Überblick bei Schneider/ Zedelmaier: »Wissensapparate« und die monographische Studie von Schneider: *Die Erfindung des allgemeinen Wissens*. Zur *Encyclopédie* Darnton: *Glänzende Geschäfte*; ebd. S. 40–43 eine Übersicht über die Nachdrucke und ihre Auflagenhöhe. Über »Bildung« als Ziel der *Cyclopedia* schreibt Chambers im Vorwort S. XXX der Erstausgabe von 1728: »The End of Learning and Study, is not the filling our Heads with other Mens Ideas; that is an Inrichment which may prove for the worse, if it carry any ill Quality with it: Richness is not the chief thing aim'd at; 'tis only a Circumstance, or Matter of secondary Consideration: Soundness is the first.« Die tugendhaften Ziele der *Encyclopédie* hat Didérot passenderweise im Artikel »Encyclopédie« dargelegt.

[113] Zur »Fülle des Herzens« im *Werther* siehe den Brief vom 20. Januar im 2. Buch des Romans. Dass der Roman dem Leser ein »Freund« sein soll, macht der fiktive Herausgeber des *Werther* gleich zu Beginn klar. Die romantische Poesie als »progressive Universalpoesie« reflektiert Schlegel im 116. Athenäums-Fragment. Einen Überblick über die Literaturepoche bietet Stephan: »Aufklärung«. Zu Goethes *Werther* als Roman im Oktavformat Jochum: »Textgestalt und Buchgestalt«, Kap. II.

[114] Meine Skizze des Übergangs vom Tausch- zum Geldverkehr folgt Wittmann: *Geschichte des deutschen Buchhandels*, Kap. IV. Zur »Lesesucht« und »Lesewut« König: »Lesesucht und Lesewut«. Zu den Nachdruckern Wittmann: *Geschichte des deutschen Buchhandels*, S. 133–136; ausführlich Wittmann: *Buchmarkt und Lektüre*, S. 69–92; zu Trattners Kontaktleuten ebd., S. 83.

[115] Kant, Immanuel: »Von der Unrechtmäßigkeit des Büchernachdrucks«, in: *Berlinische Monatsschrift* 5 (1785), S. 403–417; Fichte, Johann Gottlieb: »Beweis der Unrechtmäßigkeit des Büchernachdrucks. Ein Räsonnement und eine Parabel«, in: *Berlinische Monatsschrift* 21 (1793), S. 443–483. Beide Texte sind in den maßgeblichen Gesamtausgaben und im Internet leicht zu finden. Den § 577 des Badischen Landrechts habe ich zitiert nach Vogel: »Deutsche Urheber- und Verlagsrechtsgeschichte«, Sp. 121. Außerdem Ulmer: *Urheber- und Verlagsrecht*, S. 54–59.

[116] Zu den Leihbibliotheken Wittmann: *Geschichte des deutschen Buchhandels*, S. 210–217 u. S. 275–277. Ausführlich Jochum: *Kleine Bibliotheksgeschichte*, Kap. XI.

[117] Die Schätzungen zu den lesefähigen Personen habe ich Wittmann: *Geschichte des deutschen Buchhandels*, S. 253 entnommen. Ebd. auch Näheres zur Gründungswelle von Kinderbuchverlagen. Die Zahlen zur Titelproduktion ebd., S. 218f. und S. 295.

[118] Ich folge hier Funke: *Buchkunde*, S. 193 f. Eine anschauliche Darstellung des typographischen Maßsystems bei Tschichold: *Erfreuliche Drucksachen*, S. 53–61.

[119] Zu den Setzmaschinen Funke: *Buchkunde*, S. 201–203.

[120] Zu den Schnellpressen ebd., S. 200 f. und ausführlich Wolf: *Geschichte der Druckerpressen*, S. 172–222.

[121] Die Details der Entdeckungen und Entwicklungen bei Sandermann: *Papier* und Müller: *Weiße Magie*, bes. S. 251–262.

[122] Funke: *Buchkunde*, S. 341f. zu den Einbandtechniken. Zum Flachdruck Wolf: *Geschichte der Druckerpressen*, S. 133–166, zum Tiefdruck ebd., S. 223–240.

[123] Zum Klassikerjahr und seinen Folgen Wittmann: *Geschichte des deutschen Buchhandels*, S. 268f. Cotta hatte 1822 eine Schnellpresse für den Druck der ihm gehörenden *Allgemeinen Zeitung* bestellt. 1824 war die Maschine einsetzbar und wurde dann auch für den Buchdruck benutzt: schon 1824 für eine Schiller-Ausgabe und ab 1826 für die *Ausgabe letzter Hand* der Werke Goethes. Zu den Details der von Cotta veranstalteten Schiller- und Goethe-Ausgaben und dem Druck der *Allgemeinen Zeitung* Fischer: *Johann Friedrich Cotta*, S. 355, S. 666–672 u. S. 679–682. Zur Entwicklung der Autorenhonorare Krieg: *Materialien zu einer Entwicklungsgeschichte der Bücher-Preise* und Wittmann: *Buchmarkt und Lektüre*, S. 165–177.

[124] Zur Kolportage Wittmann: *Geschichte des deutschen Buchhandels*, S. 271–274. Zu den Auflagen der von Cotta gedruckten Hölderlinschen Werke Fischer: *Johann Friedrich Cotta*, S. 666. Zu den Auflagen des *Lokal-Anzeigers* und der *Morgenpost* Bollinger: *Pressegeschichte*, S. 36 f. u. S. 39.

[125] Zum Buch als Konsumgut in der Unterhaltungsindustrie Wittmann: *Geschichte des deutschen Buchhandels*, S. 322–328. Zur Auflagenhöhe der Werke von Johannes Mario Simmel die URL http://www.droemer-knaur.de/autoren/Johannes+Mario+Simmel.80293.html.

[126] Zur Zensur im Wilhelminismus Breuer: *Geschichte der literarischen Zensur*, S. 187–210. Zum Strukturwandel der Zensur Wittmann: *Geschichte des deutschen Buchhandels*, S. 257f. u. S. 298–302.

[127] Zu den Prachtausgaben und ihrem Arrangement im Raum Mazzoni: *Prachtausgaben*, bes. S. 59–64. Zum Buchumschlag Scheffler/Fiege: *Buchumschläge 1900–1950*, außerdem Brandstätter: *Buchumschläge des Jugendstils*.

[128] Zu William Morris siehe die Biographie von Kirsch: *William Morris*. Zum Typographischen Lechner: *Geschichte der modernen Typographie*, S. 53–66 und Watkinson: *William Morris*, S. 57–66. Zu Ruskin Reuß: *Fors*.

[129] Zur Geschichte der Handpressen und der Buchkunstbewegung Lechner: *Geschichte der modernen Typographie*, S. 89–113 und Funke: *Buchkunde*, S. 230–255. Zur Mitgliederzahl der Gesellschaft der Bibliophilen im Jahre 1913 Neumann: *Hundert Jahre Gesellschaft der Bibliophilen*, S. 45. Das Diktum Samuel Fischers bei Mendelssohn: *S. Fischer und sein Verlag*, S. 47.

[130] Einen Überblick über die Bestrebungen der »Neuen Typographie« geben Janzin/Güntner: *Das Buch vom Buch*, S. 371–379 und Lechner: *Geschichte der modernen Typographie*, S. 139–151. Das Zitat von Jan Tschichold in Tschichold: *Erfreuliche Drucksachen*, S. 62.

[131] Wittmann: *Geschichte des deutschen Buchhandels*, S. 373.

132 Ich folge in meiner Skizze zum Taschenbuch Wittmann: *Geschichte des deutschen Buchhandels*, S. 410 f. und S. 420 ff. Zum Umsatzanteil des Taschenbuchs Börsenverein: *Buch und Buchhandel in Zahlen* 2014.

133 Wo wir kulturindustriell stehen – immer noch –, haben Horkheimer/Adorno: *Dialektik der Aufklärung* in dem Kapitel zur »Kulturindustrie« ausgeführt. Wie man solche Reflexionen im Hinblick auf das Buch konkret werden lassen kann, zeigt Reuß: *Die perfekte Lesemaschine*.

134 Siehe Platon: *Phaidros* 274 c – 279 c, 2 Kor 3,6 und Phil 4,3 unter Rekurs auf Dan 12,1.

135 Zu Leibniz' Buch- und Bibliothekskonzept Jochum: »Am Ende der Sammlung«, S. 285 – 289.

136 Otlets Hauptwerk, der *Traité de documentation*, ist im Internet unter der Adresse https://archive.org/details/OtletTraitDocumentationUgent zu finden. Die Begriffe »Information« und »universales Buch« finden sich in Otlet: *International organisation*, S. 84. In der Einleitung zu diesem Buch S. 3 auch die Anzahl der Katalogeinträge am Beginn des Ersten Weltkrieges. Zum Hintergrund Wright: *Cataloging the world* und die Beiträge in Hartmann: *Vom Buch zur Datenbank*. Zum Zusammenhang von Karteikarte und Bibliothekskatalog Krajewski: *Zettelwirtschaft*.

137 Bushs Artikel ist im Internet verfügbar unter der URL http://www.theatlantic.com/magazine/archive/1945/07/as-we-may-think/303881/

138 Zu den »Lexien« Barthes: *S/Z*. Den »Willen zur Wahrheit« in Büchern und Bibliotheken wollte Michel Foucault (1926 – 1984) aufspüren, siehe Foucault: *Die Ordnung des Diskurses*. Zum »Spiel« und der Rolle von Kybernetik und Computer Derrida: *Grammatologie*, S. 21 u. 149f. Zum »Ende des Buches« ebd. Kap. I. Die Konvergenz von kritischer Theorie und Technik diagnostizierte George P. Landow 1992 im Untertitel seines einflussreichen Buches *Hypertext*, dessen dritte Auflage diesen Untertitel nicht mehr führt; siehe Landow: *Hypertext 3.0*.

139 Stichwortgeber für diesen Umschlag von Natur zu Technik waren natürlich Arnold Gehlen, der Technik als »Organersatz«, und der kanadische Medientheoretiker Marshall McLuhan, der Technik als »extension of man« betrachtet hatte. Vom Cyberspace als einer neuen Heimat des Geistes und einer neuen Welt träumte Barlow: »Unabhängigkeitserklärung des Cyberspace« (abgedruckt auch in der Nullnummer der Zeitschrift *Telepolis*, S. 85 – 83), ebenso Lévy: »Cyberkultur«. Einen evolutionären Entwurf haben Moravec: *Mind Children* und Kurzweil: *Homo s@piens* vorgelegt. Kritisch dazu Jochum: »The Gnosis of Media«. Die Synthese von Cyberspace und amerikanischem Traum bei Toffler/Keyworth/Gilder: »Cyberspace und der amerikanische Traum«.

140 Das Ziel von »Google Books« ist lt. Google dies: »Our ultimate goal is to work with publishers and libraries to create a comprehensive, searchable, virtual card catalog of all books in all languages that helps users discover new books and publishers discover new readers.« Siehe http://books.google.com/googlebooks/library/index.html. Die Pressemeldung zur Kooperation zwischen Google und der Bayerischen Staatsbibliothek vom 6. März 2007 ist unter der URL http://www.bsb-muenchen.de/presse/archiv/archiv-einzeldarstellung/article/kooperation-mit-google/ zu finden. Stellvertretend für die Zustimmung der »Netzcommunity« zu »Google Books« steht der Artikel des früheren *Wired*-Herausgebers Kevin Kelly, der am 14. Mai 2006 in der New York Times erschien: Kelly: »Scan this book!«. Zum »social freezing« genannten Einfrieren von Eizellen Bernard: »Seid fruchtbar, aber später!«. Zur Finanzierung von Medizinforschung durch Google: »Die Welt ist dem Silicon Valley nicht genug«, in: *Frankfurter Allgemeine Zeitung* Nr. 248 vom 25.10.2014, S. 19.

141 Aus der reichhaltigen Literatur zu den Praktiken von Google und Co.: Reischl: *Die Google-Falle*, Knop: *Amazon kennt dich schon* und den Film Lewis: *Google und die Macht des Wissens*.

142 Zur Geschichte des Informationsbegriffs Capurro: *Information*; zu seiner Kritik Janich: *Was ist Information?*

143 Über die »Digital Humanities« informiert kritisch Espahangizi: *Digital Humanities*; siehe auch Simanowski: *Data Love*, S. 113 – 123. Zur Konfrontation von Buch und E-Book Reuß: *Ende der Hypnose* und Reuß: *Die perfekte Lesemaschine*.

144 Zur Wirkung des Digitalen auf Aufmerksamkeit und Konzentration Wolf: *Das lesende Gehirn*, Carr: *The shallows*, Spitzer: *Digitale Demenz* und die aktuelle Studie der Universitäten Stavanger und Aix-Marseille, über die Heyman: »Reading literature on screen« berichtet. Zu weiteren Studien Keim: »Why the smart reading device of the future may be ... paper«. Zum Modus der Ablenkung Jochum: *Medienkörper*, S. 43 ff.

145 Das Teilhard-Zitat in Teilhard de Chardin: *Der Mensch im Kosmos*, S. 289 Anm. 1. Zur totalitären Tendenz des Internets Lanier: *Gadget*, S. 66 – 102, Meckel: *Wir verschwinden* und Simanowski: *Data Love*. Zur ganz ungeistigen Ausbeutungsökonomie des Internets Benner: *Crowdwork*.

146 Zum Buch als Werk und daher Artefakt die Beiträge von Duguid, Debray und Eco in Nunberg: *The future of the book*, außerdem die Beiträge in Zintzen: *Die Zukunft des Buches*.

Bibliographie

Aland, Kurt / Hannick, Christian / Junack, Klaus: »Bibelhandschriften. II. Neues Testament.« In: *Theologische Realenzyklopädie*, Bd. 6, S. 114 – 131.

Albrecht, Michael von: *Geschichte der römischen Literatur. Von Andronicus bis Boethius. Mit Berücksichtigung ihrer Bedeutung für die Neuzeit.* 2., verb. u. erw. Aufl. München [u. a.]: Saur, 1994.

Althoff, Gerd: *Die Ottonen. Königsherrschaft ohne Staat.* 3., durchges. Aufl. Stuttgart: Kohlhammer, 2013.

Ammermann-Estermann, Monika: »Literarische Öffentlichkeit.« In: Steinhagen, Harald (Hrsg.): *Zwischen Gegenreformation und Frühaufklärung.* Reinbek bei Hamburg: Rowohlt, 1985, S. 107 – 116.

Ammianus Marcellinus: *Das römische Weltreich vor dem Untergang.* Amsterdam: Hakkert, 1997.

André, Jean-Marie: *Griechische Feste, römische Spiele. Die Freizeitkultur der Antike.* Leipzig: Reclam, 2002.

Aristeas: *Aristeas to Philocrates (Letter of Aristeas).* Repr. d. Ausg. New York 1951. New York: Ktav Publ. House, 1973.

Aristeas: *Der König und die Bibel.* Stuttgart: Reclam, 2008.

Assmann, Jan: *Maʿat. Gerechtigkeit und Sterblichkeit im Alten Ägypten.* München: Beck, 1990.

Badisches Landesmuseum Karlsruhe (Hrsg.): *Vor 12 000 Jahren in Anatolien. Die ältesten Monumente der Menschheit. Große Landesausstellung Baden-Württemberg 2007 im Badischen Landesmuseum Schloss Karlsruhe, 20.1. – 17.6.2007.* Karlsruhe: Badisches Landesmuseum, 2007.

Baines, John: *Visual and written culture in ancient Egypt.* Oxford [u. a.]: Oxford University Press, 2007.

Barlow, John Perry: »Unabhängigkeitserklärung des Cyberspace. Semiotische und soziale Aspekte des Internets.« In: Jochum, Uwe / Wagner, Gerhard (Hrsg.): *Am Ende – das Buch.* Konstanz: UVK, Universitätsverlag Konstanz, 1998, S. 161 – 164.

Barta, Winfried: *Die Bedeutung der Pyramidentexte für den verstorbenen König.* München: Deutscher Kunstverlag, 1981.

Barthes, Roland: *S/Z.* Frankfurt am Main: Suhrkamp, 1976.

Bataillon, Louis-Jacques / Guyot, G. / Rouse, Richard H. (Hrsg.): *La production du livre universitaire au Moyen Age. Exemplar et pecia. Actes du symposium tenu au Collegio San Bonaventura de Grottaferrata en mai 1983.* Paris: Editions du Centre national de la recherche scientifique, 1988.

Benner, Christiane (Hrsg.): *Crowdwork – zurück in die Zukunft. Perspektiven digitaler Arbeit.* Frankfurt am Main: Bund, 2014.

Bernard, Andreas: »Seid fruchtbar, aber später! Ist Social Freezing, Einfrieren der Eizellen, der nächste Schritt in die kontrollierte Gesellschaft?« In: *Frankfurter Allgemeine Sonntagszeitung* 19. Oktober 2014, S. 37.

Bezold, Carl: »Bibliotheks- und Schriftwesen im alten Ninive.« In: *Zentralblatt für Bibliothekswesen* 21 (1904), S. 257 – 277.

Bickel, Susanne / Mathieu, Bernard (Hrsg.): *Textes des pyramides & textes des sarcophages. D'un monde à l'autre. Actes de la Table Ronde Internationale »Textes des Pyramides Versus Textes des Sarcophages«, IFAO, 24 – 26 Septembre 2001.* Kairo: Institut Française d'Archéologie Orientale, 2004.

Bischof, Franz Xaver [u. a.]: *Einführung in die Geschichte des Christentums.* Freiburg: Herder, 2012.

Bischoff, Bernhard: *Paläographie des römischen Altertums und des abendländischen Mittelalters.* 2., überarb. Aufl. Berlin: Erich Schmidt, 1986.

Blanck, Horst: *Das Buch in der Antike.* München: Beck, 1992.

Blum, Rudolf: »Kallimachos und die Literaturverzeichnung bei den Griechen. Untersuchungen zur Geschichte der Biobibliographie.« In: *Archiv für Geschichte des Buchwesens* 18 (1977), S. 1 – 360.

Blumenberg, Hans: *Der Prozeß der theoretischen Neugierde.* 3., durchges. Aufl. Frankfurt am Main: Suhrkamp, 1984.

Börsenverein des Deutschen Buchhandels: *Buch und Buchhandel in Zahlen 2014.* Frankfurt am Main: MVB Marketing- und Verlagsservice des Buchhandels, 2014.

Bollinger, Ernst: *Pressegeschichte.* Freiburg, Schweiz: Universitätsverlag, 1996.

Bommas, Martin: *Das Alte Ägypten.* Darmstadt: Wissenschaftliche Buchgesellschaft, 2012.

Bosinski, Gerhard: »Die Entwicklung des Menschen bis zum Ende des Altpaläolithikums.« In: Jockenhövel, Albrecht (Hrsg.): *Grundlagen der globalen Welt. Vom Beginn bis 1200 v. Chr.* Darmstadt: Wissenschaftliche Buchgesellschaft, 2009, S. 13 – 53.

Bosinski, Gerhard / Wehrberger, Kurt (Hrsg.): *Der Löwenmensch. Tier und Mensch in der Kunst der Eiszeit.* Begleitpublikation zur Ausstellung »Der Löwenmensch – Tier und Mensch in der Kunst der Eiszeit«. Ulmer Museum, 11. September – 13. November 1994. Sigmaringen: Thorbecke, 1994.

Böttrich, Christfried: *Der Jahrhundertfund. Entdeckung und Geschichte des Codex Sinaiticus.* Leipzig: Evangelische Verlagsanstalt, 2011.

Brandstätter, Christian: *Buchumschläge des Jugendstils.* Dortmund: Harenberg, 1981.

Breuer, Dieter: *Geschichte der literarischen Zensur in Deutschland.* Heidelberg: Quelle & Meyer, 1982.

Brisch, Nicole: *Tradition and the poetics of innovation. Sumerian court literature of the Larsa dynasty (c. 2003 – 1763 BCE).* Münster: Ugarit-Verlag, 2007.

Brosius, Maria (Hrsg.): *Ancient archives and archival traditions. Concepts of record-keeping in the ancient world.* Oxford: Oxford University Press, 2003.

Brown, Giles: »Introduction. The Carolingian Renaissance.« In: McKitterick, Rosamond (Hrsg.): *Carolingian culture.* Cambridge: Cambridge University Press, 1994, S. 1 – 51.

Brown, Michelle P.: »The triumph of the codex. The manuscript book before 1100.« In: Eliot, Simon / Rose, Jonathan (Hrsg.): *A companion to the history of the book.* Chichester: Wiley-Blackwell, 2009, S. 179 – 193.

Brunner, Hellmut (Hrsg.): *Altägyptische Weisheit. Lehren für das Leben.* Zürich: Artemis, 1988.

Burckhardt, Jacob: *Die Kultur der Renaissance in Italien. Ein Versuch.* 10. Aufl. Stuttgart: Kröner, 1976.

Burkard, Günter: »Bibliotheken im alten Ägypten.« In: *Bibliothek* 4 (1980), S. 79 – 115.

Burkard, Günter / Thissen, Heinz-Josef / Quack, Joachim F.: *Einführung in die altägyptische Literaturgeschichte.* 3 Bde. Münster: Lit [u. a.], 2003 – 2009.

Burke, Peter: *Papier und Marktgeschrei. Die Geburt der Wissensgesellschaft.* Berlin: Wagenbach, 2001.

Burkert, Walter: *Die Griechen und der Orient. Von Homer bis zu den Magiern.* 2. Aufl. München: Beck, 2004.

Cameron, Alan: *The last pagans of Rome.* Oxford [u. a.]: Oxford University Press, 2011.

Capurro, Rafael: *Information. Ein Beitrag zur etymologischen und ideengeschichtlichen Begründung des Informationsbegriffs.* München [u. a.]: Saur, 1978.

Carr, Nicholas: *The shallows. What the Internet is doing to our brains.* New York, London: Norton, 2010.

Cavallo, Guglielmo: »Vom Volumen zum Kodex. Lesen in der römischen Welt.« In: Chartier, Roger / Cavallo, Guglielmo (Hrsg.): *Die Welt des Lesens. Von der Schriftrolle zum Bildschirm.* Frankfurt am Main, New York, Paris: Campus, Editions de la Maison des Sciences de l'Homme, 1999, S. 97 – 133.

Cersowsky, Peter: »Buchwesen.« In: Meier, Albert (Hrsg.): *Die Literatur des 17. Jahrhunderts.* München: Hanser, 1999, S. 176 – 200.

Chauvet, Jean-Marie / Deschamps, Eliette Brunel / Hillaire, Christian: *Chauvet Cave. The discovery of the world's oldest paintings.* London: Thames & Hudson, 2001.

Collins, Nina L.: *The library in Alexandria and the Bible in Greek.* Leiden, Boston, Köln: Brill, 2000.

Coulmas, Florian: *Die Wirtschaft mit der Sprache. Eine sprachsoziologische Studie.* Frankfurt am Main: Suhrkamp, 1992.

Darnton, Robert: *Glänzende Geschäfte. Die Verbreitung von Diderots Encyclopédie oder: Wie verkauft man Wissen mit Gewinn.* Frankfurt am Main: Fischer, 1998.

Davies, Martin: *Aldus Manutius. Printer and publisher of Renaissance Venice.* London: British Library, 1995.

Davies, W. V.: »Egyptian hieroglyphs.« In: Hooker, James T. (Hrsg.): *Reading the past. Ancient writing from cuneiform to the alphabet.* London: British Museum Publications, 1990, S. 75 – 135.

De Hamel, Christopher: *Glossed books of the Bible and the origins of the Paris booktrade.* Woodbridge, Suffolk [u. a.]: Boydell & Brewer, 1987.

d'Errico, Francesco: »A new model and its impacts for the origin of writing. The La Marche antler revisited.« In: *Cambridge Archaeological Journal* 5 (1995), S. 163 – 206.

d'Errico, Francesco: »Palaeolithic origins of artificial memory systems. An evolutionary perspective.« In: Renfrew, Colin / Scarre, Chris (Hrsg.): *Cognition and material culture. The archaeology of symbolic storage.* Cambridge: McDonald Institute for Archaeological Research, 2005, S. 19 – 50.

d'Errico, Francesco [u. a.]: »Archaeological evidence for the emergence of language, symbolism, and music. An alternative multidisciplinary perspective.« In: *Journal of World Prehistory* 17 (2003), S. 1 – 70.

d'Errico, Francesco / Cacho, Carmen: »Notation versus decoration in the Upper Palaeolithic. A case-study from Tossal de la Roca, Alicante, Spain.« In: *Journal of Archaeological Science* 21 (1994), S. 185 – 200.

Derrida, Jacques: *Grammatologie.* Frankfurt am Main: Suhrkamp, 1974.

Diringer, David: *The book before printing. Ancient, medieval and oriental.* New York: Dover, 1982.

Diringer, David: *The illuminated book. Its history and production.* New ed., rev. and augm. with the assistance of Reinhold Regensburger. London: Faber & Faber, 1967.

Donald, Merlin: »Hominid enculturation and cognitive evolution.« In: Renfrew, Colin / Scarre, Chris (Hrsg.): *Cognition and material culture. The archaeology of symbolic storage.* Cambridge: McDonald Institute for Archaeological Research, 2005, S. 7 – 17.

Dopsch, Heinz: »Epoche. Sozialgeschichtlicher Abriß.« In: Bennewitz, Ingrid / Müller, Ulrich (Hrsg.): *Von der Handschrift zum Buchdruck.* Reinbek: Rowohlt, 1991, S. 9 – 31.

Dreyer, Günter: *Das prädynastische Königsgrab U-j und seine frühen Schriftzeugnisse.* Mainz: von Zabern, 1998.

Duby, Georges: *Die Zeit der Kathedralen. Kunst und Gesellschaft 980 – 1420.* Frankfurt am Main: Suhrkamp, 1995.

Edzard, Dietz Otto: *Geschichte Mesopotamiens. Von den Sumerern bis zu Alexander dem Großen.* München: Beck, 2004.

Edzard, Dietz Otto: »Keilschrift.« In: *Reallexikon der Assyriologie und Vorderasiatischen Archäologie,* Bd. 5, S. 544 – 568.

Ehlich, Konrad: »Funktion und Struktur schriftlicher Kommunikation.« In: Günther, Hartmut / Ludwig, Otto (Hrsg.): *Schrift und Schriftlichkeit.* Berlin, New York: de Gruyter, 1994, S. 18 – 41.

Erbe, Michael: »Epoche – sozialgeschichtlicher Abriß.« In: Steinhagen, Harald (Hrsg.): *Zwischen Gegenreformation und Frühaufklärung. Späthumanismus, Barock.* Reinbek bei Hamburg: Rowohlt, 1985, S. 18 – 31.

Erfen, Irene: »Literaturbetrieb.« In: Bennewitz, Ingrid / Müller, Ulrich (Hrsg.): *Von der Handschrift zum Buchdruck.* Reinbek: Rowohlt, 1991, S. 32 – 45.

Erman, Adolf: *Ägypten und ägyptisches Leben im Altertum.* 4. reprograph. Dr. d. Ausg. Tübingen 1923. Hildesheim: Gerstenberg, 1987.

Espahangizi, Kijan (Hrsg.): *Digital Humanities.* Zürich: Diaphanes, 2013.

Euw, Anton von: »Von Geist und Kunst der alten Iren.« In: Beuckers, Klaus Gereon / Jobst, Christoph / Westphal, Stefanie (Hrsg.): *Buchschätze des Mittelalters. Forschungsrückblicke – Forschungsperspektiven. Beiträge zum Kolloquium des Kunsthistorischen Instituts der Christian-Albrechts-Universität zu Kiel vom 24. bis zum 26. April 2009.* Regensburg: Schnell & Steiner, 2011, S. 13 – 25.

Farr, Carol A.: *The book of Kells. Its function and audience.* London [u. a.]: British Library [u. a.], 1997.

Fichtenau, Heinrich: »Neues zum Problem der italienischen ›Riesenbibeln‹.« In: *Mitteilungen des Instituts für österreichische Geschichtsforschung* 58 (1950), S. 50 – 67.

Fischer, Bernhard: *Johann Friedrich Cotta. Verleger – Entrepreneur – Politiker.* Göttingen: Wallstein, 2014.

Fischer, Ernst / Haefs, Wilhelm / Mix, York-Gothart (Hrsg.): *Von Almanach bis Zeitung. Ein Handbuch der Medien in Deutschland 1700 – 1800.* München: Beck, 1999.

Forman, Werner / Quirke, Stephen: *Die Macht der Hieroglyphen. Das Leben nach dem Leben im Alten Ägypten.* Stuttgart, Berlin, Köln: Kohlhammer, 1996.

Foucault, Michel: *Die Ordnung des Diskurses. Inauguralvorlesung am Collège de France, 2. Dezember 1970.* Frankfurt am Main, Berlin, Wien: Ullstein, 1982.

Frame, Grant / George, A. R.: »The Royal Libraries of Niniveh. New evidence for King Assurbanipal's tablet collecting.« In: *Iraq* 67 (2005), S. 265 – 284.

Frank, Karl Suso: *Grundzüge der Geschichte des christlichen Mönchtums.* 4. Aufl. Darmstadt: Wissenschaftliche Buchgesellschaft, 1983.

Fraser, Peter M.: *Ptolemaic Alexandria.* 3 Bde. Oxford: Clarendon, 1972.

Frenz, Thomas: »Eine Klosterschule von innen.« In: Kruppa, Nathalie / Wilke, Jürgen (Hrsg.): *Kloster und Bildung im Mittelalter.* Göttingen: Vandenhoeck & Ruprecht, 2006, S. 49 – 57.

Fried, Johannes: *Karl der Große. Gewalt und Glaube. Eine Biographie.* München: Beck, 2013.

Friedell, Egon: *Kulturgeschichte Ägyptens und des alten Orients. Leben und Legende der vorchristlichen Seele.* München: Beck, 1967.

Friedman, Florence Dunn: »Notions of cosmos in the Step Pyramid Complex.« In: Manuelian, Peter (Hrsg.): *Studies in Honor of William Kelly Simpson.* Bd. 1. Boston: Museum of Fine Arts, 1996, S. 337 – 351.

Friedman, Florence Dunn: »The underground relief panels of king Djoser at the Step Pyramid Complex.« In: *Journal of the American Research Center in Egypt* 32 (1995), S. 1 – 42.

Fuchs, Robert: »Des Widerspenstigen Zähmung. Pergament in Geschichte und Struktur.« In: Rück, Peter (Hrsg.): *Pergament. Geschichte, Struktur, Restaurierung, Herstellung.* Sigmaringen: Thorbecke, 1991, S. 263 – 277.

Fuld, Werner: *Das Buch der verbotenen Bücher. Universalgeschichte des Verfolgten und Verfemten von der Antike bis heute.* Berlin: Galiani, 2012.

Funke, Fritz: *Buchkunde. Ein Überblick über die Geschichte des Buches.* 6., überarb. u. erg. Aufl. München: Saur, 1999.

Füssel, Stephan: *Johannes Gutenberg.* 2. Aufl. Reinbek: Rowohlt, 2000.

Füssel, Stephan: »Luther und die ›Biblia Deutsch‹.« In: Bennewitz, Ingrid / Müller, Ulrich (Hrsg.): *Von der Handschrift zum Buchdruck. Spätmittelalter, Reformation, Humanismus.* Reinbek bei Hamburg: Rowohlt, 1991, S. 329 – 342.

Füssel, Stephan: *Die Welt im Buch. Buchkünstlerischer und humanistischer Kontext der Schedelschen Weltchronik von 1493.* Mainz: Gutenberg-Gesellschaft, 1996.

Gameson, Richard: »The costs of the Codex Amiatinus.« In: *Notes and Queries* 237 (1992), S. 2 – 9.

Gardthausen, Victor: *Das Buchwesen im Altertum und im byzantinischen Mittelalter.* 2. Aufl. Leipzig: Veit, 1911.

Geller, Markham J.: *Ancient Babylonian medicine. Theory and practice.* Oxford: Wiley-Blackwell, 2010.

George, Andrew R.: *The Babylonian Gilgamesh epic. Introduction, critical edition and cuneiform texts.* 2 Bde. Oxford [u. a.]: Oxford University Press, 2003.

Gesche, Petra D.: *Schulunterricht in Babylonien im ersten Jahrtausend v. Chr.* Münster: Ugarit-Verlag, 2001.

Giesecke, Michael: *Der Buchdruck in der frühen Neuzeit.* Frankfurt am Main: Suhrkamp, 1994.

Gieseke, Ludwig: *Vom Privileg zum Urheberrecht. Die Entwicklung des Urheberrechts in Deutschland bis 1845.* Göttingen: Schwartz, 1995.

Glassner, Jean-Jacques: »Who were the authors before Homer in Mesopotamia?«. In: *Diogenes* 49 (2002), S. 86 – 91.

Graefe, Erhart: »Das Alte Ägypten.« In: Jockenhövel, Albrecht (Hrsg.): *Grundlagen der globalen Welt. Vom Beginn bis 1200 v. Chr.* Darmstadt: Wissenschaftliche Buchgesellschaft, 2009, S. 147 – 183.

Grebe, Anja: *Goldenes Mittelalter. Geschichte der Buchmalerei.* Ostfildern: Thorbecke, 2007.

Grimmelshausen, Hans Jakob Christoffel: *Der abentheuerliche Simplicissimus Teutsch.* Weinheim: VCH, Acta Humaniora, 1988.

Gullick, Michael: »From parchment to scribe. Some observations on the manufacture and preparation of medieval parchment based upon a review of the literary evidence.« In: Rück, Peter (Hrsg.): *Pergament. Geschichte, Struktur, Restaurierung, Herstellung.* Sigmaringen: Thorbecke, 1991, S. 145 – 157.

Guthrie, Russell Dale: *The nature of paleolithic art.* Chicago, London: The University of Chicago Press, 2005.

Haarmann, Harald: *Universalgeschichte der Schrift.* Frankfurt [u. a.]: Campus-Verlag, 1990.

Habermas, Jürgen: *Strukturwandel der Öffentlichkeit. Untersuchungen zu einer Kategorie der bürgerlichen Gesellschaft.* 10. Aufl. Darmstadt, Neuwied: Luchterhand, 1979.

Harris, William V.: *Ancient literacy.* Cambridge, Mass. [u. a.]: Harvard University Press, 1989.

Hartmann, Frank (Hrsg.): *Vom Buch zur Datenbank. Paul Otlets Utopie der Wissensvisualisierung.* Berlin: Avinus, 2012.

Hartmann, Wilfried: *Der Investiturstreit.* 3., überarb. u. erw. Aufl. München: Oldenbourg, 2007.

Hase, Oscar von: *Die Koberger. Eine Darstellung des buchhändlerischen Geschäftsbetriebes in der Zeit des Überganges vom Mittelalter zur Neuzeit.* 3. Aufl. Amsterdam: van Heusden [u. a.], 1967.

Hauschild, Stephanie: *Skriptorium. Die mittelalterliche Buchwerkstatt.* Darmstadt: Wissenschaftliche Buchgesellschaft, 2013.

Hawass, Zahi / Vannini, Sandro: *Bilder der Unsterblichkeit. Die Totenbücher aus den Königsgräbern in Theben.* Mainz: von Zabern, 2006.

Helck, Wolfgang: *Altägyptische Aktenkunde des 3. und 2. Jahrtausends v. Chr.* München, Berlin: Deutscher Kunstverlag, 1974.

Helck, Wolfgang: »Zur Frage der Entstehung der ägyptischen Literatur.« In: *Wiener Zeitschrift für die Kunde des Morgenlandes* 64/65 (1972), S. 6 – 26.

Henshilwood, Christopher Stuart: *Holocene prehistory of the Southern Cape, South Africa. Excavations at Blombos Cave and the Blombosfontein Nature Reserve.* Oxford: Archaeopress, 2008.

Hershkovitz, Israel [u. a.]: »Middle Pleistocene dental remains from Qesem (Israel).« In: *American Journal of Physical Anthropology* 44 (2010), S. 575 – 592.

Herzog, Reinhart (Hrsg.): *Restauration und Erneuerung. Die lateinische Literatur von 284 bis 374 n. Chr.* München: Beck, 1989.

Heyman, Stephen: »Reading literature on screen. A price for convenience?« In: *The New York Times* 13. August 2014. URL: http://www.nytimes.com/2014/08/14/arts/reading-lite rature-on-screen-a-price-for-convenience.html.

Hilgert, Earle: »Johann Froben and the Basel University scholars, 1513 – 1523.« In: *The Library Quarterly* 41 (1971), S 141 – 169.

Hinrichs, Ernst: »Alphabetisierung. Lesen und Schreiben.« In: Van Dülmen, Richard / Rauschenbach, Sina (Hrsg.): *Macht des Wissens.* Köln, Weimar, Wien: Böhlau, 2004, S. 539 – 561.

Hoepfner, Wolfram: »Die Bibliothek Eumenes' II. in Pergamon.« In: Hoepfner, Wolfram (Hrsg.): *Antike Bibliotheken.* Mainz: von Zabern, 2002, S. 41 – 52.

Horkheimer, Max / Adorno, Theodor W.: *Dialektik der Aufklärung.* Frankfurt am Main: Suhrkamp, 2003.

Hornung, Erik (Hrsg.): *Das Totenbuch der Ägypter.* Zürich, München: Artemis, 1979.

Horst, Thomas: *Die Welt als Buch, Gerhard Mercator (1512– 1594) und der erste WeltATLAS. Bildband anlässlich der Faksimilierung des Mercatoratlas von 1595 (2° Kart. B 180/3)*

der Staatsbibliothek zu Berlin – Preußischer Kulturbesitz mit allen Kartentafeln dieser Ausgabe.* Lizenzausg. Darmstadt: Wissenschaftliche Buchgesellschaft, 2012.

Hudson, Michael / Wunsch, Cornelia (Hrsg.): *Creating economic order. Record-keeping, standardization, and the development of accounting in the Ancient Near East; a colloquium held at The British Museum, November 2000.* Bethesda, Md.: CDL, 2004.

Hussmann, Heinrich: *Das kleine Buch der Schrift. Vom Ursprung bis zur Gegenwart.* Augsburg: Bechtermünz, 1997.

Huth, Volkhard: »Verwissenschaftlichung und Rationalität. 600 bis 1500.« In: Fried, Johannes / Hehl, Ernst-Dieter (Hrsg.): *Weltdeutungen und Weltreligionen.* Darmstadt: Wissenschaftliche Buchgesellschaft, 2010, S. 430 – 463.

Jakobi-Mirwald, Christine: *Das mittelalterliche Buch. Funktion und Ausstattung.* Stuttgart: Reclam, 2004.

Janich, Peter: *Was ist Information? Kritik einer Legende.* Frankfurt am Main: Suhrkamp, 2006.

Janzin, Marion / Güntner, Joachim: *Das Buch vom Buch. 5000 Jahre Buchgeschichte.* 3., überarb. u. erw. Aufl. Hannover: Schlüter, 2007.

Jardine, Lisa: *Erasmus, man of letters. The construction of charisma in print.* Princeton, NJ: Princeton University Press, 1993.

Jochum, Uwe: »Am Ende der Sammlung.« In: Dülmen, Richard van / Rauschenbach, Sina (Hrsg.): *Macht des Wissens. Die Entstehung der modernen Wissensgesellschaft.* Köln, Weimar, Wien: Böhlau, 2004, S. 273 – 294.

Jochum, Uwe: *Geschichte der abendländischen Bibliotheken.* 2., durchges. Aufl. Darmstadt: Wissenschaftliche Buchgesellschaft, 2012.

Jochum, Uwe: »The Gnosis of Media.« In: *The Library Quarterly* 74 (2004), S. 21 – 41.

Jochum, Uwe: *Kleine Bibliotheksgeschichte.* 3., erw. Aufl. Stuttgart: Reclam, 2007.

Jochum, Uwe: *Medienkörper. Wandmedien, Handmedien, Digitalia.* Göttingen: Wallstein, 2014.

Jochum, Uwe: »Textgestalt und Buchgestalt. Überlegungen zu einer Literaturgeschichte des gedruckten Buches.« In: *LiLi. Zeitschrift für Literaturwissenschaft und Linguistik* 26 (1996), S. 20 – 34.

Jordan, Heinrich (Hrsg.): *Forma urbis Romae regionum XIIII.* Berolini: Weidmann, 1874.

Kapr, Albert: *Fraktur. Form und Geschichte der gebrochenen Schriften.* Mainz: Schmidt, 1993.

Kapr, Albert: *Johannes Gutenberg. Persönlichkeit und Leistung.* München: Beck, 1987.

Keim, Brandon: »Why the smart reading device of the future may be … paper.« In: Wired 05.01 (2014). URL: http:/www.wired.com/2014/05/reading-on-screen-versus-paper/.

Kelly, Kevin: »Scan this book!« In: *The New York Times* 14. Mai 2006. URL: http://www.nytimes.com/2006/05/14/magazine/14publishing.html.

Kiesel, Helmuth / Münch, Paul: *Gesellschaft und Literatur im 18. Jahrhundert. Voraussetzungen und Entstehung des literarischen Markts in Deutschland.* München: Beck, 1977.

Kilgour, Frederick G.: *The evolution of the book.* New York [u. a.]: Oxford University Press, 1998.

Kirsch, Hans-Christian: *William Morris, ein Mann gegen die Zeit. Leben und Werk.* Köln: Diederichs, 1983.

Knop, Carsten: *Amazon kennt dich schon. Vom Einkaufsparadies zum Datenverwerter.* Frankfurt am Main: Frankfurter Allgemeine Buch, 2013.

Köhler, Hans-Joachim (Hrsg.): *Flugschriften als Massenmedium der Reformationszeit. Beiträge zum Tübinger Symposion 1980.* Stuttgart: Klett-Cotta, 1981.

Köksal-Schmidt, Cigdem / Schmidt, Klaus: »Perlen, Steingefäße, Zeichentäfelchen.« In: Badisches Landesmuseum Karlsruhe (Hrsg.): *Vor 12 000 Jahren in Anatolien.* Karlsruhe: Badisches Landesmuseum, 2007, S. 97 – 109.

König, Dominik von: »Lesesucht und Lesewut.« In: Göpfert, Herbert G. (Hrsg.): *Buch und Leser. Vorträge des ersten Jahrestreffens des Wolfenbütteler Arbeitskreises für Geschichte des Buchwesens, 13. und 14. Mai 1976.* Hamburg: Hauswedell, 1977, S. 89 – 112.

Körntgen, Ludger: *Ottonen und Salier.* 3., durchges. u. bibliograph. aktualisierte Aufl. Darmstadt: Wissenschaftliche Buchgesellschaft, 2010.

Krajewski, Markus: *Zettelwirtschaft. Die Geburt der Kartei aus dem Geiste der Bibliothek.* Berlin: Kulturverlag Kadmos, 2002.

Krieg, Walter: *Materialien zu einer Entwicklungsgeschichte der Bücher-Preise und des Autoren-Honorars vom 15. bis zum 20. Jahrhundert.* Wien, Zürich: Stubenrauch, 1953.

Krüger, Klaus (Hrsg.): *Curiositas. Welterfahrung und ästhetische Neugierde in Mittelalter und früher Neuzeit.* Göttingen: Wallstein, 2002.

Kühlmann, Wilhelm (Hrsg.): *Reuchlins Freunde und Gegner. Kommunikative Konstellationen eines frühneuzeitlichen Medienereignisses.* Ostfildern: Thorbecke, 2010.

Kurzweil, Raymond: *Homo s@piens.* 3. Aufl. Köln: Kiepenheuer & Witsch, 2000.

Küster, Marc W.: *Geordnetes Weltbild. Die Tradition des alphabetischen Sortierens von der Keilschrift bis zur EDV. Eine Kulturgeschichte.* Tübingen: Niemeyer, 2006.

Lackmann, Heinrich: *Die kirchliche Bücherzensur nach geltendem kanonikanischem Recht.* Köln: Greven, 1962.

Landow, George P.: *Hypertext. The convergence of contemporary critical theory and technology.* Baltimore, Md.: Johns Hopkins University Press, 1992.

Landow, George P.: *Hypertext 3.0. Critical theory and New Media in an era of globalization.* Baltimore, Md.: Johns Hopkins University Press, 2006.

Lanier, Jaron: *Gadget. Warum uns die Zukunft noch braucht.* Berlin: Suhrkamp, 2010.

Lechner, Herbert: *Geschichte der modernen Typographie. Von der Steglitzer Werkstatt zum Kathodenstrahl.* München: Thiemig, 1981.

Leroi-Gourhan, André: *Hand und Wort. Die Evolution von Technik, Sprache und Kunst.* Frankfurt am Main: Suhrkamp, 1980.

Leroi-Gourhan, André: *Prähistorische Kunst. Die Ursprünge der Kunst in Europa.* 3. Aufl. Freiburg: Herder, 1975.

Lévy, Pierre: »Cyberkultur.« In: *Telepolis* 0 (1996), S. 5 – 33.

Lewis, Ben: *Google und die Macht des Wissens.* [*Engl. Originaltitel: Google and the world brain*]. o. O.: Polar Star Films [u. a.], 2013.

Lieberman, Stephen J.: »Canonical and official cuneiform texts.« In: Abusch, Tzvi / Huehnergard, John / Steinkeller, Piotr (Hrsg.): *Lingering over words.* Altlanta: Scholars Press, 1990, S. 305 – 336.

Lilienfeld, Fairy von: »Mönchtum II. Christlich.« In: *Theologische Realenzyklopädie,* Bd. 23, S. 150 – 193.

Lorblanchet, Michel: *Höhlenmalerei. Ein Handbuch.* Sigmaringen: Thorbecke, 1997.

Lotz-Heumann, Ute: »Reformation und Konfessionalisierung in Europa.« In: Demel, Walter (Hrsg.): *Entdeckungen und neue Ordnungen. 1200 bis 1800.* Darmstadt: Wissenschaftliche Buchgesellschaft, 2010, S. 296 – 324.

Löwe, Heinz (Hrsg.): *Die Iren und Europa im früheren Mittelalter.* Stuttgart: Klett-Cotta, 1982.

Lowe, E. J.: »Personal experience and belief.« In: Renfrew, Colin / Scarre, Chris (Hrsg.): *Cognition and material culture. The archaeology of symbolic storage.* Cambridge: McDonald Institute for Archaeological Research, 2005, S. 89 – 96.

Lowry, Martin: *The world of Aldus Manutius. Business and scholarship in Renaissance Venice.* Oxford: Blackwell, 1979.

Lülfing, Hans: *Johannes Gutenberg und das Buchwesen des 14. und 15. Jahrhunderts.* München-Pullach: Verlag Dokumentation, 1969.

Lutz-Bachmann, Matthias / Fidora, Alexander: »Kognitive Ordnungen im lateinischen Mittelalter. 600 bis 1500.« In: Fried, Johannes / Hehl, Ernst-Dieter (Hrsg.): *Weltdeutungen und Weltreligionen.* Darmstadt: Wissenschaftliche Buchgesellschaft 2010, S. 410 – 429.

Malafouris, Lambros: »Before and beyond representation. Towards an enactive conception of the Palaeolithic image.« In: Renfrew, Colin / Morley, Iain (Hrsg.): *Image and imagination. A global history of figurative representation.* Cambridge: The McDonald Institute for Archaeological Research, 2007, S. 287 – 300.

Marshack, Alexander: *The roots of civilization. The cognitive beginnings of man's first art, symbol and notation.* New York: MacGraw-Hill, 1972.

Marshack, Alexander / d'Errico, Francesco: »La Marche Antler revisited.« In: *Cambridge Archaeological Journal* 6 (1996), S. 99 – 117.

Martialis, Marcus Valerius: *Epigramme.* Düsseldorf, Zürich: Artemis & Winkler, 1999.

Maurer, Michael: »Geschichte und gesellschaftliche Strukturen des 17. Jahrhunderts.« In: Meier, Albert (Hrsg.): *Die Literatur des 17. Jahrhunderts.* München [u. a.]: Hanser, 1999, S. 18 – 99.

Mayr-Harting, Henry: *Ottonische Buchmalerei. Liturgische Kunst im Reich der Kaiser, Bischöfe und Äbte.* Stuttgart [u. a.]: Belser, 1991.

Mazal, Otto: *Der Mainzer Psalter von 1457. Kommentar zum Faksimiledruck 1969.* Dietikon-Zürich: Stocker, 1969.

Mazzoni, Ira Diana: *Prachtausgaben. Literatur in Quart und Folio.* Marbach: Deutsche Schillergesellschaft, 1991.

McKitterick, Rosamond: *The Carolingians and the written word.* Cambridge [u. a.]: Cambridge University Press, 1989.

McKitterick, Rosamond: »Script and book production. Emulation and innovation.« In: McKitterick, Rosamond (Hrsg.): *Carolingian culture.* Cambridge: Cambridge University Press, 1994, S. 221 – 247.

Meckel, Miriam: *Wir verschwinden. Der Mensch im digitalen Zeitalter.* Zürich, Berlin: Kein & Aber, 2013.

Meehan, Bernard: *Das Book of Kells. Ein Meisterwerk frühirischer Buchmalerei im Trinity College in Dublin.* Nachdr. London: Thames and Hudson, 1996.

Mendelssohn, Peter de: *S. Fischer und sein Verlag.* Frankfurt am Main: Fischer, 1970.

Miethke, Jürgen: »Die mittelalterliche Universität und das gesprochene Wort.« In: *Historische Zeischrift* 251 (1990), S. 1 – 44.

Milkau, Fritz / Schawe, Josef: »Der alte Vorderorient.« In: *Handbuch der Bibliothekswissenschaft.* Bd. III/1. Hrsg. von Georg Leyh. Wiesbaden: Harrassowitz, 1955, S. 1 – 50.

Mittler, Elmar / Drös, Harald (Hrsg.): *Codex Manesse. Ausstellung der Universität Heidelberg. Katalog zur Ausstellung vom 12. Juni bis 2. Oktober 1988, Universitätsbibliothek Heidelberg.* 2., verb. Aufl. Heidelberg: Braus, 1988.

Moeller, Bernd: *Deutschland im Zeitalter der Reformation.* 4., durchges. u. bibliograph. erneuerte Aufl. Göttingen: Vandenhoeck & Ruprecht, 1999.

Möller, Georg: *Hieratische Paläographie. Die ägyptische Buchschrift in ihrer Entwicklung von der fünften Dynastie bis zur römischen Kaiserzeit.* Neudr. d. 2., verb. Aufl. 1927. Osnabrück: Zeller, 1965.

Moog, Gerhard: »Häute und Felle zur Pergamentherstellung.« In: Rück, Peter (Hrsg.): *Pergament. Geschichte, Struktur, Restaurierung, Herstellung.* Sigmaringen: Thorbecke, 1991, S. 171 – 181.

Moravec, Hans: *Mind Children. Der Wettlauf zwischen menschlicher und künstlicher Intelligenz.* Hamburg: Hoffmann und Campe, 1990.

Morenz, Ludwig D.: *Bild-Buchstaben und symbolische Zeichen. Die Herausbildung der Schrift in der hohen Kultur Altägyptens.* Fribourg, Göttingen: Academic Press, Vandenhoeck & Ruprecht, 2004.

Müller, Lothar: *Weiße Magie. Die Epoche des Papiers.* München: Hanser, 2012.

Neumann, Hans: »Mesopotamien.« In: Jockenhövel, Albrecht (Hrsg.): *Grundlagen der globalen Welt. Vom Beginn bis 1200 v. Chr.* Darmstadt: Wissenschaftliche Buchgesellschaft, 2009, S. 184 – 215.

Neumann, Peter: *Hundert Jahre Gesellschaft der Bibliophilen. 1899 bis 1999. Bericht und Bilanz.* München 1999.

Nissen, Hans J. / Damerow, Peter / Englund, Robert K.: *Informationsverarbeitung vor 5000 Jahren. Frühe Schrift und Techniken der Wirtschaftsverwaltung im alten Vorderen Orient.* Hildesheim, Berlin: Franzbecker [u. a.], 2004.

Nunberg, Geoffrey (Hrsg.): *The future of the book.* Berkeley [u. a.]: University of California Press, 1996.

Ochsenbein, Peter / Schmuki, Karl / Euw, Anton von: *Irische Buchkunst. Die irischen Handschriften der Stiftsbibliothek St. Gallen und das Faksimile des Book of Kells; Führer durch die Ausstellung in der Stiftsbibliothek St. Gallen (28. November 1989 bis 3. November 1990).* St. Gallen: Verlag am Klosterhof, 1990.

Oppenheim, A. Leo: *Ancient Mesopotamia. Portrait of a dead civilization.* Chicago: University of Chicago Press, 1964.

Otlet, Paul: *International organisation and dissemination of knowledge.* Amsterdam [u. a.]: Elsevier, 1990.

Otlet, Paul: *Traité de documentation. Le livre sur le livre.* Bruxelles: Keerberghen, 1934.

Otten, Heinrich: »Die Bibliotheken im Alten Orient.« In: *Das Altertum* 1 (1955), S. 67 – 81.

Padberg, Lutz von: *Die Christianisierung Europas im Mittelalter.* 2., überarb. u. aktualisierte Aufl. Stuttgart: Reclam, 2009.

Padberg, Lutz von: *Mission und Christianisierung. Formen und Folgen bei Angelsachsen und Franken im 7. und 8. Jahrhundert.* Stuttgart: Steiner, 1995.

Parkes, Malcolm: »Klösterliche Lektürepraktiken im Hochmittelalter.« In: Chartier, Roger / Cavallo, Guglielmo (Hrsg.): *Die Welt des Lesens. Von der Schriftrolle zum Bildschirm.* Frankfurt, New York: Campus, 1999, S. 135 – 153.

Parkes, Malcolm B.: *Pause and effect. An introduction to the history of punctuation in the West.* Aldershot: Scolar Press, 1992.

Parkes, Malcolm B.: *Their hands before our eyes. A closer look at scribes. The Lyell lectures delivered in the University of Oxford 1999.* Aldershot [u. a.]: Ashgate, 2008.

Parpola, S.: »Assyrian library records.« In: *Journal of Near Eastern Studies* 42 (1983), S. 1 – 29.

Peirce, Charles Sanders: *Phänomen und Logik der Zeichen.* 3. Aufl. Frankfurt am Main: Suhrkamp, 1998.

Pfeiffer, John E.: *The creative explosion. An enquiry into the origins of art and religion.* New York [u. a.]: Harper and Row, 1982.

Pfeiffer, Rudolf: *Geschichte der Klassischen Philologie. Von den Anfängen bis zum Ende des Hellenismus.* München: Beck, 1978.

Platon: *Phaidros.* In: ders.: *Sämtliche Werke.* Bd. 4. Hrsg. von Walter F. Otto, Ernesto Grassi, Gert Plamböck. Hamburg: Rowohlt Taschenbuch, 1983, S. 7 – 60.

Plinius Secundus, Gaius: *Naturkunde.* Düsseldorf, Zürich: Artemis & Winkler, 2002 – 2007.

Pohl, Walter: *Die Völkerwanderung. Eroberung und Integration.* Stuttgart: Kohlhammer, 2002.

Pohl, Walter / Wieser, Veronika (Hrsg.): *Der frühmittelalterliche Staat – europäische Perspektiven.* Wien: Verlag der Österreichischen Akademie der Wissenschaften, 2009.

Popplow, Marcus / Reith, Reinhold: »Technischer Wandel.« In: Demel, Walter (Hrsg.): *Entdeckungen und neue Ordnungen. 1200 bis 1800.* Darmstadt: Wissenschaftliche Buchgesellschaft, 2010, S. 29 – 61.

Posener-Kriéger, Paule: *Les archives du temple funéraire de Néferirkarê-Kakai.* Kairo: Institut Français d'Archéologie Orientale du Caire, 1976.

Posner, Ernst: *Archives in the ancient world.* Cambridge, Mass.: Harvard University Press, 1972.

Price, David: *Johannes Reuchlin and the campaign to destroy Jewish books.* Oxford [u. a.]: Oxford University Press, 2011.

Prinz, Friedrich: »Grundzüge der Entfaltung des abendländischen Mönchtums bis zu Karl dem Großen. Mönch aus Irland, aller Franken Patron.« In: Erichsen, Johannes (Hrsg.): *Kilian.* München: Haus der Bayerischen Geschichte, 1989, S. 109 – 132.

Prinz, Friedrich: *Von Konstantin zu Karl dem Großen. Entfaltung und Wandel Europas.* Düsseldorf: Artemis & Winkler, 2000.

Radner, Karen: *Die Macht des Namens. Altorientalische Strategien zur Selbsterhaltung.* Wiesbaden: Harrassowitz, 2005.

Rappenglück, Michael A.: *Eine Himmelskarte aus der Eiszeit? Ein Beitrag zur Urgeschichte der Himmelskunde und zur paläoastronomischen Methodik, aufgezeigt am Beispiel der Szene in Le Puits, Grotte de Lascaux (Com. Montignac, Dép. Dordogne, Rég. Aquitaine, France).* Frankfurt am Main [u. a.]: Lang, 1999.

Rautenberg, Ursula: »Die Entstehung und Entwicklung des Buchtitelblatts in der Inkunabelzeit in Deutschland, den Niederlanden und Venedig.« In: *Archiv für Geschichte des Buchwesens* 62 (2008), S. 1 – 105.

Reischl, Gerald: *Die Google-Falle. Die unkontrollierte Weltmacht im Internet.* Wien: Ueberreuter, 2008.

Reske, Christoph: *Die Produktion der Schedelschen Weltchronik in Nürnberg.* Wiesbaden: Harrassowitz, 2000.

Reuß, Roland: *Ende der Hypnose. Vom Netz und zum Buch.* Frankfurt am Main, Basel: Stroemfeld, 2012.

Reuß, Roland: *Fors. Der Preis des Buches und sein Wert.* Frankfurt am Main: Stroemfeld, 2013.

Reuß, Roland: *Die perfekte Lesemaschine. Zur Ergonomie des Buches.* Göttingen: Wallstein, 2014.

Reynolds, Leighton D. (Hrsg.): *Texts and transmission. A survey of the Latin classics.* Repr. with corr. Oxford: Clarendon Press, 1990.

Roberts, Colin H.: *An unpublished fragment of the fourth gospel in the John Rylands Library.* Manchester: The Manchester University Press, 1935.

Roberts, Colin H. / Skeat, T. C.: *The birth of the codex.* London: Oxford University Press, 1989.

Robins, Gay / Shute, Charles: *The Rhind mathematical papyrus. An ancient Egyptian text.* London: British Museum Publications, 1987.

Robinson, Andrew: *Writing and script. A very short introduction.* Oxford [u. a.]: Oxford University Press, 2009.

Robson, Eleanor: »The tablet house. A scribal school in Old Babylonian Nippur.« In: *Revue d'assyriologie et d'archéologie orientale* 93 (2001), S. 39 – 66.

Ruspoli, Mario: *Die Höhlenmalerei von Lascaux. Auf den Spuren des frühen Menschen.* Augsburg: Weltbild, 1998.

Ryder, Michael L.: »The biology and history of parchment.« In: Rück, Peter (Hrsg.): *Pergament. Geschichte, Struktur, Restaurierung, Herstellung.* Sigmaringen: Thorbecke, 1991, S. 25 – 33.

Saenger, Paul Henry: *Space between words. The origins of silent reading.* Stanford, Calif.: Stanford University Press, 1997.

Sallaberger, Walther: *Ur III-Zeit.* In: Sallaberger, Walther / Westenholz, Aage: *Mesopotamien. Akkade-Zeit und Ur III-Zeit* Freiburg (Schweiz), Göttingen: Universitätsverlag Freiburg, Vandenhoeck & Ruprecht, 1999, S. 121 – 336.

Sandermann, Wilhelm: *Papier. Eine Kulturgeschichte.* 3. Aufl., erg. u. bearb. von Klaus Hoffmann. Berlin: Springer, 1997.

Schachner, Andreas: *Hattuscha. Auf der Suche nach dem sagenhaften Großreich der Hethiter.* München: Beck, 2011.

Schanze, Frieder: »Das Fragment vom Weltgericht.« In: *Gutenberg-Jahrbuch* 2000, S. 42 – 63.

Scheffler, Walter / Fiege, Gertrud: *Buchumschläge 1900 – 1950. Aus der Sammlung Curt Tillmann. Eine Ausstellung des Deutschen Literaturarchivs im Schiller-Nationalmuseum Marbach a. N.; vom 8. Mai – 31. Oktober 1971.* München: Kösel, 1971.

Schenkel, Wolfgang: »Wozu die Ägypter eine Schrift brauchten.« In: Assmann, Aleida / Assmann, Jan (Hrsg.): *Schrift und Gedächtnis.* München: Fink, 1983, S. 45 – 63.

Schlott, Adelheid: *Schrift und Schreiber im alten Ägypten.* München: Beck, 1989.

Schmandt-Besserat, Denise: *How writing came about.* Austin: University of Texas Press, 1996.

Schmid, Anne: »Schriftreform. Die karolingische Minuskel.« In: Stiegemann, Christoph / Wemhoff, Matthias (Hrsg.): *Kunst und Kultur der Karolingerzeit.* Mainz: von Zabern, 1999, S. 681 – 691.

Schmidt, Klaus: *Sie bauten die ersten Tempel. Das rätselhafte Heiligtum der Steinzeitjäger; die archäologische Entdeckung am Göbekli Tepe.* 3., erw. u. aktualisierte Aufl. München: Beck, 2007.

Schmidt, Klaus: »Von den ersten Dörfern zu frühurbanen Strukturen.« In: Jockenhövel, Albrecht (Hrsg.): *Grundlagen der globalen Welt. Vom Beginn bis 1200 v. Chr.* Darmstadt: Wissenschaftliche Buchgesellschaft, 2009, S. 128 – 144.

Schmitz, Wolfgang: »Reformation und Gegenreformation in der Entwicklung von Buchdruck und Buchhandel.« In: Vorstand der Maximilian-Gesellschaft / Tiemann, Barbara

(Hrsg.): *Die Buchkultur im 15. und 16. Jahrhundert.* Bd. 2. Hamburg: Maximilian-Gesellschaft, 1999, S. 253–338.

Schneider, Ulrich Johannes: *Die Erfindung des allgemeinen Wissens. Enzyklopädisches Schreiben im Zeitalter der Aufklärung.* Berlin: Akademie-Verlag, 2013.

Schneider, Ulrich Johannes / Zedelmaier, Helmut: »Wissensapparate. Die Enzyklopädistik der Frühen Neuzeit.« In: Van Dülmen, Richard / Rauschenbach, Sina (Hrsg.): *Macht des Wissens.* Köln, Weimar, Wien: Böhlau, 2004, S. 349–363.

Schön, Erich: *Der Verlust der Sinnlichkeit oder Die Verwandlungen des Lesers. Mentalitätswandel um 1800.* Stuttgart: Klett-Cotta, 1987.

Art. »Schreiber.« In: *Reallexikon der Assyriologie und Vorderasiatischen Archäologie,* Bd. 12, S. 250–280.

Schrenk, Friedemann: *Die Frühzeit des Menschen. Der Weg zum Homo Sapiens.* München: Beck, 1997.

Art. »Schule.« In: *Reallexikon der Assyriologie und Vorderasiatischen Archäologie,* Bd. 12, S. 294–309.

Schüler, C. J.: *Mapping the world.* Paris: Éd. Place des Victoires, 2010.

Schwitalla, Johannes: *Flugschrift.* Tübingen: Niemeyer, 1999.

Shaw, S. Diane: »A study of the collaboration between Erasmus of Rotterdam and his printer Johann Froben at Basel during the year 1514 to 1527.« In: *Erasmus of Rotterdam Society Yearbook* 6 (1986), S. 31–124.

Sicherl, Martin: *Griechische Erstausgaben des Aldus Manutius. Druckvorlagen, Stellenwert, kultureller Hintergrund.* Paderborn [u. a.]: Schöningh, 1997.

Simanowski, Roberto: *Data Love.* Berlin: Matthes & Seitz, 2014.

Skeat, T. C.: »The Codex Sinaiticus, the Codex Vaticanus and Constantine.« In: *Journal for Theological Studies* 50 (1999), S. 583–625.

Skeat, T. C.: »The length of the standard papyrus roll and the cost-advantage of the codex.« In: *Zeitschrift für Papyrologie und Epigraphik* 45 (1982), S. 169–175.

Smith, Margaret M.: *The title-page. Its early development, 1460–1510.* London: British Library [u. a.], 2000.

Spaemann, Robert: *Personen. Versuche über den Unterschied zwischen etwas und jemand.* 3. Aufl. Stuttgart: Klett-Cotta, 2006.

Spitzer, Manfred: *Digitale Demenz. Wie wir uns und unsere Kinder um den Verstand bringen.* München: Droemer, 2012.

Steguweit, Leif: *Gebrauchsspuren an Artefakten der Hominidenfundstelle Bilzingsleben (Thüringen).* Rahden/Westf.: Leidorf, 2003.

Stein, Peter: *Schriftkultur. Eine Geschichte des Schreibens und Lesens.* Darmstadt: Wissenschaftliche Buchgesellschaft, 2006.

Steinmann, Martin: *Handschriften im Mittelalter. Eine Quellensammlung.* Basel: Schwabe, 2013.

Stephan, Inge: *Aufklärung.* In: Beutin, Wolfgang u. a.: *Deutsche Literaturgeschichte. Von den Anfängen bis zur Gegenwart.* Stuttgart, Weimar: Metzler, 2013, S. 151–184.

Szirmai, János A.: *The archaeology of medieval bookbinding.* Aldershot [u. a.]: Ashgate, 1999.

Teilhard de Chardin, Pierre: *Der Mensch im Kosmos (Le phénomène humain).* München: Beck, 1981.

Toffler, Alvin / Keyworth, George A. / Gilder, George: »Cyberspace und der amerikanische Traum.« In: *Frankfurter Allgemeine Zeitung* 26. August 1995, S. 30.

Tomasello, Michael: *Die kulturelle Entwicklung des menschlichen Denkens. Zur Evolution der Kognition.* Frankfurt am Main: Suhrkamp, 2002.

Tropper, Josef: »Entstehung und Frühgeschichte des Alphabets.« In: *Antike Welt* 32 (2001), S. 353–358.

Trost, Vera: *Skriptorium. Die Buchherstellung im Mittelalter.* Stuttgart: Belser, 2011.

Tschichold, Jan: *Erfreuliche Drucksachen durch gute Typographie. Eine Fibel für jedermann.* Lizenzausg., Reprint d. Ausg. Ravensburg 1960. Augsburg: Maroverlag, 2001.

Turner, Eric G.: *The typology of the early codex.* Philadelphia: University of Pennsylvania Press, 1977.

Ulmer, Eugen: *Urheber- und Verlagsrecht.* 3., neu bearb. Aufl. Berlin, Heidelberg, New York: Springer, 1980.

Ungern-Sternberg, Wolfgang von: »Schriftsteller und literarischer Markt.« In: Grimminger, Rolf (Hrsg.): *Deutsche Aufklärung bis zur Französischen Revolution.* München: Hanser, 1980, S. 133–185.

Van De Mieroop, Marc: *A history of Ancient Egypt.* Chichester [u. a.]: Wiley-Blackwell, 2011.

Van De Mieroop, Marc: *A history of Ancient Near East.* Malden, MA [u. a.]: Blackwell, 2004.

Van De Mieroop, Marc: »Why did they write on clay?« In: *Klio* 79 (1997), S. 7–18.

Vergilius Maro, Publius: *Vergilius Vaticanus. Vollständige Faksimile-Ausgabe im Originalformat des Codex Vaticanus Latinus 3225 aus dem Besitz der Biblioteca Apostolica Vaticana.* Graz: Akademische Druck- und Verlags-Anstalt, 1980.

Veyne, Paul: *Als unsere Welt christlich wurde (312–394). Aufstieg einer Sekte zur Weltmacht.* München: Beck, 2008.

Vialou, Denis: *Frühzeit des Menschen.* München: Beck, 1992.

Visicato, Giuseppe: *The power and the writing. The early scribes of Mesopotamia.* Bethesda, MD: CDL Press, 2000.

Vogel, Martin: »Deutsche Urheber- und Verlagsrechtsgeschichte zwischen 1450 und 1850.« In: *Archiv für Geschichte des Buchwesens* 19 (1978), S. 1–190.

Volk, Konrad: »Edubba'a und Edubba'a-Literatur.« In: *Zeitschrift für Assyriologie und vorderasiatische Archäologie* 90 (2000), S. 1–30.

Volz, Hans: *Martin Luthers deutsche Bibel. Entstehung und Geschichte der Lutherbibel.* Hamburg: Wittig, 1978.

Walther, Gerrit: »Renaissancen und kulturelle Entwicklung.« In: Demel, Walter (Hrsg.): *Entdeckungen und neue Ordnungen. 1200 bis 1800.* Darmstadt: Wissenschaftliche Buchgesellschaft, 2010, S. 261–295.

Watkinson, Ray: *William Morris as designer.* London: Studio Vista, 1967.

Weber, Wolfgang E. J.: »Buchdruck. Die Entstehung der modernen Wissensgesellschaft.« In: Van Dülmen, Richard / Rauschenbach, Sina (Hrsg.): *Macht des Wissens.* Köln, Weimar, Wien: Böhlau, 2004, S. 65 – 87.

Weichselbaumer, Nikolaus: »Die Pecienhandschriften des Zisterzienserklosters Heilsbronn.« In: *Archiv für Geschichte des Buchwesens* 65 (2010), S. 1 – 87.

Weidner, Ernst: »Die Bibliothek Tiglatpilesers I.«. In: *Archiv für Orientforschung* 16 (1952/53), S. 197 – 215.

Weitzmann, Kurt: *Ancient book illumination.* Cambridge, Mass.: Harvard University Press, 1959.

Wendel, Carl: *Die griechisch-römische Buchbeschreibung verglichen mit der des Vorderen Orients.* Halle (Saale): Niemeyer, 1949.

Weniger, Gerd-Christian: »Von der Entstehung des Neandertalers bis zum Ende des Eiszeitalters.« In: Jockenhövel, Albrecht (Hrsg.): *Grundlagen der globalen Welt. Vom Beginn bis 1200 v. Chr.* Darmstadt: Wissenschaftliche Buchgesellschaft, 2009, S. 54 – 82.

Wenzel, Horst: *Hören und Sehen, Schrift und Bild. Kultur und Gedächtnis im Mittelalter.* München: Beck, 1995.

Whittaker, Gordon: »The dawn of writing and phoneticism.« In: Borchers, Dörte / Kammerzell, Frank / Weninger, Stefan (Hrsg.): *Hieroglyphen, Alphabete, Schriftreformen.* Göttingen: Seminar für Ägyptologie und Koptologie, 2001, S. 11 – 50.

Wildung, Dietrich: *Imhotep und Amenhotep. Gottwerdung im alten Ägypten.* München [u. a.]: Deutscher Kunstverlag, 1977.

Wilkinson, Toby A. H.: *Early dynastic Egypt.* London, New York: Routledge, 1999.

Wilkinson, Toby A. H.: »What a king is this.« In: *The Journal of Egyptian Archaeology* 86 (2000), S. 23 – 32.

Wittmann, Reinhard: *Buchmarkt und Lektüre im 18. und 19. Jahrhundert. Beiträge zum literarischen Leben 1750 – 1880.* Tübingen: Niemeyer, 1982.

Wittmann, Reinhard: *Geschichte des deutschen Buchhandels.* 3. Aufl. München: Beck, 2011.

Wittmann, Reinhard: »Gibt es eine Leserevolution am Ende des 18. Jahrhunderts?« In: Chartier, Roger / Cavallo, Guglielmo (Hrsg.): *Die Welt des Lesens. Von der Schriftrolle zum Bildschirm.* Frankfurt am Main, New York, Paris: Campus, Editions de la Maison des Sciences de l'Homme, 1999, S. 419 – 454.

Wolf, Hans Jürgen: *Geschichte der Druckerpressen. Ein illustriertes Handbuch mit einer ausführlichen Zeittafel.* Frankfurt am Main: Interprint, 1974.

Wolf, Hubert: *Index. Der Vatikan und die verbotenen Bücher.* München: Beck, 2006.

Wolf, Jürgen: *Buch und Text. Literatur- und kulturhistorische Untersuchungen zur volkssprachigen Schriftlichkeit im 12. und 13. Jahrhundert.* Tübingen: Niemeyer, 2008.

Wolf, Maryanne: *Das lesende Gehirn. Wie der Mensch zum Lesen kam – und was es in unseren Köpfen bewirkt.* Heidelberg: Spektrum Akademischer Verlag, 2009.

Wright, Alex: *Cataloging the world. Paul Otlet and the birth of the information age.* Oxford [u. a.]: Oxford University Press, 2014.

Wright, David H.: *The Vatican Vergil. A masterpiece of late antique art.* Berkeley, Los Angeles, Oxford: University of California Press, 1993.

Zimmermann, Andreas: »Neolithisierung und frühe soziale Gefüge.« In: Jockenhövel, Albrecht (Hrsg.): *Grundlagen der globalen Welt. Vom Beginn bis 1200 v. Chr.* Darmstadt: Wissenschaftliche Buchgesellschaft, 2009, S. 95 – 127.

Zintzen, Clemens (Hrsg.): *Die Zukunft des Buches. Vorträge des Symposions der Geistes- und Sozialwissenschaftlichen Klasse und der Klasse der Literatur in der Akademie der Wissenschaften und der Literatur, Mainz, am 20. Mai 2010.* Stuttgart: Steiner, 2011.

Abbildungsnachweis